내 손 안의 경남 013

경남,
섬의 역사

내 손 안의 경남 013

경남, 섬의 역사

초판 1쇄 발행 2021년 2월 28일

저 자 _김광철 · 홍성우 · 남재우 · 안순형 · 전갑생 · 한양하

펴낸이 _윤관백

편 집 _박애리 ‖ 표 지 _박애리 ‖ 영 업 _김현주

펴낸곳 _ 도서출판 선인 ‖ 인 쇄 _대덕문화사 ‖ 제 본 _바다제책

등 록 _ 제5-77호(1998.11.4)

주 소 _ 서울시 마포구 마포동 324-1 곳마루 B/D 1층

전 화 _ 02)718-6252/6257 ‖ 팩 스 _ 02)718-6253

E-mail _ sunin72@chol.com

정 가 15,000원

ISBN 979-11-6068-459-9 03900

내 손 안의 경남 013

경남, 섬의 역사

김광철 · 홍성우 · 남재우
안순형 · 전갑생 · 한양하

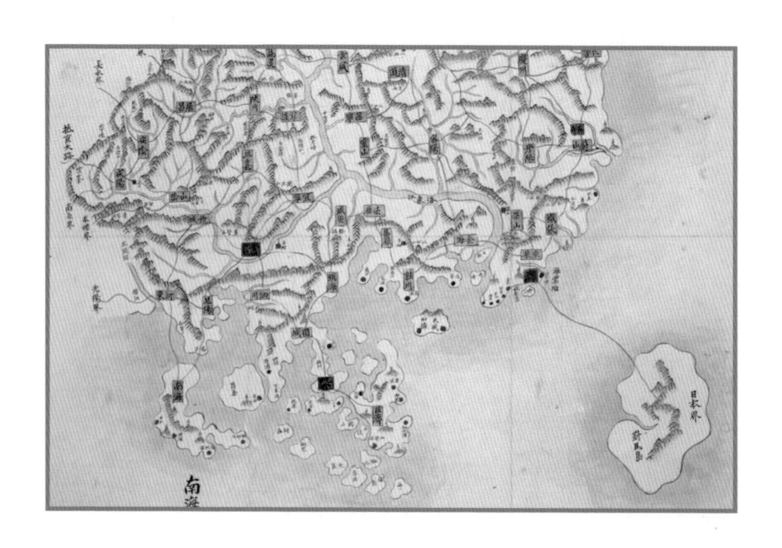

책을 내면서

'내 손 안의 경남' 의 열 세 번째 책은 '경남, 섬의 역사'이다. 다도해라 불리는 남해의 일부가 경남지역이다. 500여 개의 섬이 있다. 사람이 사는 섬은 거제도와 남해도를 포함하여 77개이다. 통영시 42개, 거제시 11개, 사천시 10개, 창원시 · 남해군 각 5개, 고성군 · 하동군 각 2개이다.

섬이 많은 지방자치단체는 섬에 대한 관심이 높다. 가장 많은 섬을 보유하고 있는 곳인 전라남도는 사람이 살만한 섬을 가꾸기 위한 노력을 기울여 왔다. '가고 싶은 섬 가꾸기'사업이다. 인천광역시는 '관광' 중심의 섬 정책에서 '섬 주민 거주 편의' 중심으로 바뀌고 있다.

경상남도 역시 최근 들어서 섬에 대한 관심이 높아지고 있다. 섬의 고유성을 보존해야 한다는 원칙을 세운 듯하다. 섬이 지닌 지리적 · 역사적 · 문화적 · 사회적 고유성을 보존하며, 섬 거주민의 권리를 보호하고, 주민의 생계 유지 및 생활 편의를 도모한다는 의지를 보이고 있다.

섬의 고유성이 보존되려면, 섬의 정체성을 밝히는 것이 첫 번째이다. 그래서 섬의 역사와 문화를 살펴보려고 한다. 경남 지역의 섬은 오래전부터 교류의 거점이었다. 연안항해로 인해 섬은 무역항, 중간기착지의 역할을 했다. 중국의 선진문물이 서해안 항로를 통해 남해에 이르고, 그것이 대마도, 이끼도를 지나 일본 열도로 전해졌다. 거제도(巨濟島)라는 지명은 이를 잘 보여준다. '크게 건너다'는 의미는 일본과의 교류를 의미한다.

경남의 섬은 한반도의 역사와도 무관하지 않다. 섬에서 조사된 유적은 당시 사회를 말해주고 있다. 전쟁관련 유적이 산재되어 있다. 전쟁의 피해를 가장 먼저 입은 곳이기도 했다. 왜구, 임진왜란, 한국전쟁 등이 섬을 비껴나지 않았다. 이 때문에 고통스러웠고, 삶의 질곡을 이겨내려는 사람들의 모습들이 불교문화와 옛 이야기 속에서 묻어나고 있다. 서울과 멀리 떨어진 곳이어서 관료·학자들의 유배지였고, 그들의 이야기가 남아있기도 하다.

이 책이 경남지역, 섬의 역사를 이해하고, 향후 섬 사람과 문화를 지켜나가는데 조금이라도 도움되었으면 한다. 글을 써주신 선생님들, 책으로 만들어 준 출판사 관계자 선생님들께 고마움을 전한다.

2021. 2.

창원대학교 경남학연구센터

남 재 우

경남, 섬의 역사

서포 김만중의 유배지 남해 노도(남해군청)

경남, 섬과 역사 _ 김광철

1. 고려 - 조선시대 섬 인식과 정책
2. 지리서에 수록된 경남의 섬
3. 고지도 속의 경남의 섬

Ⅰ. 경남, 섬과 역사

1. 고려-조선시대 섬 인식과 정책

1) 고려시대 섬 인식

섬의 사전적 의미는 물에 둘러싸인 육지 중 대륙보다 작고 암초보다 큰 것을 말한다. 우리 말 '섬'에 대한 한자어 표기는 '도(島)', '서(嶼)', '도서(島嶼)', '해도(海島)', '여(礖)' 등으로 확인되고 있다. 송나라에서 사신으로 왔던 서긍(徐兢)은 그가 쓴 『고려도경』에서 고려의 바닷길[海道]을 촘촘하게 서술하면서 섬에 대하여 다음과 같이 언급한 바 있다.

> 물결이 흘러 소용돌이 치고, 사토(沙土)가 엉키고, 산석(山石)이 치솟는 것 또한 각각 그 형세가 있다. 바다 한가운데 있으나 취락(聚落)을 이루고 있는 곳을 주(洲)라 하는데, 십주(十洲)와 같은 것이 그것이다. 주(洲)보다 작지만 역시 거처할 수 있는 곳을 도(島)라 한다. 삼도(三島)와 같은 것이 그것이다. 도(島)보다 작은 것을 서(嶼)라 하고, 서(嶼)보다 작지만 초목이 있는 것을

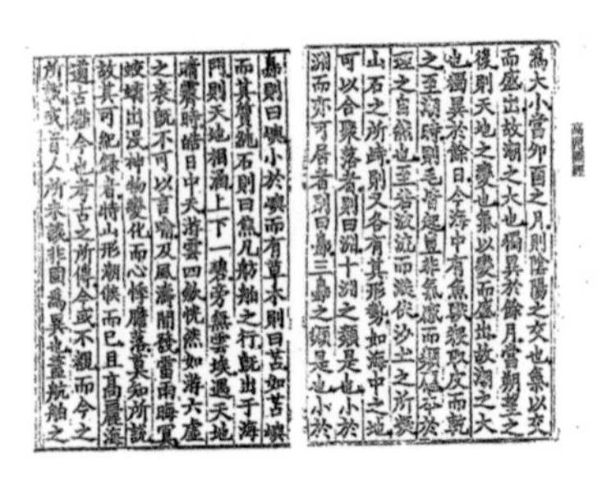
爲大小嘗卯酉之月則陰陽之交也氣以交
而盛出故潮之大也獨異於餘月當朔望之
後則天地之變也氣以變而盛出故潮之大
也獨異於餘日今海中有魚[illegible]皮而乾
之至潮時則毛皆起豈非氣感而類[illegible]於
氣之自然也至若旋流而從沙土之所聚
山石之所峙則又各有其形勢如海中之地
可以合聚落者則曰洲十洲之類是也小於
洲而亦可居者則曰島三島之類是也小於
島則曰嶼小於嶼而有草木則曰苫如苫嶼
而其質純石則曰焦凡舫舶之行既出于海
門則天地澒洞上下一碧旁無雲埃遇天地
晴霽時皓日中天浮雲四斂恍然如游太虛
之表既不可以言喻及風濤間發雷雨晦冥
蛟蜃出沒神物變化而心悸膽落莫知所謂
故其可紀錄者特山形潮候而已且高麗海
道古猶今也考古之所傳今或不覩而今之
所載或昔人所未談非固爲異也蓋航舶之

『선화봉사고려도경』 권34 해도 1(한국고전종합DB)

섬[苫]이라 한다. 섬이나 서와 같으나 돌로만 이루어져 있으면 초(焦)라 한다.〔『선화봉사고려도경』권34 해도(海道) 1〕

서긍은 섬을 그 규모와 형태에 따라 '주(洲)', '도(島)', '서(嶼)', '섬[苫]', '초(焦)' 등으로 구분하고 있는데, 섬의 크기, 유인도인가 무인도인가, 취락의 형성과 규모 등이 구분과 호칭의 기준이었다. '주'의 경우 섬이면서도 대규모 취락이 형성되어 국가조직이나 행정편제가 이루어진 곳으로 이미 섬의 기능보다 육지화된 곳이다. 지구를 5대양 6대주로 지칭하는 것과 같은 의미이다.

고려사회는 섬에 대한 인식과 그 활용이 고양되는 가운데 성립되었다. 나말여초 사회변동 과정에서 해상무역을 통해 부를 축적하고, 이를 기반으로 호족으로 성장한 부류가 많았다. 대표적으로 완도를 근거지로 한 장보고 세력이 있었으며, 고려를 건국한 왕건 가문 또한 해상무역을 기반으로 했기 때문에 섬을 유용하게 활용했을 것이다. 후백제 지역의 호족 가운데는 압해도의 능창(能昌, ?~910)처럼 섬을 근거지로 삼은 부류들이 많았다.

고려시대 섬에 대한 인식은 인종대에 『삼국사기』「지리지」를 편찬하는 과정에서도 반영되었다. 『삼국사기』「지리지」에는 조선초에 편찬된 『고려사』「지리지」 이상의 섬 정보가 소개되어 있다. 『삼국사기』「지리지」에는 삼국시대 이름만 있고 그 위치가 상세치 않은 곳을 많이 열거하고 있는데, 그 가운데 섬으로 고이도(皐夷島), 목출도(木出島), 유봉도(遺鳳

島), 부서도(鳧栖島), 부운도(浮雲島), 해빈도(海濱島), 학중도(壑中島), 승천도(升天島), 승황도(乘黃島), 구린도(求麟島), 부도도(負圖島), 하정도(河精島) 등을 따로 소개하고 있다.

서긍의 『고려도경』에서는 바닷길에 있는 여러 섬을 소개하고 있는데, 그 가운데 하나인 자연도(紫燕島)에 대한 소개를 보면 취락이 형성되어 있고, 사신 맞이 여러 시설이 들어서 있었음을 알 수 있다.

이날 오후 4시에 배가 자연도에 머무르니, 이곳이 곧 광주(廣州)이다. 산에 의지하여 관사[館]를 지었는데, '경원정(慶源亭)'이라는 방문[榜]이 있다. 경원정 곁으로는 막사[幕屋] 수십 칸이 있으며, 거주하는 백성의 초가집도 역시 많다. 그 산 동쪽에 섬 하나가 있는데, 제비가 많이 날아다니기 때문에 그렇게 이름했다. 접반 윤언식(尹彦植)과 지광주(知廣州) 진숙(陳淑)이 개소(介紹)와 역관 탁안(卓安)에게 서찰을 가지고 와서 맞이하도록 했는데, 의장대의 의례가 매우 정성스러웠다. 오후 5시가 다 되어 비가 그치자 정사·부사가 삼절(三節)과 함께 육지에 올라 관사에 이르렀다. 그 음식과 상견례는 전주에서의 의례와 같았다. 오후 10시쯤을 지나자 배로 돌아갔다.(『고려도경』권39 해도 6, 자연도)

여몽전쟁 기간 강화도 정부의 산성해도입보(山城海島入保) 정책, 즉 산성과 섬으로 주민을 사민시킨 조치는 섬을 개발하는 계기가 되었다. 김방경(金方慶, 1212~1300)이 주도한 북계 위도(葦島) 개발은 대표적인 사례이다. 1248년(고종

35) 3월 김방경이 서북면병마판관(西北面兵馬判官)으로 있을 때, 몽고군의 침공을 당하자 여러 성의 사람들이 위도로 들어가서 방어했다. 섬에는 10여 리쯤 되는 경작이 가능한 평지가 있었지만 조수의 피해를 우려해 개간하지 못하고 있었다. 김방경이 둑을 쌓고 파종하게 하자 백성들이 처음에는 고통으로 여겼으나 가을에 곡식을 많이 수확해 그 덕분에 살아갈 수 있었다. 섬에는 또한 우물이 없어서 항상 육지까지 물을 길으러 가야 했는데 그때 적의 포로가 되는 일이 잦았다. 김방경이 빗물을 모아 두는 저수지를 만들자 그 걱정거리가 사라지게 되었다.

고려 정부는 강화도 천도 후 식량부족을 해결하기 위하여 문무 3품 이하 권무(權務) 이상에게 직위에 따라 정부(丁夫)를 내게 해서 방조제를 수축하여 둔전(屯田)을 만들기도 하였다. 이는 여몽전쟁 시기 식량부족을 타개하기 위한 조처였지만, 다른 한편으로 12세기 이후 연해안 간척지 개발의 일환이었다. 12세기 이후 고려에서는 수리사업이 매우 활발하게 전개되고 있는데, 지방관 주도하에 제언(堤堰)의 보수와 수축 및 연해안 저습지와 간척지의 개발을 위한 하천 공사와 방조제의 수축 등이 추진되고 있었다.

이렇게 섬 개발이 활발하게 이루어지고 섬에 대한 인식도 심화되고 있었지만, 개경에 사는 사람들의 섬에 대한 시선은 여전히 곱지 않았다. 무인집권기 유교 지식인으로서 고위 관료를 역임한 이규보(李奎報, 1168~1241)는 그의 교우 이윤보(李允甫)가 거제현령으로 부임하게 되자 이를 안타까워하면서 그에게 편지를 보내 딱한 사정을 위로한 바 있다.

내 일찍이 들으니, 이른바 거제현이란 데는 남방의 극변으로 물 가운데 집이 있고, 사면에는 넘실거리는 바닷물이 둘러 있으며, 독한 안개가 찌는 듯이 무덥고 태풍이 끊임없이 일어나며, 여름에는 벌보다 큰 모기떼가 모여들어 사람을 문다고 하니, 참으로 두렵다. 무릇 그곳으로 부임한 자는 흔히 좌천된 사람들이었다. 지금 그대는 뛰어난 재주로 한림원에 있으면서 일찍이 역사를 편수(編修)하여 만세에 전하는 것으로써 자신의 임무를 삼지 않은 적이 없었다. 그 공적을 따지면 마땅히 승진의 명령을 받아야 할 터인데, 도리어 이곳으로 낙착되니, 어찌 슬프지 않으랴?(『동국이상국집』 권21, 서(序), 송이사관부관거제서(送李史館赴官巨濟序))

第二十一 說序

思義也如不能緘情觸物寓景以寄之尚可詩
以收拾因風有寄使東海山水森列我眼界不足
矣何必觀賞也耶予賦詩予以序冠之
送李史館赴官巨濟序
予固聞之其所謂巨濟者炎方之極徼也
家於水中環四面皆漲海之浩渺也毒霧薰蒸
颶風不息暑月有蚊虻之大於蜂者群集噆人
誠可畏也凡官于此多是左遷者也今足下以
英偉之才處蓬山之署未嘗不汗青修史眉目
萬世爲己任課其績宜受殊昇之命迺反落此
東國李相國集 十二
能不悲哉然可賀者有二夫天欲成就之必先
試艱險是陰陽之數也子無罪而謫此必大福
將至之漸也是可賀一也大抵得道之深者多
在幽閑閴寂之地何則事其心一其人故也今
子之所之地寂而人稀官閑而務簡無一事敢
于於心者常隱几於虛白之室淡然養稿遊於
物之初則其道之入也愈深矣道旣充中面澤
外發自然還童必作神仙中人也不知返轅之
日將莊老其身而來耶抑爲安期羨門子而至
耶吾當亦摳衣問道矣是可賀二也行矣毋多

|『동국이상국집』권21, 서, 송이사관부관거제서(한국고전종합DB)

이 편지에는 당시 개경에 살고 있는 지식인들이 섬을 바라보는 시선이 잘 나타나 있다. 그는 거제현을 육지와 떨어진 최남방의 섬으로 짙은 안개와 찌는 듯한 무더위, 끊이지 않는 태풍, 게다가 여름이면 벌[蜂]보다도 큰 모기떼가 주민을 괴롭히는 곳, 즉 태풍, 무더위, 해충이 들끓는 자연환경

을 가진 고을로 묘사하였다. 그래서 이곳은 좌천당하거나 유배된 사람이나 가는 곳이라고 인식했다. 관료들의 입장에서 보면 거제현은 개경에서 멀리 떨어진 벽지요 오지이며, 인적이 드물고 직무가 별로 없는 한지라는 인식이 드러나고 있다. 거제 지역에 대한 이규보의 이 같은 인식은 개경을 활동무대로 하는 지식인들의 일반적 경향이었을 것이다.

2) 고려말 조선초 섬 인식과 개발정책

고려후기 왜구의 창궐은 경남 연해지역에 극심한 피해를 입혔다. 오랜 기간 행정단위로 기능했던 거제도의 거제현이 1261년(원종 12)에 거창의 속현이었던 가조현(加祚縣)으로 옮겨야 했고, 남해도의 남해현도 공민왕 때에 진주 소관의 대야천부곡(大也川部曲)으로 들어가야 할 정도였다. 남해현의 속현이었던 난포현과 평산현도 왜구 침입으로 유망이 심해 고을이 텅텅 비게 되었다. 전라도 진도현(珍島縣)의 경우 1350년(충정왕 2) 왜구의 침입으로 육지로 옮겨 갔으며, 장흥부(長興府) 또한 고려말에 내지로 옮겼다.

1388년(우왕 14) 8월 위화도 회군 직후, 대사헌 조준(趙浚, 1346~1405)은 상소를 올려 다음과 같이 당시 왜구 침탈로 말미암은 바다와 섬의 형편을 지적하고 한탄해마지 않았다.

압록강 이남은 거의 모두가 산지로 비옥하고 기름진 땅은 바닷가에 위치하고 있는데, 그 기름진 수천 리의 토지는 왜적에 의해 함락되어 갈대만이 하늘에 닿을 듯 무성하니 쳐들어온 왜적들은 마치 무인지경을 가듯 산간 고을을 짓밟고 있습니다. 이 때문에 나라에서는 이미 여러 섬에서 산출되는 어염(魚鹽), 목축을 통해 얻는 이익을 상실했고 또한 곡식이 생산되는 기름진 들까지 잃어버렸습니다.〔『고려사』권118, 열전31, 조준전〕

屬國家資其財力逮一三韓自鴨綠以南大
抵皆山肥膏之田在於濱海沃野數千里陷
于倭奴蒹葭際天國家既失魚鹽畜牧之利
又失沃野良田之入願用漢氏募民實塞下
防匈奴故事許於亡邑荒地開墾者限二十
年不稅其田不役其民專屬水軍萬戶府修
立城堡屯聚老弱遠斥候謹烽火居無事時
耕耘魚鹽鑄冶而食以時造船寇至清野入
堡而水軍擊之自合浦以至義州皆如此則

| 『고려사』권118 열전 권제31, 제신(국사편찬위원회)

왜구가 출몰하자 정부는 연해지역 섬에 대한 대책으로 섬을 비우는 '공도(空島)정책'으로 대응했는데, 이것이 오히려 섬을 더욱 황폐하게 만드는 결과가 되었다. 그래서 조준은 이제 섬을 비워둘 것이 아니라 주민을 모아 들어가서 황무지를 개간하게 해야 한다고 강조했다. 개간한 토지에는 세금을 부과하지 않아야 하며, 주민들을 국역(國役)에도 동원하지 말도록 주문하였다. 섬 주민들이 평상시에는 농사와 고기잡이, 소금 생산, 농구 제작 등을 하면서 먹고 살도록 하고, 미리 배를 만들어 두었다가 적이 침입해 오면 청야입보(淸野入保)하게 한 다음 수군이 함선으로 공격하게 하면 된다고 하였다. 이렇게 하면 몇 년이 지나지 않아 떠돌아다니는 자들이 모두 자신의 고향으로 돌아올 것이며, 변경의 주군(州郡)은 인구가 채워져 여러 섬들이 점차 충실해 질 것이라고 전망했다.

조준의 상소에 이어 조운흘(趙云仡, 1332~1404)의 건의도

섬 개발에 박차를 가했다. 조운흘은 1388년(창왕 즉위) 9월에 서해도 도관찰사로 부임하게 되는데, 그는 임지로 나가면서 상소의 형식으로 나라 안에 있는 섬 개발의 필요성을 다음과 같이 제기하였다.

우리나라의 국토는 서해도로부터 양광도(楊廣道)와 전라도를 지나 경상도에 이르는 바닷길이 거의 2천여 리에 달합니다. 또한 바다에는 사람이 거주할 만한 섬으로는, 대청도(大靑島)·소청도(小靑島)·교동도(喬桐島)·강화도·진도·절영도(絶影島)·남해도·거제도 등의 큰 섬이 스무 개이고, 나머지 작은 섬도 이루 헤아릴 수 없이 많습니다. 토지가 모두 비옥한데다 생선과 소금이 많이 생산되는데도 현재 비워둔 채 묵혀두고 있으니, 참으로 아까운 일입니다. 5군의 장수와 8도의 군관에게 각각 호부(虎符)와 금패(金牌)를 주고, 그곳의 천호(千戶)와 백호(百戶)에게는 패면(牌面)을 주어 대소의 섬들을 그들의 식읍(食邑)으로 삼게 하고, 자손에게 물려줄 수 있도록 한다면 그 사람 자신이 부유하게 될 뿐 아니라 후대의 자손들에게까지 의식의 여유가 생길 것이니, 어느 누가 자발적으로 적들과 싸우지 않겠습니까? 누구나 자발적으로 싸우려하면 전함이 저절로 갖추어 질 것이며, 군량도 절로 조달되어 유격부대가 형성될 것입니다. 이 유격부대가 적을 불의에 기습 공격한다면 적도 감히 우리를 넘겨다보지 못할 것이며, 이에 따라 백성들이 부유해지고 인구가 늘어나 민가가 섬에 즐비해질 것입니다. 백성들은 생선과 소금을 생산해 그 이익을 얻을 수 있고, 나라에서는 군량을 수송하는 수고를 덜 것이니, 선왕들께서 물려주신 국토는 오늘날 온전하게 될 것입니다. 바라옵건대 대신들의 의견을 물어 시행하소서.(『고려사』 권114, 열전25, 조운흘전)

조운흘은 우리나라에 큰 섬으로 거제도 등 20개나 있고 수많은 작은 섬들이 분포하고 있다고 언급하면서, 이 같은 섬들이 토지도 비옥하고 수산물도 풍부한 곳인데 이를 방치하고 있는 현실이 안타깝다고 하였다. 그러면서 이런 섬들이 개발되어야 외적을 효과적으로 방어할 수 있을 뿐 아니라, 백성들이 수산물의 이익을 얻어 나라는 조세 수납의 근심을 없앨 수 있고, 토지도 온전하게 보전할 수 있다고 지적하였다.

조운흘의 도서 개발방식은 둔전 경영을 염두에 둔 것이었다. 5군의 장수와 8도의 군관들에게 천호와 백호 등의 호부·금패를 주어 도서의 크기에 따라 그곳을 식읍으로 삼아 도서 개발을 추진하게 한 것이 그것이다. 장수와 군관의 소관 하에 도서 지역에 둔전을 설치 경영함으로써 둔전민을 군인으로 활용할 수 있고, 전함과 군량도 저절로 확보할 수 있게 되어 도서 지역을 비롯한 연안 방어에 효과를 거둘 수 있다고 본 것이다. 조운흘의 상소는 도당에 보내져 의논을 거쳤을 터이지만 그 실행 여부는 확인할 수 없다. 그러나 조선 건국 후 거제현 복구 과정에서 거제 지역에 영전(營田)이 설치되었던 것을 보면, 그의 건의는 현실화되었던 것으로 보인다.

조선초 왜구의 침입이 소강상태를 보이게 되자 정부의 섬 개발 정책도 구체화 되고, 섬으로 되돌아오는 주민도 차츰 늘어나기 시작했다. 1418년(세종 즉위) 8월 경상도 수군절제사의 보고에 따르면, 왜구의 침탈이 수그러들면서 거제와 남해 지역으로 들어가는 인구가 증가하고 있었다. 세종 즉위년 당시 거제에는 360여 호, 남해에는 200여 호나 유입되어 있었다. 1425년(세종 7)에 편찬되는 『경상도지리지』에서 거제현의 호수가 123호로 기록되어 있는데, 세종 즉위년 당시는 이보다 3배나 되는 360여 호가 거제 지역에 분포되어 있었던 것이다. 물론 이 규모의 호수는 고려말 이래 꾸준히 유입해 들어간 결과일 것이다.

수군절제사는 거제 지역의 인구 유입에 대해서 이를 금지하거나 아니면 수성군을 설치하여 엄중히 방어해야 한다고 보고하였다. 이 보고에 대해 병조에서는 거제와 남해의 토지가 비옥하다는 것을 감안하여 계속 거류하는 쪽으로 결정했고, 이를 위해 목책을 설치하여 농민을 보호하는 방안도 함께 제시했다.

주민의 확충과 함께 토지 개간도 대대적으로 이루어지고 있었다. 1420년(세종 2) 윤1월 27일 경상도 관찰사는 거제도, 남해도, 창선도 세 섬의 개간된 토지가 1,130여 결에 이른다고 보고하였다. 거제 지역에 간전이 다량 확보됨에 따라 인근 고을에서 농민이 모여들어 다투어 경작하는 일이 벌어지고 있었다. 경상도 관찰사가 보고한 것은 이들 경작민이 왜구 등에 의해 노략질 당하는 것을 염려하여 이들의 토지 경작을 금지하는 조치를 취해 달라고 요구하기 위한 것이었다.

이에 대해 상왕인 태종은 의정부와 6조에 명을 하달하여 이전에 경상감사와 수륙절제사를 지냈던 사람들과 이를 논의하도록 했다. 그 방안으로 3개 섬 가운데 전지(田地)가 많은 곳에다 목책(木柵)을 만들거나, 토성을 쌓고, 백성이 무기를 가지고 들어가서 농사를 짓게 하였다. 낮에는 망을 보아서 변고에 대응하고, 밤에는 성에 들어가서 굳게 지키며, 또 부근 항구에 있는 병선으로 하여금 그들을 수호하게 하였다.

섬에서 토지경작과 함께 소금생산도 장려되었다. 1432년(세종 14) 곤남군(昆南郡) 지역에서 염창 설치 문제가 대두되어 곤남군의 소금 생산자들이 섬 길안(吉岸) 지역에 염장을 세워서 소금 굽는 일을 전문으로 하게 하기를 요청했을 때 조정에서는 이를 수용하고 있다. 길안의 옛 터는 곤남과의 거리와 물길이 멀지 않아서 공물로 바칠 소금을 수송하는 데에 편리하고, 또 밖에는 흥선도(興善島)·남해도·사량(蛇梁)·노량·적량(赤梁) 등이 있어서 4면이 모두 요충인 곳으로써 다 병선을 배치하고 있으므로, 왜구가 침입할 우려도 없다는 점이 강조되었다.

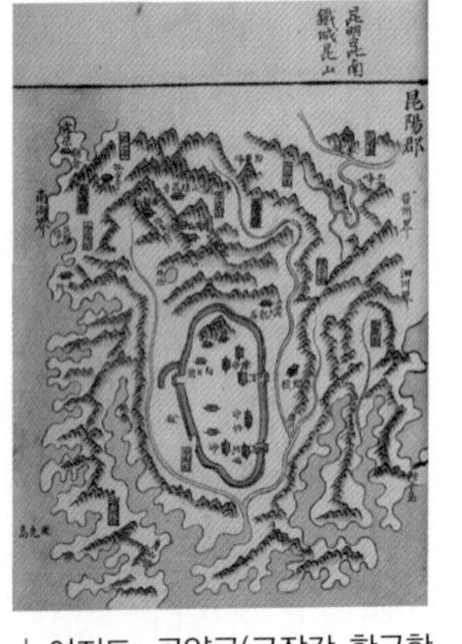

| 여지도-곤양군(규장각 한국학연구원)

어업을 보호하는 정책도 마련되었다. 1438년(세종 20) 7월에 의정부에서는 거제도와 흥선도, 남해도 등에서 소형 선박의 왕래를 금지하는 일이 없도록 조치하였다. 섬 주민들의 고기잡이를 보호하기 위한 것이었다. 이들 세 섬은 먼 바다에 위치한 섬이 아니고, 해안에서 조금 떨어진 곳이라 어로민들이 조난당할 염려도 없을 뿐아니라, 주민들은 오로지 어업으로 살아가고 있는 형편인데, 만약 선박 왕래를 금하게 되면 생활할 방도가 없게 된다는 것이었다. 그래서 어민들의 고기잡이와 선박 왕래를 보호하는 방안으로 3~4척 이상의 선박이 한 대열을 지어 항해토록 하고, 함부로 횡행하는 자는 각 고을의 수령과 부근 각 포의 만호(萬戶)로 하여금 이를 감시 적발하게 하였다.

1448년(세종 30)에는 전국의 섬과 곶(串), 그리고 산 등지에 우거진 소나무를 보호하는 정책이 마련되었다. 병선(兵船) 등 선박 만드는 데 소용되는 소나무를 함부로 베어내지 못하도록 하기 위함이었다. 그래서 연해 고을에서 소나무가 잘되는 곳을 직접 방문하여 장부에 기록해두었다. 이 장부에 기록된 오늘날 경남 지역의 섬으로는 고성현의 어리도(於里島)·초도(草島)·오비도(吾非島)·곤이도(昆伊島)·상박도(上樸島)·하박도(下樸島)·추도(楸島)·자란도(自亂島)·국정도(國正島)·신이도(申伊島)·노대도(爐大島)·욕지도(欲知島)·두밀도(豆密島)·안도(鞍島)·종해도(終海島)·심수도(深水島)·개도(介島) 등 17곳, 거제현의 적을도(赤乙島)·주원도(朱元島)·소좌리도(小左里島)·대좌리도(大左里島)·송도(松島) 등 5곳, 사천현의 초영도(初永島)·초도(草島)·백야도(白也島)·저도(楮島)·구랑도(仇郎島) 등 5곳, 김해부의 우음도(亏音島)·벌도(伐島)·수도(水島)·가덕도(加德島)·명지도(鳴旨島)·마도(馬島)·감물도(甘勿島) 등 7곳, 남해현의 고독절도(孤獨絕島)·소가도(小柯島)·양가도(兩柯島) 등 3곳, 창원부의 사도(蓑島), 양산군의 대저도(大渚島) 등 모두 39개 섬이었다. 이들 섬의 소나무가 있는 곳에는 나무하는 것을 엄금하고, 나무가 없는 곳에는 감사(監司)가 관원을 보내어 소나무를 심게 하였다. 해당 고을의 수령과 만호(萬戸)는 소나무 벌채를 관리 감독하고 소나무 키우는 일을 책임지도록 하였다.

2. 지리서에 수록된 경남의 섬

1) 『경상도지리지』와 『세종실록지리지』에 수록된 경남의 섬

지리서에 수록된 경남의 섬에 대한 가장 오래 된 기록은 『삼국사기』「지리지」에 실린 남해도와 거제도이다. 이 두 섬은 신라통일기 문무왕(文武王, ?~681)과 신문왕(神文王, ?~692) 때에는 이미 지방 행정조직인 '군(郡)'이 되었는데, 거제군은 "문무왕이 처음 상군(裳郡)을 둔 곳으로, 바다 가운데 섬이다."라고 하였고, 남해군은 "신문왕이 처음 전야산군(轉也山郡)을 설치한 곳인데, 바다에 있는 섬이다."라고 하였다. 『삼국유사』에서는 「가락국기」에서 허황후의 입국 장면 묘사와 관련하여 김해의 망산도(望山島)와 하산도(荷山島)를 찾아볼 수 있다.

『고려사』「지리지」에 수록된 경남의 섬 관련 기록도 『삼국사기』「지리지」 수준에서 크게 벗어나지 못했다. 기전체 역사 서술방식에서 「지리지」는 주로 고을 연혁의 서술이기 때문에 지역의 다양한 요소를 담는 데는 제한적일 수밖에 없다. 그래서 『고려사』「지리지」에서 확인되는 경남의 섬은 거제도, 남해도와 함께, 금주(金州, 현재 김해시)의 속현 웅신현(熊神縣, 현재 창원시)의 가덕도(加德島), 양주(梁州, 현재 양산시)의 속현 동평현(東平縣, 현재 부산시)의 절영도, 진주목의 창선도(彰善島), 거제현의 북가조음도(北加助音島) 정도이다. 이 외에 「지리지」에 수록된 것은 아니지만 『고려사』에서 찾아볼 수 있는 경남의 섬으로는 1226년(고종 13) 1월 거제현령 진용갑(陳龍甲)이 수군을 이끌고 왜구 2명의 목을 베고 물리친 곳으로 알려진 사도(沙島), 1263년(원종 4) 4월 왜구가 우리 공물 운반선을 공격했다고 하는 웅신현의 물도(勿島)와 연도(椽島), 1289년(충렬왕 15) 12월 왜선(倭船)이 정박했다고 하는 연화도(蓮花島)와 저전도(楮田島), 1378년(우왕 4) 8월 경상도원수(慶尙道元帥) 배극렴(裵克廉, 1325~1392)이 왜구 50급을 목 베었다고 하는 욕지도, 1392년(공양왕 4) 2월 만호 이흥인(李興仁)이 왜구를 격파하고 전함을 포획하여 바쳤다고 하는 구라도(仇羅島) 등이 확인되고 있다.

『경상도지리지』(1425)는 세종의 명으로 『신찬팔도지리지(新撰八道地理志)』를 편찬하기 위해 예조를 통하여 각 도의 도지를 만들어 춘추관으로 보내라고 할 때, 경상도 관찰사 하연(河演)과 대구군사(大丘郡事) 금유(琴柔), 인동현감 김빈(金鑌) 등이 주관하여 펴낸 것이다. 다른 도지는 지금 남아 있지 않고, 『경상도지리지』만 남아 전하고 있다. 『경상도지리지』는 기전체 사서의 「지리지」와 달리 서술 항목이 풍부한 편으로, 군현에 따라 연혁·사방계역(四方界域)·산천·관방(關防)·공물(貢物)·성곽·진영(鎭營)·병선(兵船)·교통·고적·토의경종(土宜耕種)·토지·호구·성씨·인물·봉수·기후·염분·목장·전설 등의 항목으로 서술하고 있다.

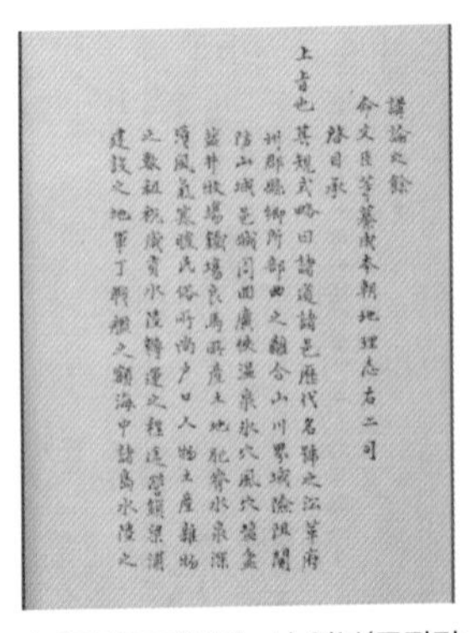
講論之餘
命文臣等纂成本朝地理志右二司
啓目承
上旨也其規式略曰諸道諸邑歷代名號之沿革府
州郡縣鄕所部曲之離合山川界域險阻關
防山城邑城周回廣狹溫泉氷穴風穴鹽盆
鹽井牧場鐵場良馬所產土地肥瘠水泉深
淺風氣寒暖民俗所尙戶口人物土產雜物
之數租稅歲貢水陸轉運之程道路營鎭梁灘
建設之地軍丁戰艦之額海中諸島水陸之

| 『경상도지리지』 서 일부(규장각한국학연구원)

고을 별로 '해도(海島)' 항목이 설정되지는 않았지만, 『경상도지리지』의 경남의 섬에 대한 정보는 그 서문에 이어 설정한 범례 가운데 '제도육지상거(諸島陸地相去)……'조에서 도내 12개의 섬을 소개하고 있다. 그 내용은 다음 표와 같다.

표 1. 『경상도지리지』의 섬

군현	섬 이름	거리(수로)	비고
영해	축산도(丑山島)	200보	경작할만한 땅이 없음
동래	소도(少島)	5리	경작할만한 땅이 없음
양산	대저도(大渚島)	160보	국농소 농민들 입거(入居)
동평(東平)	절영도(絶影島)	1리 40보	경작할만한 땅이 없음

군현	섬 이름	거리(수로)	비고
김해	가덕도(加德島)	10리	왜구 때문에 황폐
	명지도(鳴旨島)	30리	본래 농장이 없음
	마도(馬島)	150보	인민이 오가며 경작
진해	범의도(凡矣島)	3리	인민이 오가며 경작
진주	흥선도(興善島)	10리	인민이 오가며 경작
곤남(昆南)	남해도(南海島)	1리 240보	인민이 입거하여 농사
고성	박도(撲島)	40리	구량량의 영전(營田), 선군이 오가며 경작
사천	구량도(仇良島)	1리 340보	인민이 오가며 경작

영해도호부의 축산도, 동래현의 소도, 동평현의 절영도를 제외하면, 9개의 섬이 오늘날 경남의 섬에 해당한다. 대체로 이들 섬은 유인도(有人島)라는 점에서 무인도인 경우는 조사 대상에서 제외되었던 것으로 보인다. 김해 가덕도의 경우는 본래 웅천 관할인데, 『경상도지리지』 편찬 당시에는 웅천이 김해의 속현으로 되어 있어서 김해 관할로 수록되었다.

『경상도지리지』의 섬에 대한 정보는 『세종실록지리지』(1453)에도 그대로 반영되었다. 다만 동래 소속의 섬으로 고지도, 절영도, 모등변도가 추가되었으며, 고성의 섬으로 박도가 상박도와 하박도로 나누어 수록하고 욕질도가 추가되었다. 그 내용은 다음 표와 같다.

표 2. 『세종실록지리지』의 섬

군현	섬이름	거리	둘레	비고
동래	고지도(古智島)	동쪽		행제소
	절영도	동평현 남쪽		행제소
	모등변도(毛等邊島)	동평현 남쪽		행제소

군현	섬이름	거리	둘레	비고
양산	대저도	남 160보		국농소가 있었는데 지금은 혁파, 농민들 입거
김해	취량도(鷲梁島)	남 수로 30리	20리	명지도(鳴旨島)
	가덕도	동 수로 15리		봄, 가을 소재관이 제사
	마도	동남 수로 150보		인민이 오가며 경작
진해	범의도	남 수로 3리		인민이 오가며 경작
진주	흥선도	수로 10리		고려 유질 부곡(有疾部曲)
사천	구량도	수로 1리 340보		인민이 오가며 농사
곤남	남해도	수로 1리 248보		인민이 오가며 농사
고성	상박도(上樸島)	남 수로 40리		구량량의 영전(營田), 선군이 오가며 경작
	하박도(下樸島)			
	욕질도(褥秩島)			

세종대에 편찬된 『경상도지리지』나 『세종실록지리지』에 소개된 경남의 섬들은 몇 되지 않지만, 실제 국가가 파악하고 관리하는 경남의 섬은 훨씬 많았다. 1448년(세종 30) 8월 정부에서는 전국의 소나무를 관리 감독하기 위해 소나무가 잘 자라는 섬과 곶(串), 그리고 산을 지정하고 있는데, 그 가운데 다음 표3에서 볼 수 있는 바와 같이 경상도에서 소나무가 울창하여 관리 감독의 대상이 되었던 섬들만 42개나 되었다. 정부에서 확인은 하고 있었지만 관리 대상에서 제외된 섬들은 이보다 훨씬 많았을 것이다.

표 3. 소나무관리 대상이었던 경남의 섬

군현명	섬 이름
동래현	절영도
울산	남해도, 장도(場島)

군현명	섬 이름
고성현	어리도(於里島), 초도(草島), 오비도(吾非島), 곤이도(昆伊島), 상박도, 하박도, 추도(楸島), 자란도(自亂島), 국정도(國正島), 신이도(申伊島), 노대도(爐大島), 욕지도(欲知島), 두밀도(豆密島), 안도(鞍島), 종해도(終海島), 심수도(深水島), 개도(介島)
거제현	적을도(赤乙島), 주원도(朱元島), 소좌리도(小左里島), 대좌리도(大左里島), 송도(松島)
사천현	초영도(初永島), 초도(草島), 백야도(白也島), 저도(楮島), 구랑도(仇郎島)
김해부	우음도(亐音島), 벌도(伐島), 수도(水島), 가덕도, 명지도, 마도, 감물도(甘勿島)
남해현	고독절도(孤獨絕島), 소가도(小柯島), 양가도(兩柯島)
창원부	사도(蓑島)
양산군	대저도

2) 『경상도속찬지리지』와 『신증동국여지승람』에 실린 경상도 섬

(1) 『경상도속찬지리지』의 경상도 섬

경남의 섬에 대한 정보는 1469년(예종 1)에 편찬된 『경상도속찬지리지』 단계에 와서 풍부해졌다. 경상도관찰사 김겸광(金謙光)이 쓴 『경상도속찬지리지』 서문에 따르면 세종조에 편찬된 『경상도지리지』가 규모나 항목에 있어서 상세한 편이었으나, 연혁이 다르게 서술되는 등 문제도 있어서 예종이 즉위한 다음 해인 기축년(예종 1년, 1469) 정월에 왕이 각 도에 특명으로 이전 지리지를 '속

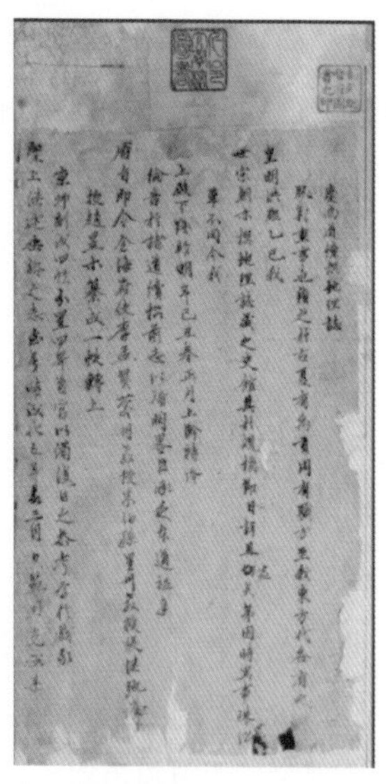

『경상도속찬지리지』 서(규장각 한국학연구원)

찬(續撰)'하여 빠졌거나 간략한 것을 보완하도록 지시했다. 이에 따라 경상도에서는 김해부사 이맹현(李孟賢), 경주교수(慶州敎授) 주백손(朱伯孫), 성주교수(星州敎授) 장계이(張繼弛), 안동교수(安東敎授) 조욱(趙昱) 등이 주관하여 1질을 완성해 서울로 올려보내고, 부본(副本)으로 4질을 만들어 계수관(界首官)인 경주·상주·안동·진주 등 네 곳에 나누어 보관하여 뒷날 참고하도록 하였다.

『경상도속찬지리지』는 그 서문에 이어 범례에 해당하는 「지리지속찬사목(地理志續撰事目)」을 제시하고 있는데, 여기에서는 첫 항목 '경술년(세종 12년, 1430) 이후 각 주진(州鎭)의 설립과 혁파, 호칭의 승강' 문제에서부터 마지막 항목 '양계(兩界) 강 연안의 각 진(鎭)에 야인(野人)이 살고 있는 지명 및 원근 부락의 많고 적음'에 이르기까지 모두 29개 항목을 서술하고 있다. 이 가운데 27번째 항목에 '해도(海島)' 항목을 설정하여 섬의 읍치로부터 방향, 수로(水路) 거리, 읍치로부터 육로 거리, 섬의 사면 둘레, 전답 면적, 민가의 유무 등을 기록하도록 안내하고 있다.

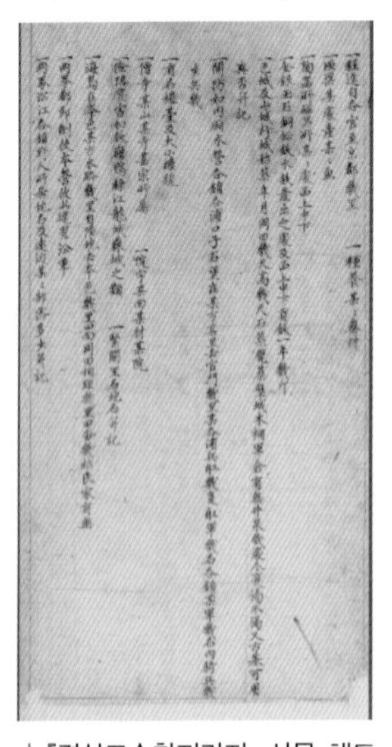

| 『경상도속찬지리지』 사목 해도 관련 부분(규장각 한국학연구원)

『경상도속찬지리지』에서 해도 항목이 처음으로 등장한다

는 것은 의미있는 일이다. 그만큼 이 시기가 되면 섬에 대한 인식이 심화되었다는 것을 의미하고, 나아가 영토 의식에 있어서도 한층 새로운 면모를 보인 것으로 이해된다. 『경상도속찬지리지』 각 고을 해도조에 소개된 섬의 내용은 부록 표1(252쪽)과 같다.

『경상도속찬지리지』의 섬에 대한 정보는 「사목」에서 밝힌 대로 '섬 이름'과 함께 거리를 육로와 수로로 구분하여 기록하고, 섬의 둘레, 토지와 유·무인도 여부 등을 기록하여 어느 정도 상세한 편이다. 『경상도속찬지리지』에서 섬에 대한 정보가 소개되어 있는 고을은 기장, 동래, 영해, 양산, 김해, 웅천, 창원, 진해, 칠원, 고성, 거제, 진주, 사천, 남해 등 14개 고을로, 대부분 오늘의 경남 지역의 섬들이다.

『경상도속찬지리지』의 섬 개수는 모두 106개로 섬이 가장 많은 지역은 고성, 거제, 웅천 순이다. 고성의 섬은 모두 53개로 경상도 전체 섬 수의 절반에 해당한다. 고성의 섬들은 가배도와 두도처럼 육지로부터 수로로 1~2리 정도 떨어진 가까운 거리에 위치한 곳들과 욕지도나 갈이도와 같이 198리나 떨어진 먼 거리에 위치한 섬들이 있어, 거리의 원근에 있어서는 다양한 편이다. 섬의 크기에 있어서도 장좌도처럼 둘레가 200보밖에 되지 않는 섬도 있고, 수도, 공수도 등은 1리 정도의 소규모 섬이었다. 반면에 욕지도(65리), 연화도(53리), 하박도(50리), 송도(43리), 상박도(24리), 종해도(21리) 등은 둘레가 20리 이상의 규모가 큰 섬이었다. 아울러 적화도, 자란도, 상박도, 종해도, 죽도는 전답을 보유하고 있던 섬들이다.

거제현은 24개의 섬을 보유하고 있는데, 거리로 보아서는 칠천도를 비롯하여 수로로 2리 미만의 섬이 절반이 넘는 13개이고, 원거리라 할 수 있는 섬도 주물도 31리, 각도 26리, 저도 21리, 지사도 10리 정도이다. 섬의 규모로는 60보밖에 되지 않는 각도와 1리 미만의 유월도, 고개도, 마적도, 소유자도, 사등도, 소지외도, 대지외도 등 작은 섬이 많은 편이다. 둘레가 5리 이상 되는 섬은 매매도(14리), 지사도(8리) 둘 뿐이다. 칠천도에는 목장이 설치되어 있었고, 전답이 있는 섬은 질량도, 고개도 정도이다.

웅천현에는 10개의 섬이 수록되어 있다. 『경상도속찬지리지』 웅천현 해도조의 뒷부분이 결락되어 있어, 그 관할 섬은 더 있었던 것으로 보인다. 가덕도가 확인되지 않는 점에서도 이를 알 수 있다. 웅천현은 웅신현으로 세종 때까지 김해도호부의 속현으로 있다가 1451년(문종 1)에 웅천현으로 고쳐 현감을 파견함으로써 김해로부터 독립하였다. 그래서 『경상도지리지』와 『세종실록지리지』에서는 가덕도가 김해 관할 섬으로 기록되어 있다.

웅천현 10개의 섬들은 수로로 5리 이하의 섬이 수도와 이슬도를 비롯해 6개이고, 가장 원거리의 섬은 31리의 사이도, 20리의 감물도, 15리의 연도, 11리의 송도 정도이다. 섬의 둘레는 감물도(15리), 사의도(8리), 연도(5리), 송도(4리) 순이다. 소규모이기는 하지만 대부분 밭을 보유하고 있으며, 감물도에는 양(羊) 목장이 있었다.

(2) 『신증동국여지승람』의 경상도 섬

『경상도속찬지리지』의 형식과 내용은 『동국여지승람』의 편찬에 반영되었다. 『동국여지승람』은 1477년(성종 8)에 완성한 『팔도지리지』에 시문(詩文)을 삽입하여 편찬한 것으로, 양성지(梁誠之, 1415~1482), 노사신(盧思愼, 1427~1498), 서거정(徐居正, 1420~1488), 강희맹(姜希孟, 1424~1483), 성임(成任, 1421~1484) 등이 총재가 되어 편찬을 주관하여, 1481년(성종 12)에 50권을 완성하였다. 1487년(성종 18) 2월 8일에는 동지사(同知事) 김종직(金宗直, 1431~1492) 등이 『동국여지승람』의 교정을 마치고 바치자, 이틀 뒤 왕명으로 인쇄하도록 지시하였다.

『동국여지승람』에 대한 증보는 연산군 때 임사홍(任士洪, ?~1506)·성현(成俔, 1439~1504) 등에 의해 부분적인 교정과 보충이 이루어지고, 1528년(중종 23)년부터 이행(李荇, 1478~1534) 등이 중심이 되어 본격적으로 증보하여 1530년(중종 25)에 55권의 『신증동국여지승람』이 완성되었다. 『신증동국여지승람』의 서술 항목은 각 도의 연혁과 총론, 관원을 기록하고, 각 군현별로 연혁·관원·군명·성씨·풍속·형승·산천·토산·성곽·관방(關防)·

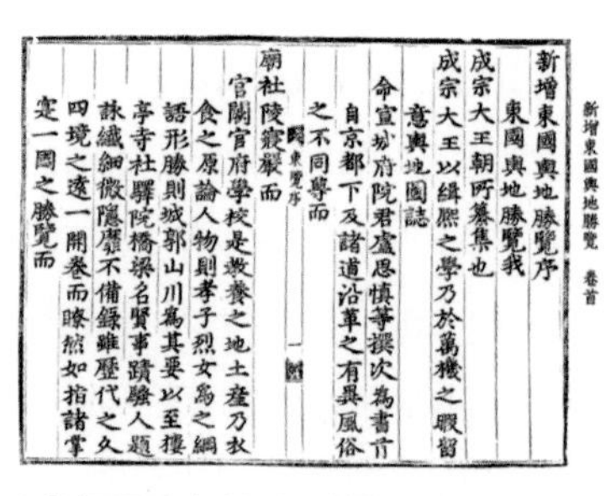
新增東國輿地勝覽 卷首
新增東國輿地勝覽序
東國輿地勝覽我
成宗大王朝所纂集也
成宗大王以緝熙之學乃於萬機之暇留
意輿地圖誌
命宣城府院君盧思慎等撰次爲書首
自京都下及諸道沿革之有異風俗
之不同尊而
廟社陵寢殿而
宮闕官府學校是教養之地土產乃衣
食之原論人物則孝子烈女爲之綱
語形勝則城郭山川爲其要以至樓
亭寺社驛院橋梁名賢事蹟騷人題
詠纖細微隱靡不備錄雖歷代之久
四境之遠一開卷而瞭然如指諸掌
寔一國之勝覽而

| 『신증동국여지승람』 서(한국고전종합DB)

봉수·궁실·누정·학교·역원·교량·불우·사묘·능묘·고적·명환(名宦)·인물·효자·열녀·제영(題詠) 등으로 되어 있다.

『신증동국여지승람』에서 '해도'나 '도서' 항목은 별도로 설정되어 있지 않다. 다만 산천조에서 그 구성을 산과 내[川], 그리고 바다[海]로 구분하여 '바다'에서 소속 섬의 정보를 소개하였다. 섬 정보는 섬의 이름을 비롯해 관아로부터 방향과 거리, 섬 둘레, 전답 면적 등 특이 사항을 기록하였다.

『신증동국여지승람』(이하 『승람』이라 함)에 실려 있는 경상도의 섬은 모두 79개이다. 『경상도속찬지리지』(이하 『속찬』이라 함) 106개에 비교하면 30% 정도 줄어든 개수이다. 기장의 무지포도(無只浦島)와 죽도(竹島), 영해의 축산도(丑山島), 창원의 저도(猪島), 진주의 흥선도(興善島), 사천의 구량도(仇良島)·심수도(沈水島)·초도(草島)·저도(楮島), 칠원의 저도(猪島)는 『속찬』 단계와 개수나 명칭이 같다. 영일현의 죽도(竹島)와 울산의 죽도(竹島)·동백도(冬柏島), 양산의 대저도(大渚島)·사두도(蛇頭島)·소요저도(所要渚島), 하동의 목도(牧島) 등은 『승람』 단계에서 새로 추가되었다. 남해에는 『속찬』의 남해도 대신에 소도(蘇島) 하나가 소개되어 있다.

동래는 1개에서 5개로 늘어나, 『승람』에는 절영도(絕影島)·고지도(古智島)·모등변도(毛等邊島)·다도(茶島)·대마도 등이 실려 있고, 김해는 2개에서 8개로 늘어나, 덕도(德島)·죽도(竹島)·취도(鷲島)·명지도(鳴旨島)·전산도(前山島)·도요저(都要渚)·덕지도(德只島)·곤지도(坤地島) 등이 실려 있다. 진해는 하나 증가하여 대범의도(大凡矣島)·소범의도(小凡矣島)·궁도

(弓島)·대주도(大酒島)·소주도(小酒島) 등 5개의 섬이 실려 있고, 웅천은 4개가 증가하여 백산도(白山島)·흑산도(黑山島)·가덕도(加德島)·감물도(甘勿島)·사의도(蓑衣島)·대죽도(大竹島)·소죽도(小竹島)·이슬도(里瑟島)·벌도(伐島)·우음지도(亏音之島)·송도(松島)·연도(椽島)·수도(水島)·만산도(滿山島)·초리도(草里島) 등 14개의 섬이 실려 있다.

반면, 거제와 고성의 섬 수는 『승람』 단계에서 많이 줄어들었다. 거제는 『속찬』 단계 24개에서 11개로 줄어들어, 사도(沙島)·산달도(山達島)·칠천도(漆川島)·주원도(朱原島)·외비진도(外非辰島)·내비진도(內非辰島)·매매도(每每島)·오아도(吾兒島)·대죽도(大竹島)·유자도(柚子島)·대좌이도(大左伊島) 등이 실려 있다. 고성은 『속찬』 단계보다 절반 이상 줄어들어, 죽도(竹島)·종해도(終海島)·송도(松島)·자란도(自卵島)·하박도(下撲島)·상박도(上撲島)·연대도(煙臺島)·오아도(吾兒島)·적화도(赤火島)·가조도(加助島)·추라도(楸羅島)·노태도(老太島)·욕지도(欲知島)·연화도(蓮華島)·적질도(赤叱島)·시락도(時落島)·어응적도(於應赤島)·가도(柯島)·둔미도(芚彌島)·독박도(禿朴島) 등 20개의 섬이 소개되어 있다.

『속찬』에서 도내 섬을 많이 발굴하여 소개했음에도 불구하고, 『승람』에서 섬의 개수가 줄어든 것은 일정하게 수록 원칙이 있어서 그렇게 된 것으로 보인다. 고성과 거제의 경우는 주로 유인도를 중심으로 어느 정도 규모가 있는 섬들을 대상으로 삼았던 것 같다. 『속찬』의 섬 정보에 따르면 고성이나 거제의 경우 둘레가 2리 이하의 섬들이 많았는데, 『승람』에서는 이들이 대부분 제외되고 있어 섬의 개수가 대폭 줄어든 것이다.

대마도가 동래현 관할 섬으로 소개된 것도 주목할만 하다. 『경상도지리지』(1425)에서 『경상도속찬지리지』(1469) 단계까지 동래현의 섬으로 소개되지 않았던 것이, 『동국여지승람』 단계에 와서 동래의 섬으로 소개되고 있다는 것은 영토에 대한 인식이 확장된 결과로 볼 수 있다. 물론 그 내용 설명에 있어서는 "대마도는 곧, 일본의 대마주(對馬州)이다. 옛날엔 우리 신라에 예속되었었는데, 어느 때부터 일본 사람들이 살게 되었는지는 모르겠다."라고 하여 일본의 소유로 규정하고 있지만, 우리의 영토였음을 상기시키고자 하였다. 대마도를 동래의 섬으로 기록한 것은 이후 조선후기 각종 『동래읍지』에도 그대로 계승되었고, 1937년에 편찬되는 『교남지』에서도 대마도가 그대로 수록되어 있다.

3) 조선후기 『읍지』 속 경남의 섬

조선후기 지리서에 경남의 섬들이 어떻게 소개되어 있는지, 전국 지리서인 『여지도서』(1757~1765), 1832년 경 편찬의 『경상도읍지』, 그리고 김정호(金正浩, 1804~1866)의 『대동지지』(1861~1866)에 실려 있는 경남의 섬을 조사하여 살펴보기로 한다. 『신증동국여지승람』 이후 전국 지리서로는 반계 유형원(柳馨遠, 1622~1673)이 개인적으로 편찬한 『동국여지지』가 처음이지만, 이 지리서의 섬 관련 정보는 『신증동국여지승람』의 그것과 동일하여 검토 대상에서 제외하였다.

『동국여지지』에 이어 편찬된 전국 지리서는 『여지도서』이다. 이 책은 『신증동국여지승람』을 다시 고치고, 그동안 달라진 내용을 싣기 위해서 홍문관에서 각 읍의 읍지를 수집하여 1757~1765년(영조 33~41)까지 편찬을 완료했다. 현재 일부 결본인데, 경상도에서는 울산부·양산군·영천군·흥해군·사천현·삼가현·의령현·하동부·산음현·안음현 등 11개 읍의 읍지가 결본이다. 『여지도서』 각 읍지의 서술 항목은 강역·방리(坊里)·도로·건치연혁·군명·형승·성지(城池)·관직·산천·성씨·풍속·능침(陵寢)·단묘(壇廟)·공해(公廨)·제언(堤堰)·창고·물산·교량·역원(驛院)·목장·관애(關阨)·봉수·누정·사찰·고적·총묘(塚墓)·진보(鎭堡)·명환(名宦)·인물·제영(題詠)·한전(旱田)·수전(水田)·진공(進貢)·조적(糶糴)·전세(田稅)·대동(大同)·봉름(俸廩)·군병(軍兵) 등으로 되어 있다. 섬에 대한 정보는 『신증동국여지승람』처럼 산천조에서 '바다[海]'를 설정하여 그 안에서 소개하고 있다.

『경상도읍지』는 1832년 경 경상도 71개 읍의 읍지를 모두 20책으로 묶은 도지이다. 『여지도서』 이후 70여 년 만에 편찬된 것으로 19세기 초 경상도 지방 각 고을에 관한 가장 내용이 충실하고 방대한 자료이다. 제8책에 수록된 「금산읍지」, 「의성현지」, 「영덕읍지」, 「고성읍지」는 본래의 것이 아니라 1871년에 편찬된 『영남읍지』의 것을 베껴 보충한 것으로 체재가 다르다. 수록 항목은 건치 연혁·군명·관직·성씨·산천·풍속·방리(坊里)·호구·전부(田賦)·요역(徭役)·군액

(軍額)·성지(城池)·임수(林藪)·창고·군기·관애(關阨)·진보(鎭堡)·봉수·학교·단묘(壇廟)·능묘·불우(佛宇)·공해(公廨)·누정·도로·교량·도서(島嶼)·제언·장시(場市)·역원·목장·형승·고적·토산·진공·봉름(俸廩)·환적(宦績)·과거·인물·제영(題詠)·비판(碑板)·책판(冊板) 등이다. 도서 항목이 산천 항목에서 분리되어 독립 항목으로 설정되어 있어 섬에 대한 정보를 쉽게 확인할 수 있다.

『대동지지(大東地志)』는 김정호가 『대동여지도(大東輿地圖)』를 간행한 후, 1861년 이후부터 1866년경 사이에 편찬한 전국 지리서이다. 고을 별 수록항목은 연혁(읍호, 관원)·고읍(古邑)·방면·산수(영로, 도서)·형승·성지·영아(營衙)·진보(鎭堡)·봉수(烽燧)·창고·역참·진도(津渡)·교량·목장·토산(土産)·궁실·누정·묘전(廟殿)·능침(陵寢)·단유(壇壝)·사원(祠院)·전고(典故) 등이다. 섬에 대한 정보는 산수조에 '도서' 항목을 설정하여 상세히 소개함으로써 조선후기 지리서 가운데 섬 정보가 가장 풍부하다. 『여지도서』, 『경상도읍지』, 『대동지지』에 실린 경남의 섬들을 고을 별로 조사한 내용이 부록 표2(256쪽)에 제시된 '조선후기 지리서 속의 경남의 섬'이다.

扼擧且洞壑回互叢林茂密者宜保也或依山臨水或
古刹盤據者宜守也或野中高阜或峯上叢岩者宜望
也可覽圖而詳之[嶺路]凡程里之最重者莫如嶺道有要
衝焉有險夷焉有大路小路間路捷路之別此有事時
尤宜詳也夫遠近之關嶮險之限若築城以爲固則有
難以人功當長養樹木蔚然成林則藏兵設伏皆有可
恃臨機斫取樹柵拒路或有助焉[島嶼]凡海上之所恃者
莫如島嶼有浦港藏船處有魚鹽井泉處有土肥民般
處又兩島之間有潮勢洄洑處有堆沙隱嶼處我慣于
進退彼昧于淺深勝敗在于呼吸此臨事者之尤宜講

| 『대동지지』 문목 중 산천조에 도서 부분(규장각 한국학연구원)

조선후기 읍지 등 지리서에 실려 있는 오늘날 경남 지역

소재 섬의 총 개수는 164개이다. 이 가운데 『대동지지』에 실린 섬의 수가 가장 많아서 146개나 된다. 『여지도서』와 1832년 편찬의 『경상도읍지』에 실린 섬의 수는 비슷하여 각각 82개와 81개이다.

경남 지역에서 섬이 가장 많은 곳은 고성으로 37개이지만, 『경상도속찬지리지』의 53개보다는 적은 개수이고, 『신증동국여지승람』의 20개보다는 많은 개수이다. 조선후기 읍지에서 고성의 섬은 『대동지지』에는 37개가 모두 실려 있지만, 『여지도서』는 22개, 『경상도읍지』는 15개로 차이가 있다. 『여지도서』의 22개는 『신증동국여지승람』의 20개에 포도도와 사량도가 추가된 개수이다. 『경상도읍지』의 고성 15개 섬은 이 읍지의 고성읍지가 결본이기 때문에 1899년 편찬의 『고성군읍지』 도서조에 실린 섬의 개수이다. 고성읍지의 섬 개수가 『여지도서』보다도 적게 실린 까닭이 무엇인지 알 수 없지만, 역시 규모가 큰 유인도 중심으로 수록했기 때문일 것으로 보인다.

고성 다음으로 웅천이 35개의 섬을 확보하고 있다. 『신증동국여지승람』(1530) 단계에서 14개의 섬이 실렸는데, 2배 이상 증가한 셈이다. 웅천의 섬 개수의 증가도 역시 『대동지지』가 주도하여 32개나 실려 있고, 『여지도서』와 『경상도읍지』는 그 절반으로 각각 16개와 15개이다. 두 지리서의 웅천 섬 수는 『신증동국여지승람』 단계에서 크게 벗어나지 않는다.

거제의 섬은 31개로 경남 지역 섬 순위로는 세 번째이다.

『경상도속찬지리지』(1469) 단계 24개나 『신증동국여지승람』 단계 11개보다 많이 증가한 것으로 이 가운데 『대동지지』에는 29개, 『여지도서』에 16개, 『경상도읍지』에 11개 섬이 실려 있다. 『여지도서』나 『경상도읍지』의 섬 개수는 『신증동국여지승람』 수준이고, 『대동지지』가 역시 거제 섬 수의 증가를 주도했다.

남해는 『여지도서』 단계까지 1개의 섬만 소개되었는데, 『경상도읍지』에서 5개, 『대동지지』에는 15개의 섬이 실려 있어 크게 증가하였다. 하동 또한 『경상도읍지』 단계까지는 목도와 갈도 2개의 섬만 실렸는데, 『대동지지』에서 8개의 섬으로 증가하였고, 곤양은 『여지도서』 단계까지 관할 섬에 대한 정보를 실지 않다가 『경상도읍지』 단계에 와서 안도 등 4개의 섬을 소개하고 있다. 이상의 지역 외에 양산, 김해, 창원, 칠원, 진해, 진주, 사천 등지의 섬에 대한 기록은 『신증동국여지승람』 단계의 수준을 유지하고 있다.

『대동지지』가 전체적으로 조선후기 경남 지역 섬 수의 증가를 주도하였지만, 지역에 따라서는 개수가 줄어든 곳들도 있다. 양산의 경우 출두도·유포도·덕두도, 김해는 도요저·덕지도, 사천의 조도·징도·우도, 곤양의 안도·작도·전죽도 등은 『대동지지』에서 찾을 수 없다.

3. 고지도 속의 경남의 섬

현재 경상남도에 소재하고 있는 섬의 개수는 모두 868개로, 유인도가 75개, 무인도가 793개이다. 유인도의 인구는 6,612세대에 11,802명으로 집계된다. 도내 시군별로 보면 통영시의 섬 개수가 가장 많아 570개로 유인도 44개, 무인도 526개이다. 그 다음이 남해군으로 82개(3, 79)이고, 거제시 73개(10, 63), 사천시 44개(10, 34), 창원시 41개(5, 36), 하동군 30개(1, 29), 고성군 28개(2, 26) 순이다. 조선시대 지리서에 실려 있는 군현별 섬의 개수에 있어서는 고성의 섬 수가 가장 많았는데, 통영이 분리됨으로써 현재는 고성군의 섬 개수가 가장 적은 것으로 집계되고 있다.

현재 경남 지역의 섬들이 조선후기 고지도에는 어느 정도나 반영되었을까? 고지도에서 경남의 섬들이 어떻게 묘사되었는지 확인하기 위하여, 전국 지도로는 『청구도』와 『대동여지도』, 군현지도로는 『해동지도』, 『여지도』, 『영남지도』, 『동국지도』 경상도편, 『1872년군현지도』를 대상으로 삼아 검토해보기로 한다.

『청구도』는 김정호(金正浩)가 1834년에 제작한 조선전도로, 전국을 남북으로 29층, 동서로 22판으로 구분하여 방안 눈금으로 나누어 그렸다. 고을 별로 산천, 강, 섬, 도로, 읍치(邑治), 서울까지의 거리, 군(軍)·호(戶)·전(田)·곡(穀)의 수를 지도 안에 기록하여 군현의 크기를 쉽게 짐작할 수 있게 하였다.

『대동여지도』는 『청구도』의 자매편으로서 『청구도』 내용을 보충하여 1861년(철종12) 사용에 편리하도록 남북 22폭으로 나누어 만든 목판본 대축척 조선 지도책이다. 지도에는 해안선 도서, 산과 하천의 지형, 지방 군현 등이 실제와 거의 유사하게 그려져 있다. 각 군현 안에서는 영아(營衙), 읍치, 성지(城池), 진보(鎭堡), 창고, 목소(牧所), 봉수, 능침, 방리(坊里), 도로 등이 표시되어 있다.

『해동지도』는 1750년대 초에 제작된 회화식 군현지도집으로, 전국의 모든 고을의 지리적인 내용을 통일적인 체계에 의해 묘사하였다. 지도의 여백에 주기를 붙여놓고 있는데, 각 군현의 호구, 전결, 곡물, 건치 연혁, 산천, 군명, 고적, 역원, 서원, 불우, 토산 등의 항목과 방위를 표시하고 있다. 전국 군현의 지리적인 내용을 통일된 체제로 묘사하였으며, 당시까지 제작된 모든 회화식 지도의 기법을 포함하고 있다는 점에서 조선후기 군현지도집의 발달과정을 보여주는 중요한 자료이다.

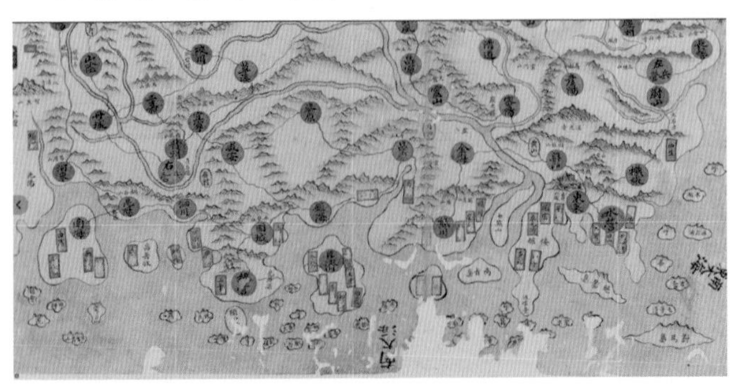

| 『해동지도』 경상도 남해안지역(규장각 한국학연구원)

『여지도』와 『영남지도』도 『해동지도』와 비슷한 시기에 제작된 것으로 보인다. 1767년(영조 43) 윤7월 경상도 군현 가운데 '산음(山陰)'과 '안음(安陰)'이 각각 '산청(山淸)'과 '안의(安義)'로 개칭되는데, 이 두 군현지도에서는 모두 산음과 안음으로 기록하고 있어 1767년 이전에 제작했음을 말해주고 있다. 반면 『동국지도』 경상도편은 '산청'과 '안의'로 기록하고 있어 이 지도는 1767년 이후 제작이라고 보아야 할 것이다. 다만 산청 지도에서 경계 표시를 하면서 '안음계(安陰界)'라고 하고 있어, 안의로 개칭된지 그리 오래 지나지 않은 시기에 제작되었던 것으로 추정된다.

『1872년군현지도』는 조선시대 정부 지도 제작 사업의 마지막 성과로 평가된다. 이 지도는 1871년에 전국 읍지를 편찬하고 이듬해인 1872년에 다시 전국적으로 군현지도 편찬 사업을 시행하여 목장과 영진, 산성 등의 군사시설을 포함한 지방지도를 기획하였다. 1년이 채 되지 않는 짧은 기간에 제작되었기 때문에 체계적으로 그려지지는 못했지만, 이전 시기의 지도보다 큰 규격으로 작성되었기 때문에 지도에 들어있는 정보량은 다른 군현지도에 비해 풍부한 편이다.

이제 『해동지도』 등 5종의 군현지도와 전국지도로서 『청구도』와 『대동여지도』에서 오늘날 경남지역에 해당하는 군현의 '도(島)'와 '서(嶼)', '여(礖)'로 표시되어 있는 섬들을 조사하여 지도에 따라 어떤 차이를 보이고 있는지 검토하고자 한다. 『1872년군현지도』는 「가덕진도」 등 특정 군현 소속의 진(鎭)이나 산성의 지도가 따로 있어, 거기에 그려져 있는 섬들도 조사하여 소속 군현의 섬으로 포함시켰다. 『해동지도』 등 군현지도 가운데에는 통영지도가 별도로 있고, 통영 관할의 섬들이 그려져 있다. 그러나 그 관할 섬들은 고성이나 거제, 웅천 관할의 섬과 겹치는 것이라서 별도로 조사하지는 않고, 통영의 섬이라고 표시만 하였다.

『해동지도』와 『영남지도』는 지도 여백에 주기를 붙였고, 『여지도』는 별지에 주기하고 있어 군현의 간략 정보를 찾아볼 수 있다. 그 가운데에 특정 섬의 거리와 둘레를 기록한 경우도 있어 섬 이름과 함께 이들 내용을 항목으로 설정하여, 부록 표3(262쪽) '조선후기 고지도 속의 경남의 섬'으로 정리하였다.

『청구도』와 『대동여지도』, 군현지도로서 『해동지도』, 『여지도』, 『영남지도』, 『동국지도』 경상도편, 『1872년군현지도』 등에 그려진 경남 지역 섬의 총수는 277개로, 조선후기 지리서 속의 섬 총수 164개 보다 100여 개가 더 많다. 고지도 별로는 『해동지도』가 143개로 가장 많이 그려져 있고, 『청구도』 137개, 『1872년군현지도』 133개, 『동국지도』 경상도편 126개, 『여지도』 120개, 『대동여지도』 109개, 『영남지도』 93개 순이다. 적어도 섬의 표시에 있어서는 『해동지도』가 가장 충실하다는 것을 보여주고 있다. 『1872년군현지도』에 섬이 많은 것은 「진도(鎭圖)」 등에서 관할 진 주변의 섬을 세밀하게 표시한 결과이다.

고지도에서 섬의 표시는 섬의 형상을 그리고 섬 이름을 써넣고 있는데, 군현지도에서는 '도(島)'와 '서(嶼)', '여(礖)'까지

|『대동여지도』 남해안(규장각 한국학 연구원)

써서 구분하고 있지만,『청구도』 등 전국 지도에서는 여백 탓으로 이를 생략하고 이름만 표기하고 있다. 전국 지도에는 섬의 형상만 그려놓고 이름을 붙이지 않은 것들도 많아서『대동여지도』에서는 웅천에 18곳, 고성에 9곳, 남해에 7곳, 진해와 거제에 각각 2곳 등 모두 38개의 섬에 이름을 써넣지 않았다.『청구도』에서도 거제와 고성의 섬 각각 4곳에 이름이 없다. 이들 이름 없는 섬까지 포함하면 전국 지도의 섬 총수는 더 많아질 것이다.

섬 이름 가운데는 지도마다 표기가 다른 곳들이 꽤 보인다. 지리서의 섬 이름 표기는 크게 다르지 않은 것에 비하면 심한 편으로, 필사하는 과정에서 잘못 기재했거나 별호를 쓴 결과일 것이다. 몇몇 예를 들어보면, 거제의 주원도(朱原

島)는 '추원(秋元)', '풍원(楓元)', '임원(林元)' 등으로 표기하여, 『해동지도』는 '추원'으로, 『대동여지도』는 '주원'으로 되어 있지만 『청구도』는 '임원'으로 표기하였다. 사천의 심수도(深水島)도 '신수(新樹)'로 표기된 곳, '심(深)'과 '수(水)'로 나누어 표기한 곳도 있다. 웅천의 전모도(展帽島)의 경우, '전'의 한자 표기가 '전(戰)', '전(箭)' 등으로 다르게 되어 있다. 거제의 매매도(每每島)는 '매'로만 표기된 지도도 있고, '매미(每味)'로 하거나 '내매매'와 '외매매'로 나누어 표기한 지도도 있다.

고지도에 표시된 경남의 군현별 섬의 개수는 거제가 72개(지리서 31개)로 가장 많고, 고성이 59개(지리서 37개), 웅천이 51개(지리서 35개), 남해 32개(지리서 15개), 진해 15개(지리서 6개), 김해 10개(지리서 9개), 하동 10개(지리서 8개), 사천 9개(지리서 7개), 양산 8개(지리서 6개), 곤양 4개(지리서 4개), 칠원 4개(지리서 1개), 진주 2개(지리서 3개), 창원 1개(지리서 1개) 순이다.

거제의 72개 섬들은 『해동지도』에 59개, 『여지도』에 56개, 『동국지도』에 36개 순으로 그려져 있으며, 고성의 59개 섬은 『동국지도』와 『청구도』에 각각 34개, 『1872년군현지도』에 33개, 『대동여지도』에 25개 순으로 그려져 있다. 섬을 가장 많이 그리고 있는 『해동지도』에서 고성의 경우는 가장 적게 9개의 섬만 표시하고 있는데, 그 까닭이 무엇인지 의문이다. 『해동지도』의 고성지도는 육지를 크게 묘사하는 등의 지도 작성 방식의 차이에서 비롯된 것일 수도 있다. 당포진 앞바다에 위치한 섬들의 표시가 생략되어 있다는 점에서 통영 관할의 섬들을 제외시킨 결과로 볼 수도 있다.

웅천의 섬 51개 가운데 『청구도』에서는 32개의 섬 이름을 찾을 수 있으나, 『대동여지도』에서는 14개의 섬 이름만 확인되고 있다. 『대동여지도』 웅천 지역의 섬 가운데 이름을 표기하지 않은 섬이 18곳이라서 이를 합하면 『청구도』의 32개 섬과 개수가 같다.

진해의 섬은 지리서의 섬 6개에서 2배 이상 증가한 15개로 조사되었는데, 『1872년군현지도』에서 11개의 섬을 표시한 것이 결정적이다. 개좌도 등 8개의 섬은 다른 지도에는 표시되지 않았다. 『해동지도』의 진해 6개 섬 가운데 호도, 주도, 양도 3개의 섬은 지도에 묘사되었지만, 대범이도, 소범이도, 궁도 3개의 섬은 여백의 주기에만 소개되어 있다.

〈참고문헌〉

『삼국사기』, 『고려사』, 『고려사절요』, 『선화봉사 고려도경』, 『조선왕조실록』, 『동국이상국집』(이규보), 『경상도지리지』, 『경상도속찬지리지』, 『신증동국여지승람』, 『여지도서』, 『경상도읍지』, 『대동지지』, 『교남지』, 『청구도』, 『대동여지도』, 『해동지도』, 『광여도』, 『여지도』, 『동국지도』, 『영남지도』, 『지승』, 『1872년군현지도』.

강봉룡 외, 『섬과 인문학의 만남』, 민속원, 2015.

경상남도, 『아름다운 경남의 섬』, 경상남도, 2009.

김경옥, 『섬의 사회상과 공동체문화』, 민속원, 2015.

김광철, 「조선초 거제현의 복구와 치소이동」, 『문물연구』 20, 2011.

김준, 『섬문화 답사기 : 통영편』, 보누스, 2020.
박종기, 「조선시기 관찬지리서의 섬 인식과 변화」, 『한국학논총』 48, 국민대, 2017.
손승철, 「중·근세 조선인의 도서 경영과 경계인식 고찰」, 『한일관계사연구』 39, 2011.
윤경진, 「고려말 조선초 교군(僑郡)의 설치와 재편- 경상도지역을 중심으로」, 『한국문화』 40, 2007.
이승철, 『환상의 섬 거제도』, 거제향토사연구소, 1995.
이재언, 『(한국의 섬) 경상남도 · 경상북도』, 지리와 역사, 2016.
최영호, 「경남과 바다 –섬의 명칭과 유래에 관한 인문학적 고찰–」, 『경남문화연구』 32, 2011.
최정선, 『내일도 통영섬 : 산/바다 갈매기가 함께하는 통영의 힐링로드』, 귀뜸, 2019.
홍영의, 「고려시대의 도서(섬)의 인식과 개발」, 『한국학논총』 48, 국민대, 2017.

통영 추봉도 망산봉수대에서 본 남해안

II

경계로 본 섬 _ 홍성우

1. 성곽과 봉수
2. 관방시설의 변화

Ⅱ. 경계로 본 섬

1. 성곽과 봉수

경남지역은 남해를 끼고 있어 많은 섬이 분포한다. 섬이란 사면(四面)이 물로 둘러싸인 작은 육지를 말한다. 적당히 큰 섬을 도(島)라하고 작은 섬을 서(嶼)라하며, 이 둘을 합쳐 도서(島嶼)라고 한다. 현재 경상남도에 소재하고 있는 섬의 개수는 모두 868개로, 유인도 75개, 무인도가 793개이다. 도내 시군별로 보면 통영시의 섬 개수가 가장 많아 570개, 남해군 82개, 거제시 73개, 사천시 44개, 창원시 41개, 하동군 30개, 고성군 28개 순이다.

섬지역에 있는 성곽과 봉수의 현황은 2012년 국립문화재연구소에서 발간한 『한국고고학전문사전』성곽·봉수편을 참고하였다. 한반도에는 성곽 2,200여 곳과 봉수 1,060여 곳이 있으며, 경남지역에는 성곽 260여 곳, 봉수 50여 곳이 분포되어 있다. 각 시군의 성곽과 봉수 현황은 표1과 같다. 섬지역 성곽은 거제시 23곳과 남해군 22곳이고, 봉수는 거제시 7곳, 남해군 7곳, 통영시 5곳이 있다. 이처럼 섬지역에는 다수의 성곽과 봉수가 분포하고 있다.

표1. 경남지역 성곽과 봉수 현황

시군	성곽	봉수	시군	성곽	봉수
거제시	23	7	고성군	17	3

시군	성곽	봉수	시군	성곽	봉수
김해시	14	1	남해군	22	7
밀양시	8	1	산청군	5	1
사천시	12	4	의령군	9	2
양산시	10	1	창녕군	14	3
진주시	3	2	하동군	14	3
창원시	27	6	함안군	19	2
통영시	9	4	함양군	9	-
거창군	20	1	합천군	25	3

이 글의 서술목적은 섬지역에 설치된 성곽과 봉수의 현황을 파악하고, 그 특징과 의의를 살펴보는데 있다. 따라서 다음과 같이 글을 전개하려 한다. 먼저 경남 섬지역에 설치된 성곽과 봉수의 현황을 파악하고자 한다. 경남 남해안은 왜구의 입구로서 방어상 가장 중요한 지역이었다. 삼국시대부터 조선시대까지 많은 성곽이 축성되었고 왜구를 감시하기 위해 봉수도 설치되었다. 섬지역 성곽과 봉수의 현황을 파악하는 것만으로도 해안 방어의 중요성을 알 수 있게 한다.

다음으로는 각 시대별 방어시설의 변화를 주목하여 살펴보고자 한다. 섬지역에는 역사적 흐름에 따라 설치된 다양한 방어시설이 있다. 이는 대응하는 적의 차이에서 비롯된 것으로 여겨지는데, 이에 대한 구체적인 연구는 아직 진행되지 못하였다. 한반도에서 일어난 전쟁의 양상을 보면, 삼국시대에는 같은 민족 간의 전쟁이 많았고, 고려시대에는 다른 민족 간의 전쟁으로 삼국시대와는 규모나 피해양상,

방어방법 등 전개양상이 많이 달랐다. 그리고 조선시대에는 북로남왜(北虜南倭, 북쪽은 여진족 남쪽은 왜구)의 적침 형태가 뚜렷해지는 시기가 되면서 섬과 같은 연변지역은 수군 위주의 방어력을 높이게 되었다. 이러한 적침의 변화는 적절한 방어계획을 수립할 수 밖에 없었고 방어시설의 변화를 가져오게 되었다.

마지막으로 수군진과 봉수에 대해 검토하고자 한다. 섬지역의 성곽과 봉수는 주로 해양으로 침입하는 적으로부터 지역민을 보호하는 시설이었다. 봉수는 적침을 가장 먼저 알리는 시설이었고, 수군진(水軍鎮, 해양방어를 담당하였던 곳)은 봉수의 신호를 받아 적이 있는 곳으로 전함을 이끌고 출동하였다. 경남지역의 수군진은 경상우수영에 소속되어 있었고 성곽과 봉수를 관리하면서 해양으로 침입하는 적을 선제적으로 막게 하였다. 이러한 성곽과 봉수의 유기적인 관계를 파악해 보고자 한다.

1) 섬지역 성곽과 봉수 현황

(1) 거제도(巨濟島)

제주도에 이어 전국에서 두 번째로 큰 섬으로 규모가 큰 만큼 해안선이 복잡하다. 본섬 주위에는 크고 작은 70여 개의 섬이 있다. 1971년 통영반도와 거제도간에 거제대교가, 2010년 가덕도와 거제도를 잇는 거가대교가 개통되어 통영과 부산이 도로로 연결되었다.

거제도에는 26곳의 성곽과 7곳의 봉수가 있으며 모두 본섬에 위치하고 있다. 성곽은 산성 11곳, 읍성 2곳, 수군진성 9곳, 왜성 4곳이 있고 축성시기별 성곽은 삼국시대 2곳, 통일신라시대 1곳, 고려시대 1곳, 조선시대 21곳, 시대미상 1곳이 있다. 이 중 시·발굴조사된 곳은 둔덕기성·옥산성지·고현성지·오양성지·옥포진성·사등성 등 성곽 7곳과 지세포봉수대·강망산봉수대·와현봉수대 등 봉수 3곳이다.

거제도에는 시·군단위로 볼 때 가장 많은 성곽이 축성되어 있어 성의 박물관이라 해도 과언이 아닐 정도로 여러 종류의 성들이 곳곳에 위치하고 있다. 삼국 이래 잦은 왜구침입이나 몽고군의 일본정벌, 러일전쟁 등 국제전이 있을 때마다 거제도는 제외되는 일이 없었다. 전란이 생길 때마다 성곽을 새로 쌓거나 기존 성곽을 수리하여 현재에 이르게 되었다. 역사적으로 국방상 거제도가 차지하는 비중이 얼마나 막대하였는가를 짐작할 수 있다.

표2. 거제지역 성곽 및 봉수대 현황

산성(11)	둔덕기성, 다대성, 성포산성, 중금산성, 당등산성, 수월리산성, 율포산성, 탑포산성, 옥산금성, 시루성, 하청성
읍성(2)	고현성, 사등성
진 · 보성(9)	아주현성, 오량성, 옥포성, 지세포성, 가배량성, 구율포성, 구영등성, 구조라성, 장목리진성
왜성(4)	영등왜성, 장문포왜성, 송진포왜성, 견내량왜성
봉수(7)	가라산봉수대, 강망산봉수대, 능포봉수대, 옥녀봉봉수대, 와현봉수대, 율포진별망봉수대, 지세포봉수대

| 거제도 둔덕기성 전경

| 거제도 옥산금성 집수지

| 거제도 강망산봉수대 전경

| 거제도 와현봉수대 전경

(2) 남해도(南海島)

남해군은 남해도와 창선도를 비롯한 크고 작은 13개의 부속도서를 포함하고 있다. 남해도는 남해군의 본섬에 해당하며, 남북 간의 길이는 약 30km이고, 동서 간의 길이는 약 26km이다. 면적은 358㎢로 우리나라에서 다섯 번째로 큰 섬이다.

남해도에는 산성 10곳, 읍성 1곳, 진·보성 9곳, 장성 1곳, 왜성 1곳 등 성곽 22곳이 있다. 축성시기별 성곽은 삼국시대 3곳, 고려시대 7곳, 조선시대 10곳, 시대미상 2곳이다. 성곽 외 봉수는 5곳이다. 성곽 22곳 중 대국산성·금오산성·임진성만 매장문화재조사가 이루어졌고, 봉수는 아직 지표조사 외의 조사는 진행된 적이 없다.

표3. 남해도 성곽과 봉수대 현황

구분	내용
산성(10)	대국산성, 성산토성, 고현산성, 금오산성, 비자당산성, 성담을등산성, 임진성, 성고개성, 옥기산성, 성목전성지
읍성(1)	남해읍성
진 · 보성(9)	곡포보성, 지족고성, 구도성, 상주포성, 미조진성, 고진성, 평산포진성, 창선성, 노량진성
장성(1)	남해장성
왜성(1)	남해왜성
봉수(5)	금산봉수대, 망운산봉수대, 설흘산봉수대, 성현봉수대, 원산봉수대

| 남해도 대국산성 성벽

| 남해도 대국산성 집수지

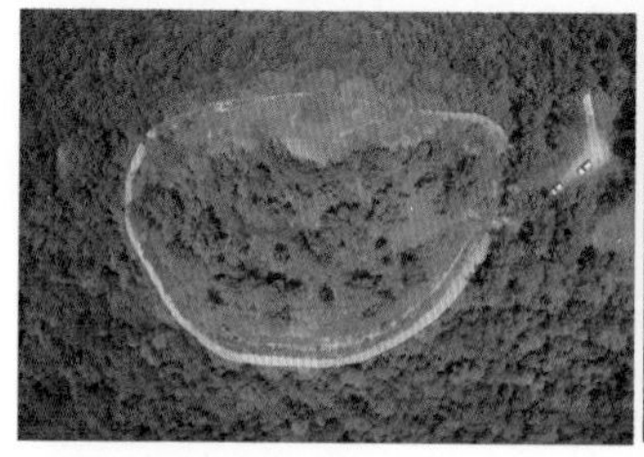
| 남해도 임진성 전경

| 남해도 임진성 성벽

(3) 창선도(昌善島)

남해군에 포함된 섬으로 남해도의 북동쪽에 위치한다. 우리나라에서 아홉 번째로 큰 섬이며, 모양은 남해도와 비슷하다. 북쪽에서 남쪽으로 만입한 동대만(東大灣)이 섬을 동서로 거의 이등분하며, 서쪽이 동쪽보다 약간 길고 크다. 서부는 동부바다보다 험준하며, 구릉성 산지가 북동에서 남서로 뻗어 있다. 창선도에는 적량진성과 대방산봉수대가 설치되어 있다.

적량진성은 섬의 남동쪽에 위치한다. 평면형태는 큰 타원형에 가까우며, 협축식(夾築式, 성의 외벽과 내벽을 모두 돌로 쌓아 올린 성벽)으로 축조되어 있다. 성벽은 북동벽이 대체로 양호한 상태로 남아 있으며, 남벽과 서벽은 대부분 훼손되어 기단부만 겨우 확인할 수 있다. 잔존성벽 중 가장 상태가 양호한 동벽의 경우 높이 4m, 너비 2m, 성의 둘레 400m로 추정된다. 출입구는 동·서·남쪽에 배치한 것으로 보인다. 북벽 중간과 서북벽 모서리에 방형 치성(雉城, 방어에 유리하게 하기 위해 성벽의 일부를 밖으로 돌출시켜 쌓은 시설)이 있다.

대방산봉수대는 남-북으로 이어지는 산 정상의 능선부 지형을 이용하여 지반을 다진 후 석축으로 연대(烟臺, 해안지역 봉수에 만들어진 높이 3m 정도의 인공적인 시설물)와 주위 방호벽을 축조했다. 복원되기 전의 모습을 보면, 북쪽에서 본 연대의 단면은 '凸'자 형태였다. 연대의 평면형태는 말각방형이며, 규모는 높이 2.6m, 동서 11.1m, 남북 10.3m 정도이다. 방호벽은 지형에 따라 높이차가 있으며, 규모는 동서 15m, 남북 23.8m 정도이다. 이 외에 연대의 북동편 공터에는 5기의 토·석 혼축으로 만들어진 원형 구조물이 잘 남아 있었는데 지름은 3~4m 정도이다.

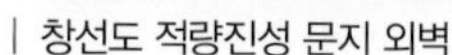

| 창선도 적량진성 문지 외벽

| 창선도 적량진성 치성 외벽

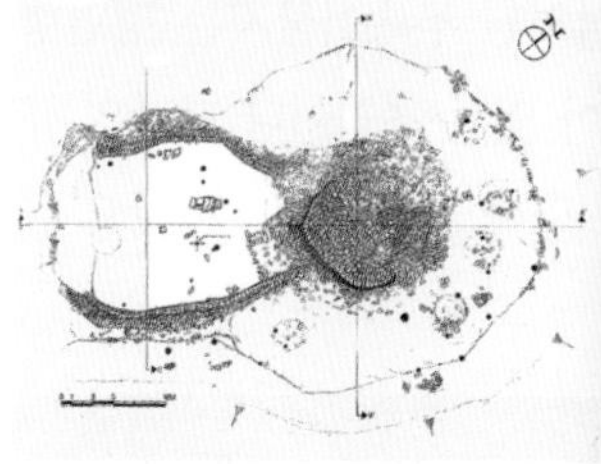

| 창선도 대방산봉수대 평면도

| 창선도 대방산봉수대 연대(복원 전 모습)

(4) 미륵도(彌勒島)

통영시에 포함되어 있으며, 남쪽에 위치한다. 통영 육지와 미륵도 사이에는 얕은 해협이 가로놓여 있는데, 1932년 해저터널을 건설하면서 육지와 미륵도가 연결되었다. 미륵도 최고점은 미륵산(해발: 461m)이며, 산정부에 미륵산봉수대가 있다. 성곽은 구당포진성과 신당포진성이 있다.

신·구 두 당포진성 중 현재 복원된 진성은 신당포성이다. 구당포성은 성벽이 붕괴되어 훼손이 심해 남아 있는 구간도 대체로 성돌 1~3단, 잔존 높이 1m 이하 정도만 남아 있다. 신당포성은 대체로 육각형에 가까운 평면형태를 가진 성이다. 북벽과 남벽은 비교적 상태가 양호하며, 남벽은 상당부분 복원되었다. 치는 7개, 성문은 북문을 제외한 서문·남문·동문이 확인된다.

미륵산 정상부는 연봉(連峰)으로 이루어져 있는데 이중 북봉에는 봉수대가 있고, 남봉에는 부속건물지가 위치한다. 봉수대의 중앙에는 기반암을 파내어 만든 타원형에 가까운 수혈이 확인되었다. 이 수혈의 단면형태는 'V'자형이며, 연소실 및 화구로 추정된다. 남봉에 설치된 부속건물지는 평면형태가 장방형으로 확인되었다. 남아 있는 초석이나 담장의 규모로 보아 정면 2칸, 측면 1칸의 소형 건물로 볼 수 있고 아궁이시설이 갖추어져 있다.

| 미륵도 당포진성 복원성벽1

| 미륵도 당포진성 복원성벽2

(5) 추봉도(秋蜂島)

경남 통영시 한산면 추봉리에 있는 섬이며, 한산도와 바로 이웃한다. 달리 봉암도(蜂岩島)·추암도(秋岩島)라고도 하며, 면적은 3.835㎢이다. 추봉도는 바위에 벌이 많다하여 붙여진 이름으로, 추봉도 정상(해발 256m)에 망산봉수대가 있다.

망산봉수대는 바위 암반부에 설치되어 있고 동-서로 긴

능선을 따라 타원형으로 석축을 쌓았다. 자연 암의 절벽으로 남쪽과 북쪽은 급경사를 이룬다. 봉수대는 원뿔형으로 되어 있고 규모는 동-서 8.4m, 남-북 7.8m, 하부 둘레 25m 정도이다. 연대 주위로 테라스 같은 석축시설이 일부 남아 있고, 석축은 바위 암반 사이를 보강하면서 만들었다. 석축의 높이는 동쪽 1.4m, 남쪽 0.6m, 북쪽 1.2m 정도이다. 조망권은 네 방위 모두 가능하며, 특히 서북쪽으로 한산도 망산 별망봉수대가 잘 보인다.

| 추봉도 망산봉수에서 본 주변 섬1

| 추봉도 망산봉수에서 본 주변 섬2

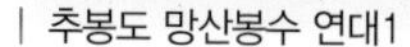

| 추봉도 망산봉수 연대1

| 추봉도 망산봉수 연대2

(6) 사량도(蛇梁島)

경남 통영시 사량면에 있는 섬이다. 사량도는 상도·하

도·우수도의 3개 유인도와 학도·잠도·목도 등 8개의 무인도를 포함하여 부르기도 한다. 성곽과 봉수는 사량진성과 사량진주봉봉수대가 있다.

사량진성의 내부는 계단식 경작지와 민가가 들어서 있어 보존상태가 불량한 편이다. 성벽은 민가의 담장으로 활용되고 있는 부분에서 양호하게 잔존하는데 읍성축조와 비슷하다. 성벽이 잘 관찰되는 곳은 38-1번지이고 성벽의 규모는 높이 2m, 너비 0.85m 정도이다. 돌로 구축된 우물 1개소가 식수로 사용되고 있다.

사량진주봉봉수대의 평면형태는 전체적으로 방형이나, 동남쪽과 서북쪽 연대 하단 기저부는 반원형 석축으로 보강한 특이한 형태이다. 규모는 동서 8m, 남북 7m, 높이 2.4~2.6m 정도이다. 연대의 상부에는 원형 연소실(燃燒室, 재료를 놓고 불이나 연기를 피우는 곳)이 남아 있는데, 규모는 지름 2.2m, 높이 0.8m이다.

| 사량도 사량진주봉봉수대 원경

| 사량도 사량진주봉봉수대 전경

(7) 연대도(烟臺島)

경남 통영시 산양읍에 있는 섬이다. 섬의 면적은 0.535㎢, 해안선 길이 45㎞, 섬의 최고 높이는 220m이다. 조선시대 삼도수군통제사영 휘하의 수군들이 왜적들의 상황을 알리기 위해 섬의 정상 부분에 봉수대를 설치하고 봉화를 올렸다고 해서 연대도라는 이름이 붙었다고 한다. 연대도에는 성곽은 없고, 섬 정상에 연대봉봉수대만 설치되어 있다.

연대봉봉수대에는 기단, 연대, 방호벽 등이 남아 있다. 봉수대의 평면형태는 원형이고, 연대는 크기 30~50cm의 석재로 막돌 허튼층쌓기(불규칙한 돌로 줄을 맞추지 않고 흩트려 쌓는 방법)되어 있다. 연대의 규모는 둘레 약 24m, 높이 1.5m이다. 현재 연대의 붕괴가 심해 원래 형태를 파악하기는 어려우나 연대의 동남쪽 및 남서쪽이 비교적 잘 남아 있는 편이다. 동남쪽과 서남쪽 벽석은 8~9단 정도 남아 있으며, 높이는 0.4~1.6m이다. 연대의 외곽에는 석축시설이 돌아가는데 방호벽으로 보인다. 연대의 북동쪽에는 기단 일부가 확인된다.

| 연대도 연대봉봉수대 원경 (정상부가 봉수임)

| 연대도 연대봉봉수대 건물지

(8) 한산도(閑山島)

경남 통영시 한산면 한산도에 있는 섬으로 면적 14.785㎢의 유인도이다. 조선 임진왜란 때 조선 삼도수군통제영이 이곳 한산도에 설치되었고, 이 일대는 한산대첩을 이루었던 배경이 되는 지역이다. 최고봉인 망산은 해발 293m로 임진왜란 당시 망루가 있었다고 하여 붙여진 이름이다. 한산도에는 성곽은 없고 망산에 별망봉수대만 설치되어 있다.

망산 별망봉수대 발굴조사에서 연조(烟竈, 연기나 불을 피우는 시설) 2기·수혈(竪穴, 아래로 파내려간 인위적인 구덩이) 2기·방호벽을 확인하였다. 1호 연조의 평면형태는 원형이고 규모는 길이 2.26m, 너비 1.74m, 깊이 1.56m이다. 2호 연조는 1호 연조에서 남서쪽으로 7.14m 떨어져 위치한다. 방호벽은 평면형태 방형이고, 규모는 길이 15.36m, 너비 12.08m, 깊이 2.84m이다. 외벽과 내벽은 돌로 쌓았고 그 내부는 흙으로 채웠다.

| 한산도 망산 별망봉수대에서 본 주변 섬1

| 한산도 망산 별망봉수대에서 본 주변 섬2

| 한산도 망산 별망봉수대 연조구역 전경

| 한산도 망산 별망봉수대 건물구역 전경

2. 관방시설의 변화

1) 삼국~통일신라

삼국과 통일신라시대 성곽이 있는 경남의 섬지역은 거제도와 남해도가 있다. 이 두 섬은 그 당시 국방상 전략적으로 중요한 곳이었다. 다른 섬들은 규모가 작고 동원할 수 있는 가용인력이 적어 성곽의 축성까지는 진행하지 못하였다.

거제도의 둔덕기성과 다대산성은 대표적 삼국시대 성곽이다. 둔덕기성은 7세기 후반에 축조되어, 이후 고려시대(중심연대 12세기)에 수축(修築, 고쳐 짓거나 고쳐 쌓음)되었다. 문지는 북쪽을 제외한 동·서·남쪽에 각각 배치되어 있으며, 집수지는 성내 남쪽에 1곳이 있다. 문지의 형태는 현문식(懸門式, 방어를 위해 성벽의 일정 높이에 설치한 성문)이다. 집수지(물을 모으는 시설)의 규모는 지름 16.2m, 깊이 3.7m에 달해 물 16만 6천ℓ를 저장할 수 있는 대규모 시설이다. 둔덕기성은 삼국시대에 처음 축성되어 고려시대에 다시 보수되는 등

성곽 축성법의 변화를 연구하는데 좋은 자료가 되고 있다. 둔덕기성 내에서 인화문(印花文, 문양이 새겨진 도장을 눌러 무늬를 새김) 토기 등 다양한 유물이 출토됨에 따라 둔덕기성은 신라 문무왕 때 상군(裳郡) 및 경덕왕 때 거제군의 치소성(治所城, 지방을 다스리는 중심이 되는 성)으로 추정하고 있다.

다대산성은 해발 283m의 산봉에 설치된 석축산성이다. 다대산성이 위치하고 있는 남부면 다대리 일대는 통일신라시대에 송변현(松邊縣)이 설치되어 있었던 곳인 만큼 다대산성은 입지, 축성법, 출토유물 등을 감안해 볼 때, 통일신라시대에 있었던 송변현의 치소성일 가능성이 높다.

삼국과 통일신라시대 남해도 성곽은 대국산성·성산토성·임진성·성고개성·비자당산성 등 5곳이다. 이 성곽들은 남해도를 둘러싸는 형태로 분포되어 있다. 이러한 분포를 보이는 것은 이 시기의 항해술과 관련해서 생각해 볼 수 있다. 고대 항해술은 선박의 안전을 위해 연안 항해를 하거나 근해 항해를 하였을 가능성이 높다. 사천, 섬진강 하구 및 그 중간에 있는 큰 섬들인 거제도와 남해도 등은 해로에서 매우 중요한 역할을 하였을 것이다. 따라서 남해도의 성곽들은 내해와 외해의 해로를 감시 및 통제하기 위한 축성이 이루어졌을 가능성이 높을 것으로 생각된다.

남해도에서 발굴조사된 고대 성곽은 대국산성이 있다. 대국산성은 신라가 7세기 대에 쌓은 성이다. 대국산성의 축조배경과 관련하여 백제와의 관계에 주목하하기도 한다. 7세기 대 백제는 신라에 대한 공격을 31회에 걸쳐 단행한다. 이에 반해 신라의 공격은 4회 정도에 불과하다. 따라서 신라는 백제의 공세를 대비하여 가야 고지인 경남지역 곳곳에 성을 쌓았고, 대국산성의 축성 역시 이 시기의 역사적 환경에서 이해해야 한다.

2) 고려시대

고려시대 성곽으로는 거제도의 하청성과 남해도의 고현산성·금오산성·성담을등산성·지족고성 등을 들 수 있다. 고려시대에 섬지역에 성곽을 설치한 근본적인 이유는 대규모 전쟁 때문이었다. 삼국시대의 전쟁은 점령지를 즉각 지배체제 내에 편입하는 것이었다. 때문에 전투행위와 결부되지 않은 상태에서 양민의 학살이나 납치 등 인명을 손상하는 잔혹한 행위는 비교적 많지 않았다. 그러나 고려시대 이민족의 침입으로 빚어진 전쟁은 기존의 양상과 전혀 달랐다. 이민족의 침입은 영토쟁탈전이 아니라 약탈성이 강해지고 많은 인명의 살상과 납치가 수반되었다. 결국 이러한 전쟁의 양상은 입보용 산성을 매우 험준하고 궁벽한 곳에 구축하게 하였다.

1. 갑신 북계병마사(北界兵馬使)가 보고하기를 "몽고군이 압록강(鴨綠江)을 건넜습니다."라고 하였다. 5도(道) 안찰사(按察使) 및 3도 순문사(巡問使)에게 이첩(移牒)하여 거주민[居民]을 독려하여 산성(山城)과 바닷섬으로 입보(入保)하게 하였다.(『고려사』 권 24, 고종 40년(1253))

2. 고종(高宗) 41년(1254) 2월 충청도(忠淸道)·경상도(慶尙道)·전라도(全羅道) 3도 및 동주(東州)와 서해도(西海道)에 사자(使者)를 나누어 파견하여, 산성(山城)과 바다 섬[海島]의 피난처를 순찰하고 토전(土田)을 헤아려 지급하도록 하였다.(『고려사』 지 32, 전제(田制))

사료 1과 2는 몽고군이 침입하면 각 지역의 거주민을 독려하여 산성(山城)이나 해도(海島)로 입보하도록 한 기사이다. 이 당시 각 지역별로 어느 산성과 해도인지는 알 수 없으나 일반적으로 적침을 당하면, 이 두 곳으로 입보 정책을 추진하고 있었음은 알 수 있다. 고려시대의 이민족 침입은 내전격의 삼국시대 전쟁보다 규모가 커지고, 군사력이 압도적으로 불리한 상황이었기 때문에 고려는 전면전 보다는 장기전으로 끌고 가면서 상대의 허실을 틈타 공격을 감행하는 이른바 게릴라전을 구사할 수밖에 없었다. 이러한 게릴라식 전쟁방식은 전략상 입지조건이 중요한데, 섬은 최적의 장소라 할 수 있다. 사료 1과 2는 이를 증명해 주고 있으며, 거제도와 남해도에 설치된 고려시대 성곽들 또한 이때 축성되었을 것으로 여겨진다.

3) 조선시대

조선시대에는 많은 성곽과 봉수가 축조되었다. 조선시대 성곽은 종류가 다양한데, 산성뿐만 아니라 읍성과 수군진보성 그리고 왜성도 축조되었다.

읍성(邑城): 거제도의 사등성과 고현성, 남해도의 남해읍성이 있다. 거제 사등성은 세종 30년(1448), 고현성은 단종 원년(1453), 남해읍성은 세종 19년(1437)에 축조되었으나, 임진왜란(이후부터 임란으로 표기)의 병화로 대부분 파괴되어 이후에 다시 보수하였다.

거제의 초기 읍성은 사등성이었다. 조선 초기 왜구를 피해 거창으로 갔던 거제민들이 세종 4년(1422)에 돌아오면서 우선 신현읍 수월리에 목책을 세워 생활했다. 이후 세종 7년(1425) 사등성 축조 허락을 받아 이듬해인 세종 8년(1426)에 일부 관아를 옮기고 성을 쌓기 시작하여 세종 30년(1448)에 완성하였다. 문종 원년 5월 정분이 치소(治所, 지방을 다스리는 곳)를 사등성에서 고현성으로 옮겨 쌓을 것을 건의하였고 동년 11월에 축성을 시작하여 단종 원년(1453) 9월에 완성되었다. 남해읍성은 세종 19년(1437) 축성된 이후 이동 없이 계속 치소로 유지되었다.

섬지역 읍성은 세종이나 단종 대에 축성된 경우가 많다. 이는 내륙지역 읍성이 태종대부터 축성되기 시작한 것에 비하면 좀 늦은 편이다. 섬지역이 처음에는 산성 위주의 방비체제를 갖추고 있었으나, 내륙지역에 축성된 읍성의 이점과 효용성이 높아짐에 따라 섬지역에도 읍성을 축성하여 읍성 위주의 방비체제로 전환되었다.

수군진성(水軍鎭城): 수군진성은 연해 및 도서지역의 포구에 축조된 수군의 방어시설을 뜻한다. 조선시대에는 지역별로 전라 좌·우수영, 경상 좌·우수영, 충청수영, 경기수영,

강원수영의 총 7개의 수영(水營, 조선시대 수군절도사가 있었던 영)을 설치하고 그 아래에 여러 수군진을 소속시켜 해양방어 체제를 구축하였다.

이러한 수군진 체제는 조선 초기부터 여러 개혁을 통해 기틀이 마련되었고 늦어도 중종 이전에는 제도적으로 확립되어 시행된 것으로 보인다. 그러나 지역별로 거점을 설치하여 각 지역을 방어하던 수군체제는 왜구라는 비정규군을 상대할 수 있는 체제였으나, 임란이라는 국가 대 국가의 총력전에는 적합하지 않았다. 조선 조정은 이에 대응하기 위해 임란을 기점으로 충청, 전라, 경상일대의 수영을 총괄하여 지휘할 수 있는 삼도수군통제사(三道水軍統制使)의 직을 신설하였다. 유사시에 하삼도의 수군 전력을 집결시켜 일원화된 하나의 지휘체계 아래 운용할 수 있는 형태로 수군체제를 정비하였다.

경상남도의 도서지역은 경상우수영에 소속되었으며, 동쪽 가덕진에서 서쪽 평산포진까지를 공간 범위로 한다. 조선 후기 삼도수군 통제영에 포함되었지만 이 공간적 범위는 크게 변화하지 않았다. 아래 [표 4]는 조선 전기와 후기의 경상우수영 휘사 수군진 현황이다. 중종대 경상우수영은 수영 1개, 첨절제사 2개, 만호진 11개로 개편되었다. 이후 18세기 중반에는 수영 1개, 적량과 귀산(龜山)에 추가로 2개의 첨절제사가 더해져 첨절제사 4개, 만호진 11개, 별장 5개, 권관 2개를 두었다. 수군이 더욱 강화되었다.

표 4. 경상우수영(통제사영) 휘하 수군진 현황

문헌(연도) 관직	중종실록 (1522, 1544)	여지도서(1757~1765)	대동지지(1863)
수영 (통제사영)	우수영(烏兒浦)	통제사영(頭龍浦)	통제사영(두룡포)
첨사 (첨절제사)	미조항(彌助項) 가덕진(加德鎭)	미조항 가덕진 적량(赤梁) 귀산(龜山)	미조항 가덕진 적량 귀산
만호	평산포(平山浦) 제포(薺浦) 영등포(永登浦) 사량(蛇梁) 당포(唐浦) 천성보(天城堡) 가배량(加背梁) 옥포(玉浦) 지세포(知世浦) 조라포(助羅浦) 안골포(安骨浦)	평산포 제포 영등포 사량 당포 천성보 가배량(舊烏兒浦) 옥포 지세포 조라포 안골포	평산포 제포 영등포 사량도(蛇梁島) 당포 가배량 옥포 지세포 조라포 안골포 장목포진(長木浦鎭)
별장		청천진(晴川鎭) 신문진(新門鎭) 구소을비포진(舊所乙非浦鎭) 남촌진(南村鎭) 장목포진	남촌포진(南村浦鎭) 구소을비포진 섬진(蟾鎭) 신문보(新門堡) 청천보(晴川堡)
권관		율포보(栗浦堡) 삼천진(三天鎭)	율포보 삼천포진(三千浦鎭)

수군진에 처음부터 성곽이 갖추어진 것은 아니었다. 자체 방어시설인 성곽을 갖추게 된 시기는 15세기 중·후반의 성종대이다. 섬지역 수군진성은 거제도·남해도·사량도에 있다. 거제도에는 영등포성·가배량성·옥포성·지세포성·조라성·장목리진성·구율포성, 남해도에는 미조항성·적량성·평산포성(노량진성), 사량도에는 사량성이 있다. 이 수군진에 성곽의 축성시기를 정리한 것이 [표 5]이다. 성종 19년부터 21년까지 집중적으로 축성되었다.

표 5. 경남 섬지역 수군진성 축성년도

연대	성종 9년 6월	성종 20년 2월	성종 21년 6월	성종 21년 8월	성종 21년 9월	성종 21년 윤9월	…………
진보성	거제수영성						
			조라포성				
				옥포성			
				가배량성			
					평산포성		
						적량성	
						지세포성	
						영등포성	
						사량성	

수군진 성곽 축성에 있어 조정에서는 전통방식대로 해상에서 왜구를 방어할 것인지, 아니면 거점지역의 포구에 수군진성을 축조하여 육지에서 방어할 것인지를 두고 격렬한 논쟁을 벌였다. 결국 왜구의 침입이 잦은 경상우도의 경상우수영과 전라좌도의 전라좌수영의 주 관할지역인 남해안을 시작으로 축성이 이루어졌다. 이후 서남해안과 동해안 및 서해안의 순서로 수군진성을 축조함으로서 체계적인 방어전선을 갖추게 되었다.

산성(山城):조선시대 산성은 성포산성·중금산성·수월리산성·율포산성·탑포산성·시루성(이상 거제도), 임진성·옥기산성·창선성(이상 남해도)이 있다. 거제도와 남해도 내에 이와 같은 소규모의 산성이 많은 것은 전쟁의 시작과 함께 주민들을 산성보다는 곧장 육지로 도망가 버리는 방어책을 사용했기 때문으로 이해할 수 있다.

조선 왕조 개창 초기에는 여러 정치적 사무가 번잡하였기 때문에 방어시설의 체계적인 정비문제는 뒤로 미루어지게 되었고, 태종이 집권한 이후 점차 왕권이 안정되면서 전국적인 방어시설에 대한 정비를 착수하게 되었다. 특히 태종 13년(1413) 7월에 있었던 각 도의 고을마다 하나의 산성을 수축하고 창고를 설치하도록 하는 조치는 매우 획기적인 것이었다. 이는 변경과 내지를 막론하고 전통적인 산성중심의 입보방어체제의 완비를 지향하는 것이었으나 산성 수축에 있어서 고려시대 보다 특별히 기술적 발전이 있었던 것은 아니었다. 당시 산성수축은 대체로 종래의 산성 가운데 물이 있는 곳을 택하여 정비하는 수준이었다. 조선 초기 산성은 내륙지역 중심으로 수축되었고 이후 내륙에서 섬지역으로 전파되었을 가능성이 높다. 조선 초기에는 왜구를 방비하는 목적으로 산성이 많이 축성되었으므로, 섬지역 산성 또한 그러한 목적으로 설치되었을 것이다. 그러나 이후 내륙과 섬지역에 읍성이 축성되면서 산성 위주에서 읍성 위주의 방어체제로 전환하게 되었고 임란 이전까지 계속 유지되었다.

그러나 임란을 계기로 읍성의 취약성을 알게 되었고 전면적인 방어체제의 정비를 가져오게 되었다. 조선 전기 이래의 읍성 위주 방어체제는 임란 이후 산성 방어체제의 부활에 따라 읍성과 산성이 공존하는 체제로 변화되었다. 특히 연변과 대도시의 읍성을 수축 경영하는 조선 전기의 읍성 중심 군비체제인 진관제도(鎭管制度, 지방관이 군사권을 가지고 방어하는 제도)와 왜란과 호란 이후 산성 운영의 부활이 종합되어 가는 양상으로 나타나게 되었다. 거제도와 남해도에 있는 조선시대 산성들은 대부분 축성시기를 알 수 없다. 그러나 읍성 축성 이전과 임란 이후에 상당히 많은 산성이 축성되었을 것임은 쉽게 짐작해 볼 수 있다.

왜성(倭城): 선조 25년 4월 13일 수많은 육군과 수군을 인솔한 왜장의 선봉 고니시 유키나가[小西行長]가 부산포에 상륙하고 이어서 4월 17일에 2차로 가토 기요마사[加藤清正]가 4월 18일에 3차로 구로다 나가마사[黑田長政]가 안골포에 도착하였다. 왜군은 침략과 동시에 승승장구하여 경성, 평양까지 올라왔다. 중국 명나라는 크게 놀라 조선으로 지원군을 보내는 한편, 심수경으로 하여금 강화조약을 맺게 하는 동시에 이여송을 참전케 하여 왜군과 대치하게 하였다. 이러한 동안에 왜군은 점령지를 수비하고 근거지를 확고히 하여 제군과의 연락을 도모하고 명·조군의 공격에 대비하기 위하여 남해안을 비롯한 곳곳에 30여 성을 축성하였다. 이러한 성들을 '왜성'이라 부른다.

경남 도서에 축성된 왜성은 5곳이 있다. 거제도에 영등왜성·장문포왜성·송진포왜성·견내량왜성이 있고 남해도에 남해왜성이 있다. 영등왜성은 '당도성(唐島城)'으로 불렸으며, 축조시기는 시마즈 요시히로[島津義弘]에 의해 임란 직후인 선조 25년(1592)에 축조되었다고 한다. 송진포왜성은 선조 26년(1593)에 축조되었으며, 후쿠시마 마사노리[福島正則], 토다 가츠타카[戸田勝降], 쵸우소 카베모토치카[長宗我部元親] 등이 교대로 수비하였던 곳이다. 견내량왜성의 축성시기는 선조 27년(1594)에 축성되었다는 설과 정유재란(1597년) 이후에 축조되었다는 설이 있다. 장목왜성은 달리 장문포왜성이라고도 하는데, 송진포왜성의 지성(支城, 본성을 보강하기 위해 쌓은 성)으로 추정되며, 선조 26년(1593) 왜장 후쿠시마 마사노리[福島正則] 또는 하치스가 이에마사[蜂須賀家政], 이코마 치키마사[生駒親政], 쵸우소 카베모토치카[長曾我部元親] 등이 축성하였다고 한다. 남해왜성은 선조 30년(1597) 정유재란 때 왜장 와카자카야스리로[脇板安治]가 축성하여 소우요토시[宗義智]가 1,000여명의 왜군으로 방어하였던 곳이다.

표6. 경남 섬지역 왜성 축성년도

년대	선조 25(1592)	선조 26(1593)	선조 27(1594)	선조 28(1595)	선조 29(1596)	선조 30(1597)	선조 31(1598)
왜성	영등포왜성						
		송진포왜성					
		장목왜성					
						견내량왜성	
						남해왜성	

봉수(烽燧): 한반도 남부지역에는 500여 곳 이상의 봉수대가 전국 곳곳에 소재하고 있다. 봉수대는 위치하는 곳과 기능에 따라 구조·형태가 매우 다양하다. 세종 대에는 목멱산봉수[남산봉수]·연변연대·복리봉화라 하였고, 『경국대전』에는 목멱산봉수·연변봉수·내지봉수로 구분하였다. 연변봉수는 봉수를 올리는 시발점(始發點), 목멱산봉수는 그 종착점(終着點), 내지봉수는 두 봉수를 연결하는 중간봉수가 된다. 이외에도 조선 후기 중요한 수군기지에서 자체적으로

설치하여 본읍·본진으로만 연락하도록 운용되었던 권설봉수가 있다. 목멱산봉수·내지봉수·연변봉수는 조선 전기부터 조선 후기까지, 권설봉수는 조선 후기에 운영되었다.

섬지역은 조선 초기부터 봉수 중 연변봉수가 설치되어 있었다. 연변봉수란 국경 연변지역 군현에 설치되어 그 수령의 관리하에 있었던 봉수를 말한다. 그러나 조선 후기에는 섬지역에 권설봉수도 설치되었다. 연변봉수와 권설봉수는 근본적으로 신호를 전달하는 목적지에서 차이를 보였는데, 연변봉수는 한양 목멱산봉수까지 전달하였고, 권설봉수는 지방의 본읍과 본진으로만 전달하였다.

권설봉수는 경기도, 충청도, 경상도, 전라도, 함경도의 해안지역에 주로 설치되었다. 『대동지지』(1866)에 기록된 경상도 봉수는 134곳이고 원봉 34곳·간봉 90곳·권설 10곳으로 구분되었다. 전국의 권설봉수는 모두 36곳인데 경상도와 전라도가 각 10곳으로 가장 많은 편이었다. 경남 섬지역 권설봉수는 한배곶(통영), 가을포·눌일곶·옥림산·등산·가배량별망(거제), 원산·미조항별망(남해) 7곳이 있었다. 섬지역에 권설봉수를 많이 설치하였다는 것으로, 권설봉수의 역할과 기능을 추정할 수 있게 한다.

조선 후기 문헌에 등장하는 권설봉수 임에도 거제 강망산봉수와 와현봉수는 그림 1과 같이 연대 1기와 연조 5기를 갖추고 있어 조선 전기에 축조된 연변봉수와 비슷한 구조를 갖추고 있다. 유물도 조선 초기 유물 위주로 출토되어 초축시기를 조선 초기나 전기로 생각할 수 있다. 권설봉수는 조선 후기에 운영된 봉수라고 하는데, 조선 전기의 유물이 출토되는 이유는 무엇일까? 이는 조선 전기에 연변봉수로 축조하였으나, 이후 어느 시기에 폐지되었다가 18세기 이후에 다시 권설봉수로 재사용하였기 때문이다.

이외의 지세포봉수와 별망봉수는 연대(烟臺)가 없는 구조이고, 유물은 조선 후기 위주로 출토되어 이 두 봉수는 18세기 이후에 만들어진 봉수이다. 강망산봉수와 와현봉수, 지세포봉수와 별망봉수는 같은 연변지역에 설치된 권설봉수임에도 불구하고 축조기술과 출토유물, 연대가 있고 없음에 따라 축조시기를 달리 한다. 봉수의 구조와 출토유물의 제작시기를 근거로 그림 1과 같이 강망산봉수와 와현봉수는 조선 전기, 지세포봉수와 별망봉수는 조선 후기에 축조된 봉수임을 알 수 있다.

지금까지 해안지역 봉수는 연변봉수를 중심으로 연구되어 왔으나 이번에 권설봉수 중심으로 다루어 보았다. 권설봉수는 해안선이 복잡하고 작은 섬들이 밀집한 남해안과 서해안지역 중 연변봉수만으로는 해안 감시와 방위가 어려운 곳에 임시로 설치한 봉수이다. 본읍(本邑)과 영진(營鎭)에서 자체적으로 설치하여 운영함에 따라 문헌기록이 없는 경우도 많다. 권설봉수는 17세기 후반부터 19세기까지 해적의 등장, 이양선의 출몰 등으로 민심이 동요하던 시기에 설치되었다. 조선 조정은 해안 방비를 강화할 필요가 있었고 이를 위한 다양한 해방책(海防策)이 마련되었다. 그 중 하나가 최전방지역에 설치된 권설봉수였다.

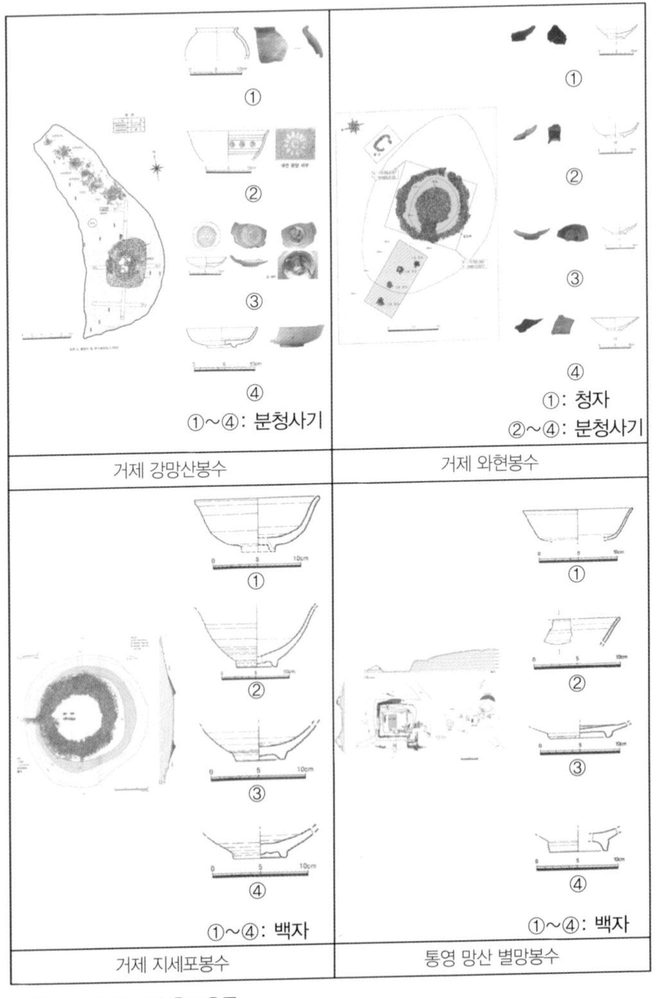

그림 1. 권설봉수와 출토유물

4) 조선시대 수군진과 봉수 운영

거제도·남해도·미륵도·사량도·창선도에는 수군진과 봉수가 같이 있다. 섬지역 방어기능을 담당하였던 수군진과 봉수는 서로 밀접한 관계를 유지하고 있었다. 문헌을 찾아 운영방법과 시기적 변화상을 파악해 보고자 한다. 참고할 문헌은 조선 전기에 발간된 『세종실록지리지』(1454)와 『신증동국여지승람』(1530), 조선 후기에 발간된 『여지도서』(1765)와 『대동지지』(1864)이다. 수군진과 봉수는 섬이 아닌 군·현별로 나타난다. 거제·남해·고성·진주의 기록을 찾아보았다.

거제도의 수군진과 봉수는 조선 전기에서 후기로 오면서 많은 변화가 나타난다. 표 7은 거제도에 있는 수군진과 봉수의 현황이다.

『세종실록지리지』(1454)의 수군진은 오아포·영등포·옥포, 봉수는 가라산봉수가 있었다. 수군진의 위치를 보면, 오아포은 거제도의 남쪽, 옥포은 동쪽, 영등포은 북쪽에 있었다. 가라산봉수는 수군도안무처치사(水軍都按撫處置使)가 있었던 오아포의 동쪽에 입지하여 오아포과 서로 연락하였던 봉수이다. 그러나 영등포은 가라산봉수와 거리가 너무 멀어 서로 연락할 수 없는 위치였다. 가라산봉수의 입지는 거제도 치소인 고현성과 수군진의 주진(主鎭, 수군진의 중심이 되는 곳)인 오아포과 깊은 관련이 있었다.

표7. 거제도의 수군진과 봉수 변화

지역	사료	수군진(진보)	봉수
거제도	『세종실록지리지』(1454)	오아포, 영등포, 옥포	가라산봉수
	『신증동국여지승람』(1530)	오아포, 영등포, 옥포, 조라포, 지세포, 율포보	계룡산봉수, 가라산봉수
	『여지도서』(1765)	영등포, 옥포, 조라포, 지세포, 가배량, 율포, 장목포진별장	계룡산봉수, 가라산봉수, 한배곶봉수
	『대동지지』(1864)	영등포, 옥포, 조라포, 지세포, 가배량, 장목포	봉수: 가라산봉수 권설: 등산봉수, 남망봉수, 옥림산봉수, 눌일곶봉수, 가을곶봉수

『신증동국여지승람』(1530)의 수군진은 기존 오아포·영등포·옥포 외에 조라포·지세포·율포보 3곳이 증가한 6곳이 되었다. 봉수도 가라산봉수 외에 계룡산봉수 1곳을 더 두었다. 수군진의 위치를 보면, 섬의 중앙을 기준으로 영등포·율포·옥포는 북반부(北半部), 지세포·조라포·오아포는 남반부(南半部)에 있었다. 가라산봉수로는 남반부 수군진만 연락이 가능하였으므로 계룡산봉수를 두어 북반부 수군진도 신호가 전달되도록 하였다.

임란 이후 거제도의 수군진은 삼도수군통제영이 고성 두룡포로 옮겨가는 큰 변화를 겪게 된다. 이후 다른 수군진의 이동도 뒤따른다. 『여지도서』(1765) 거제도의 수군진은 영등포·옥포·조라포·지세포·가배량·율포·장목포진별장 7곳이 있었다. 이중 영등포진은 인조 원년(1623) 북쪽에서 남쪽 견내량으로 옮겨왔다. 율포진은 현종 5년(1664)에는 우수영 옛터, 숙종 13년(1687)에는 다시 가라산 밑, 경종 4년(1724)에는 다시 수영 남쪽 5리로 여러 차례 옮겨진다. 조라포진은 선조 25년(1592) 북쪽 옥포진 주변으로 옮겨간다. 이처럼 임란 이후 거제도의 수군진은 섬의 남쪽으로 이동하는 경향을 보이고 있었다.

『여지도서』(1765) 거제도 봉수는 가라산봉수·계룡산봉수·한배곶봉수 3곳이 있었고, 기존 두 곳 외에 한배곶봉수가 추가되었다. 한배곶봉수는 한산도에 설치되어 가라산봉수에서 신호를 받아 고성 미륵산봉수로 전달하는 역할을 하였다.

임란 이후 거제도 내 수군진의 위치 변화와 한배곶봉수를 추가하여 설치한 것은 삼도수군통제영이 고성 두룡포로 옮겨간 일과 더불어 현종 4년(1663) 거체 치소가 현 고현동에서 거제면으로 옮겨 간 일과 관련이 있었다. 치소와 수군진의 변화는 봉수에게도 영향을 미쳤던 것이다.

『대동지지』(1864)의 수군진은 영등포·옥포·조라포·지세포·가배량·장목포 6곳, 봉수는 가라산봉수·등산봉수·남망봉수·옥림산봉수·눌일곶봉수·가을곶봉수 6곳이 있었다. 수군진의 변화는 거의 없으나 봉수는 기존에 비해 상당히 증가하였다. 봉수 6곳 중 가라산봉수는 연변봉수, 나머지 5곳은 권설봉수에 해당하였다. 권설봉수를 설치하여 방비를 강화한 이유는 18세기 해적과 이양선의 출몰에 따른 조치였다. 수군진에서 자체적으로 권설봉수를 설치하여 방어기능을 강화하였다. 거제 남망봉수는 율포진과 가배량진의 관할 아래 있었다. 남망봉수는 달리 율포진별망이라고도 불리었으며, 조선 후기 수군진에서 운영하였다. 처음 설치했을 때는 가배량진에 전하였으나 이후 가라산 아래에 있던 율포진이 지금의 율포리로 다시 옮겨오자 율포진과 응하였고 명칭도 남망에서 율포진별망으로 바뀌게 되었다.

눌일곶봉수는 지세포진에서 관리하였던 권설봉수이다. 『대동지지』에 눌일곶 지세포진으로 기록되어 있으며, 본읍·본진에만 응한다고 하였다.

옥림산봉수 또는 옥산봉수는 옥포에 소속된 봉수이다. 주변 봉수와 호응하지 않고 본진·본읍으로만 신호를 전달하였다.

가을곶봉수는 『대동지지』에 가을곶 율포(栗浦), 『증보문헌비고』에는 조라포진(助羅浦鎭) 가을곶으로 기록되어 있다. 즉 가을포봉수는 조선후기 수군진에서 운영하였던 권설봉수이며, 처음 설치하였을 때는 가라산 아래의 율포진과 응하였으나 이후 율포진이 지금의 율포리로 옮겨가자 조라포진과 상응하게 되었다.

다음으로 남해도에 설치된 수군진과 봉수에 대해 살펴보겠다. 표 8은 수군진과 봉수의 시기별 변화를 정리한 것이다.

『세종실록지리지』(1454)에는 수군진으로 평산포 1곳, 봉수로는 금산·소흘산·망운산봉수 3곳이 있었다. 평산포를 중앙에 두고 좌우로 봉수가 배치되어 있었다. 이후 『신증동국여지승람』(1530)에는 평산포 외에 미조항진·곡포보·상부포보 3곳이 추가되어 모두 4곳의 수군진이 운영되었다. 이 4곳은 남쪽 외해를 방어하는 입지이므로, 수군진을 보조하기 위해 가장 북쪽에 있었던 망운산봉수를 폐지하고 남쪽에 원산봉수를 새로 만들었다. 봉수를 새로 만듦은 수군진의 설치와 깊은 관련이 있었다.

표8. 남해도의 수군진과 봉수 변화

지역	사료	수군진(진보)	봉수
남해도	『세종실록지리지』(1454)	평산포	금산, 소흘산, 망운산
	『신증동국여지승람』(1530)	평산포, 미조항진, 곡포보, 상주포보	금산, 소흘산, 원산
	『여지도서』(1765)	평산포, 미조항진	금산, 소흘산, 원산
	『대동지지』(1864)	미조항진, 평산포진	금산봉수, 소흘산봉수, 원산봉수, 영산별망

『여지도서』(1765)의 수군진은 평산포와 미조진항 2곳, 봉수는 금산·소흘산·원산 3곳이 있었다. 기존 곡포보와 상주포보가 폐지되었으나 봉수는 3곳이 그대로 유지되었다. 『대동지지』(1864)에는 미조항진·평산포진만 운영되었으며, 상주포보·곡포보·성현보·우현보는 구보(舊堡, 옛 성터)로 기록되어 있다. 봉수는 금산·소흘산·원산 외에도 영산별망이 추가되어 있었는데, 이곳의 위치가 미조항진과 가까워 미조항진에서 운영한 권설봉수로 여겨진다.

다음으로 창선도, 미륵도, 사량도의 수군진과 봉수에 대해 살펴보기로 하겠다. 각 섬의 수군진과 봉수는 고성과 진주조에 수록되어 있다. 이를 정리한 것이 표 9이다.

표9. 미륵도 · 사량도 · 창선도 수군진과 봉수

지역	사료	수군진(진보)	봉수
미륵도 사량도 창선도	『세종실록지리지』(1454)	당포, 사량, 적량	미륵산
	『신증동국여지승람』(1530)	당포, 사량, 적량	미륵산, 대방산
	『여지도서』(1765)	당포, 사량, 적량	미륵산, 사량진주봉, 대방산
	『대동지지』(1864)	당포, 사량, 적량	미륵산, 사량진주봉, 대방산

창선도의 적량진은 태종 7년(1407)의 기록이 최초이다. 내해현 적량에 만호(萬戶, 군사 관직)를 보냈으나, 소속된 병선이 없어 구라량, 노량의 군인과 병선을 나누어 붙였다. 그러나 병력이 부족하여 적량 만호를 혁파하였다. 적량은 태종 7년 이전에 만호진이 설치되어 있었고, 태종 7년에 혁파되었다. 이후 『세종실록』 지리지에 적량이 있는 것으로 볼 때, 태종 7년 이후 얼마 안 있어 다시 만들어진 것으로 보인다. 적량은 조선 후기까지 큰 변화없이 계속 유지되었다. 창선도의 봉수는 대방산봉수 1곳이 있다. 대방산봉수는 『세종실록』 지리지에는 보이지 않고 『신증동국여지승람』부터 나타난다. 『신증동국여지승람』의 대방산봉수는 주 남쪽 114리에 소재하며 남쪽으로 해남현 금산봉수, 북쪽으로 각산봉수에 응한다고 하였다. 이후 최종 『증보문헌비고』까지 조선 전·후 시기 발간의 지지에 기록이 나타난다.

미륵도에는 당포진과 미륵산봉수가 일찍부터 설치되어 있었다. 태종대 당포는 번계라 불리며 천호진이 설치되어 있었다. 이 번계 천호진은 태종 11년에 혁파되어, 가배량 만호가 겸하게 되었다. 이후 세종 20년(1438)에 이르러 번계를 당포(唐浦)로 고쳐 부르게 하면서 비로소 당포라는 이름이 기록에 등장한다. 당포진성은 구당포와 신당포가 위치하고 있는데, 신당포성이 이때 축성되었던 것이 아닌가 한다. 이후 신당포성의 입지는 큰 변동없이 조선말기까지 유지되었다. 미륵산봉수는 조선 전기부터 후기까지 모든 기록에 나타난다. 대응봉수의 변화는 있었으나 이설되지 않고 미륵도 정상부에 그 위치 그대로 유지되었다. 이는 당포진을 보조하기 위한 기능이 계속 이어진 것으로 생각된다.

사량도에 만호진이 설치된 것은 세종 20년(1438)부터이다. 이후 계속 쓸모가 없기에 없애자거나 다른 곳으로 옮기자는 논의가 계속 진행되었다. 그러나 중종 39년(1544) 왜변이 일어나 왜선 20여척, 왜인 2백여명이 성을 포위하고 공격하였다. 사량진성의 남쪽 모퉁이 옹성이 무너지고 수군 1명이 죽는 피해를 입었으나 결국 왜군을 물리쳤다. 이때를 기점으로 사량진을 없애거나 옮기자는 의견이 없어졌다. 사량도에는 사량진주봉봉수가 있다. 이 봉수의 초축시기는 『여지도서』의 발간을 전후한 18세기 중엽이며, 철폐시기는 고종 28년(1895)이다. 『여지도서』에는 사량진주봉별망 명칭으로 좌이산봉수가 남쪽으로 응하였던 대응봉수로 기록되어 있다. 축조목적은 임란 이후 대왜구방어 및 경보 목적 외에 주변 해역에서 일어나는 정세를 후망하면서 자체해안 방어 및 중앙으로 전달하기 위함이었다.

이처럼 수군진과 봉수는 서로 밀접한 관계를 유지하며 운영되었다. 봉수를 옮기거나 새로 축조하는 것은 수군진의 이동과 깊은 관련이 있었다. 이는 조선 후기에 강하게 나타나는 현상이며, 주로 권설봉수에 더 많이 적용되었다.

〈참고문헌〉

『조선왕조실록』.

김주홍, 『조선시대의 연변봉수』, 한국학술정보(주), 2010.

안성현, 「남해 대국산성 성격연구」, 『한국성곽연구의 새로운 관점』, 2010.

국립해양문화재연구소, 『경상우수영』, 2016.

유재춘, 「中世 山城의 特徵的 類型과 變遷」, 『韓國城郭研究의 새로운 觀點』, 2010.

차용걸, 「조선후기 축성기술의 변화와 산성의 운영」, 『韓國城郭研究의 새로운 觀點』, 2010.

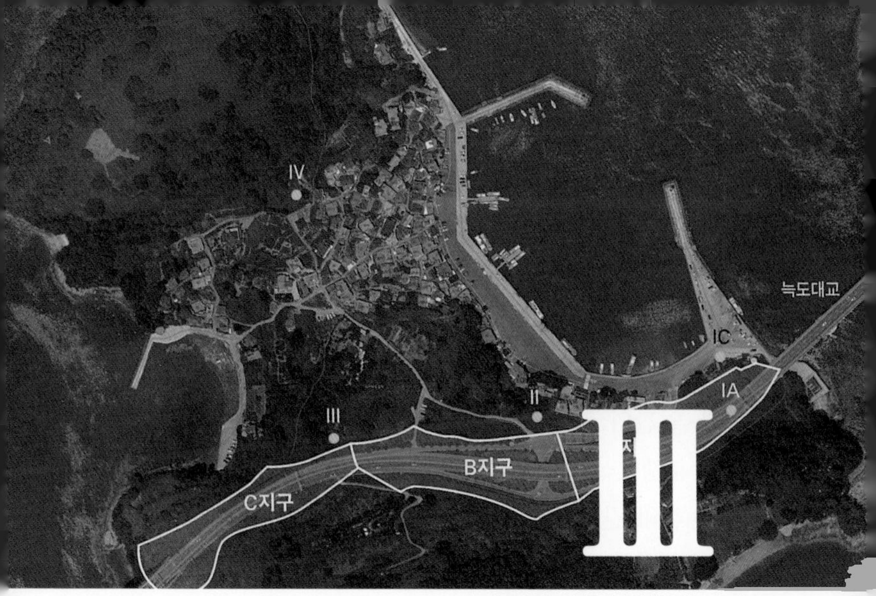

늑도유적조사(국립진주박물관, 2016)

III

고대의 국제교역항, 늑도 _ 남재우

Ⅲ. 고대의 국제교역항, 늑도

1. 고대의 교역, 바다와 섬

1) 바닷길 교역의 시작

한·일간의 독도[다케시마]분쟁, 중·일간의 댜오위다오[센카쿠] 분쟁, 러·일간의 쿠릴(북방영토) 분쟁 등은 섬을 둘러싼 국가 간의 갈등을 보여준다. 분쟁은 '섬을 통한 큰 바다의 확보'를 위한 전쟁이다. 바다의 확보는 영토의 연장이기 때문이다.

섬과 바다는 한 몸이다. 바다는 교류와 소통의 공간이며, 섬은 소통의 징검다리이다. 따라서 고대로부터 바다를 통해 개인, 집단, 국가 등이 교류했다. 통일신라 장보고의 해상활동의 거점이었던 완도 등은 대표적이다.

동아시아 연안해로는 선사시대부터 문물교류의 통로였다. 기원전 3세기 진나라 서복 일행이 동아시아 연안해로를 따라 항해하여 한반도와 일본열도에 이르렀다는 『사기』 기록과 설화의 흔적은 상징적 사례이다. 일본열도와의 교류는 신석기시대부터이다. 남해안지역에서 확인된다. 부산 동삼동패총·조도패총, 통영 상노대도패총·욕지도패총·연대도패총 등이 대표적이다.

| '서불과차(徐市過此)'라 불리는 남해 양아리석각. 진시황의 명으로 서복이 불로초를 찾아온 흔적이라 전함(남해군청)

서남해 연안해로의 중심 거점은 강과 바다가 만나는 지점에 형성되었다. 먼저 고조선이 대동강 하류을 통해 '서남해 연안해로'의 주도권을 장악하면서 독점적 중개무역을 통해 번영을 누렸다. 하지만 이를 견제하려는 한(漢)나라 무제의 공격을 받아 기원전108년에 멸망한다. 이후 고조선 중심지에 설치된 낙랑군과 3세기 초에 황해도 지역에 설치된 대방군이 약 400여년 간 '서해안 연안해로'를 통해서 동아시아 문물교류를 주도했다.

(낙랑 · 대방)군으로부터 왜에 이르는 경로는 다음과 같다. 군에서 해안을 따라 가다가 한국(韓國)을 거쳐 다시 남쪽과 동쪽으로 잠시 가다보면 그 북쪽해안에 있는 구야한국(狗邪韓國)에 이

르게 되는데 여기에서 거리가 7천리이다. 여기에서 처음 바다를 건너 1천여 리 가면 대마도에 이르게 된다.(『삼국지』권30, 위서 동이전 왜인조)

[변진의] 나라에서는 철이 생산되는데, 한(韓) · 예(濊) · 왜인(倭人)들이 모두 와서 사 간다. 시장에서의 모든 매매는 철로 이루어져서 마치 중국에서 돈을 쓰는 것과 같으며, 또 [낙랑과 대방의] 두 군에도 공급하였다.(『삼국지』권30, 위서동이전 한조)

'서남해 연안해로'는 '낙랑군→한국(마한 목지국)→구야한국(변한 구야국)→대마도→(왜)'로 이어졌다. '서남해 연안해로'에서 거점이 된 섬들의 유적과 유물을 통해 드러나고 있다. 먼저 사천시 늑도유적에서 반량전과 오수전 등의 중국 고대 화폐와 한·중·일 고대 유물들이 발굴되었다. 기원전 3세기~기원전 1세기에 늑도가 동아시아 해상교역의 중요 거점포구로 기능했던 것을 보여준다. 이밖에 영종도, 거문도, 제주도 등의 도서지역과 해남, 의창, 창원, 김해 등의 연안지역에서 고대 중국 화폐들이 잇따라 발굴되고 있어, 섬과 연안에 고대 연안해로의 주요 거점포구들이 분포해 있었음을 알 수 있다.

| 배모양토기(현동유적, 삼한문화재연구원)

2) 고대의 경남지역, 바다와 섬

경남지역에는 고대로부터 다양한 정치집단이 자리잡고 있었다. 이들 정치집단들은 교역을 통해 성장했다. 교통로는 주로 바다와 강이었다. 특히 경남지역의 남해는 주요 교역로였고, 섬은 항구였고, 무역항이었고, 교역의 거점이 되기도 했다.

경남지역은 태백산맥에서 발원하여 남해로 유입되는 낙동강이 남북으로 관통하고, 낙동강 지류인 남강은 경남을 동서로 가로지르면서 가야의 여러 나라들이 교류하는 동맥 역할을 했다. 남쪽은 남해와 잇닿아 일찍부터 해로를 통해 주변 집단은 물론 국가 간의 교류를 가능하게 했다.

삼한이 존재했던 기원후 3세기까지를 삼국 형성기(혹은 전기), 삼한시대 또는 원삼국시대라 부르기도 한다. 이 시기의 정치집단은 중국과 일본열도와 활발하게 교류했다. 삼한에 속한 변한은 가야전기에 해당하는데, 중국 동북지역, 낙랑·대방·고구려·마한·백제, 진한의 사로국과 일본열도의 집단과 활발하게 교류했다. 그 증거들은 변한지역이었던 경남 남해안지역에서 유적과 유물로 확인되고 있다.

낙동강 하류지역에는 변한 12국을 비롯한 다양한 정치집단이 존재했다. 김해지역을 무대로 한 구야국과 함안지역의 안야국 등이 대표적이다. 변한의 성립시기는 청동기 문화가 쇠퇴하고 철기문화가 수용되는 기원전 2세기 후반부터였다. 기원전 2세기 말에 고조선이 멸망하면서 낙랑 등 한사군이 설치된 것이 계기가 되었다.

이후 기원전 1세기 후반부터 대동강유역에 설치된 낙랑을 중간 거점으로 삼아 중원대륙–북방–낙랑–마한–변한·진한–왜를 연결한 국제 교류가 활발하게 이루어졌다. 서해안–남해안으로 이어지는 연안루트와 낙동강을 연계한 내륙루트가 개척되었던 것이다.

이러한 상황을 보여주는 것이 기원전 1세기 후반경 이후부터 남해안의 섬과 해안지역의 유적에서 출토되고 있는 외래계 유물의 증가이다. 늑도 유적에서 보이는 외래계 유물이 대표적인데, 늑도가 해로를 이용한 국제교류의 중간기착지였음을 보여준다.

낙랑은 서해–남해–대한해협–일본열도로 이어지는 연안해로를 통해 한반도 남부지역과 일본열도의 집단들에게 중국의 선진물품을 공급하고, 각 지역의 특산물을 수입했다.

낙랑과 남부지역 정치집단 간의 교류를 나타내는 자료가 섬과 해안지역에 다수 확인된다. 김해지역은 변한의 구야국이었는데, 낙랑·마한·왜와 빈번하게 교류했다. 김해 양동리고분군에서 출토된 청동거울 등의 중원계 유물, 청동솥[銅鍑:동복]·호형대구·마형대구·재갈 등의

| 김해 대성동29호분 출토 동복

북방유물, 광형동모(廣形銅矛)·방제경(倣製鏡)·야요이계 토기 등 왜계 유물, 항아리·시루·완 등의 마한·백제계 유물 등에서 알 수 있다.

2. 고대의 국제교역항, 늑도

1) 늑도 유적

늑도유적을 세상에 알린 것은 부산에 소재한 국제신문사 문화부 기자였다. 1979년 7월 초순 다도해지방 민요조사를 위해 지금의 사천시 늑도를 방문한 것이 계기가 되었다. 기자의 눈을 놀라게 한 것은 민요가 아닌 무문토기였다. 소량밖에 채집되지 않는 무문토기가 늑도에서는 집 담벼락, 해안가, 논·밭 곳곳에 셀 수 없이 흩어져 있었다. 이 사실을 부산대 박물관에 알렸고, 정밀지표조사가 시작되었다. 무문토기 뿐 아니라 다량의 야요이[彌生]토기를 비롯한 외래계 유물들이 수습되었다. 우리나라 고대의 국제무역항, 동아시아 교역의 실체가 그 모습을 드러내는 순간이었다.

늑도유적은 사천시 늑도동 28-4일대에 위치한 유적으로, 삼천포항에서 서쪽으로 3㎞ 정도 떨어진 늑도에 위치한다. 늑도는 사천과 남해군 창선도 사이에 위치하며, 길이 907m, 너비 720m, 면적 46㏊의 작은 섬이다.

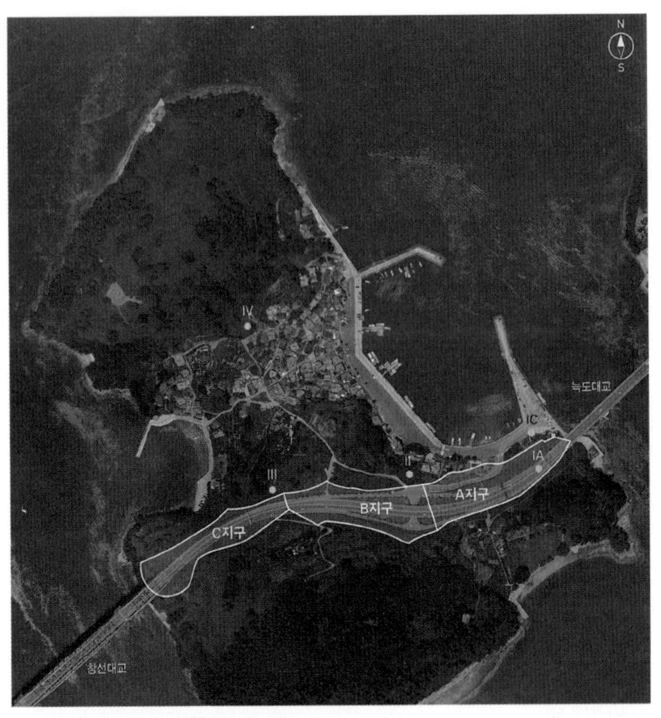

| 늑도 발굴지역 전경(국립진주박물관, 2016)

늑도유적에 대한 조사는 1979년부터 시작되었다. 부산대학교 박물관이 7월 21일부터 3일간 지표조사를 실시한 결과 섬 전체가 대규모 유적인 것으로 밝혀졌다. 유적의 중심시기는 무문토기편, 마제석기 등으로 보아 청동기시대에서 삼한이 형성되는 단계인 초기철기시대이다. 유적의 중요성과 보존의 필요로 인해 1985년 패각층 노출 지역을 중심으로 경상남도 기념물 제75호로 지정되었다.

이후 1985~1986년 동안 부산대 박물관에 의해 두 차례에 걸친 부분적인 발굴조사가 실시되었다. 초기철기~삼한시기 패총을 비롯한 주거지와 옹관묘, 토광묘 등의 유구와 토기, 골각기, 석기 등의 유물이 출토되었다. 특히 당시 한반도 남부지역의 전형적인 토기라 할 수 있는 점토대토기와 한(漢) 및 낙랑, 왜계 유물이 출토되어 해상교류 상황을 확인하게 되었다.

1998년부터 2001년 동안 삼천포-창선도 간 연륙교 도로개설로 인해 발굴조사가 이루어졌다. 경남고고학연구소, 부산대학교 박물관, 동아대학교 박물관이 발굴조사에 참여했는데, A지구의 최하층에서 신석기시대 조개더미가 확인되었다. 출토 유물은 덧무늬토기편을 비롯한 다양한 빗살무늬토기와 마제·타제석부, 지석, 흑요석박편 등이 있다. 늑도 유적이 신석기시대부터 인간의 활동무대였음을 알 수 있게 되었다. 2003년 6월 늑도유적은 국가사적 제450호로 승격 지정되었다.

| 2016년 국립진주박물관특별전

늑도의 중심유적은 기원전 2세기부터 기원전후의 것이다. 유적발굴로 나타나난 유구와 유물은 늑도가 고대국

제 교역의 무대였음을 알 수 있었다. 늑도의 패총(貝塚), 매장지, 주거지, 공방 등에서 다양한 외래유물이 출토되었기 때문이다.

2) 늑도유적의 외래계 유물

늑도유적에서 출토된 외래계 유물은 한(漢)·낙랑계 유물인 반량전, 오수전, 삼릉형 동촉, 한경, 낙랑계 토기와 일본열도계 유물인 야요이계 토기와 같은 왜계 토기 등이다. 제주지역 유물인 대형무문토기 등도 있다.

중국계 유물로는 금속기가 있다. 한경(漢鏡) 1점이 조사되었다. 일광경(日光鏡)으로 추정되는데 주연부의 일부만 남아있는 파편이다. 삼릉촉 2점이 출토되었는데 철경동촉으로서 낙랑토성과 고분에 다수의 출토사례가 있다.

동전은 반량전 4점과 오수전 1점이 출토되었다. 반량전은 낙랑군 설치 이전에 폐지되었고, 오수전은 한나라 무제 원수 5년(기원전 118)부터 약 700여 년간에 걸쳐 사용된 중국을 대표하는 동전이다. 늑도와 동일한 형태의 오수전이 창원 다호리 1호분에서도 출토되었으므로 들여온 시기를 기원전 1세기대로 볼 수 있다. 다호리 1호분에서는 성운문경, 청동대구 등의 한식유물이 공반되고 있으므로 낙랑군과의 대외교류가 활발했음을 알 수 있다.

| 늑도 출토 반량전과 오수전(국립진주박물관, 2016)

토기의 경우 화분형토기 두 점이 출토되었는데, 낙랑토성 출토품과 유사하다. 회백색 구형옹은 낙랑고분에서 주로 출토되는 토기로서, 기원전 1세기 중엽에서 기원후 1세기 중엽시기의 것이다.

왜계 토기는 야요이토기이다. 후쿠오카[福岡縣] 북부와 이끼[壹岐]계의계의 야요이토기이다. 넓게는 사가[佐賀]평야를 중심으로 한 서일본 각지의 야요이토기가 출토된다. 늑도에서 출토되는 야요이토기는 기원전 1세기대이다.

| 늑도출토 야요이계토기(국립진주박물관, 2016)

이러한 유물을 통해 당시의 늑도 상황을 살펴볼 수 있다. 한경, 삼릉촉, 동전의 출토를 무기 수입이나 화폐 유통으로 이해하기 보다는 상징적인 의미를 가지는 일종의 위신재로서 낙랑에서 수입된 물건으로 추정된다. 이 외에 늑도에서는 육상동물인 사슴뼈가 대량으로 확인되고 있다. 사슴은 단백질 섭취원이며 골각기의 재료 및 바다 제사와 관련된 복골 확보를 위한 것이었다. 따라서 외부에서 지속적으로 공급되었을 가능성이 높다.

수출품은 철소재와 철기류가 중심이다. 낙랑과 왜가 공통적으로 수입한 품목으로 추정된다. 필요 이상의 방추차가 출토된 것으로 보아 견포(絹布)류가 수출품이었을 가능성도 있다.

3) 국제교역항, 늑도

교역항은 땅과 바다의 경계지점에서 서로 다른 문화와 서로 다른 환경이 만나는 교류의 중심지이며 물자, 노동력, 자본의 출입지점으로서 뿐만 아니라, 문화, 지식, 정보가 수용되고 전달되는 중심지 역할을 한다. 따라서 교역항은 문화가 뒤섞이고 새로운 문화가 발생할 수 있는 공간이 된다.

늑도는 기원전 1세기대 왜인의 왕래가 가장 활발했고, 교역 거점으로서 가장 융성했다. 늑도를 매개로 한(漢, 낙랑)-한(韓)-왜(倭)의 교역망이 형성되어 있었다. 그래서 늑도는 중간기착지, 국제무역항, 국제시장이었다.

| 늑도출토 배모양토기(국립진주박물관, 2016)

늑도는 중계무역지 역할을 했다. 낙랑으로부터의 수입품을 왜인이나 남해안의 내륙집단으로 수출, 혹은 공급했다. 늑도유적에서 출토된 삼각형점토대토기는 늑도의 태토가 아닌 것이 많고 형태가 매우 다양하므로 내륙의 여러 곳에서 들어왔거나 다양한 집단에 의해 제작되었을 가능성이 있다. 따라서 교역대상은 낙랑과 왜와의 관계 뿐만 아니라 내륙집단도 포함되어야 한다.

늑도는 무역항이었다. 늑도유적 내에서는 수출을 위한 철소재나 철기의 생산은 가능할지라도 원료의 자체조달은 불가능했으므로, 원료 및 제품의 수급과 유통이 원활해야 한다. 늑도는 내륙 정치집단의 통제하에 있었거나 직접적으로 연계되어 있는 원료 조달처가 있었을 가능성이 높다. 늑도

자체가 큰 사회세력이거나 소국은 아니었기 때문이다. 해안지역의 사천과 같은 큰 지역의 세력에 속한 전진기지로서 대외 물자 교역의 창구 역할을 했다. 또한 주변의 여러 도서와 함께 하나의 큰 세력을 이루어 연안지역 일대의 교역권을 장악하고 있었던 곳으로 볼 수 있다.

늑도는 중간기착지의 역할도 담당했다. 외래계 유물이 확인되고 있다. 늑도는 남으로 남해의 창선도, 북으로는 사천만과 삼천포일대, 동으로는 사량도와 고성만, 서로는 노량 인근까지 한눈에 들어오는 곳에 위치한다. 사방을 관망할 수 있는 지리적 조건을 갖추고 있어 방어에도 유리하다. 또한 늑도주변은 통영~여수간 연안항로를 따라 이동하는 배가 남해도 외곽의 먼 거리를 돌아가지 않고 이동할 수 있는 곳이므로, 늑도가 중간기착지 무역항이었을 가능성이 크다.

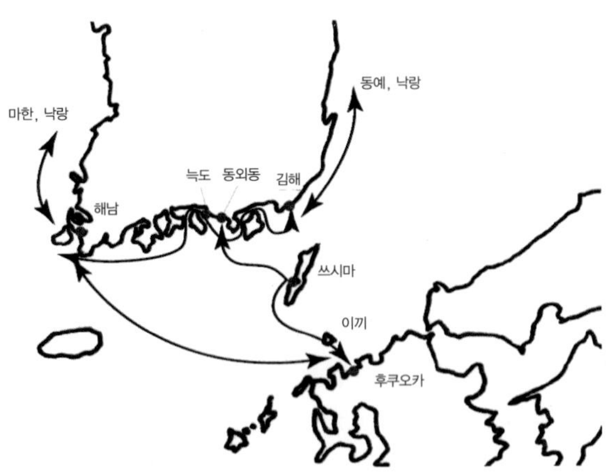

| 삼한시기 남해안항로(이재현 작성, 대구사학91)

늑도는 왜인들에게 낙랑으로 가는 중간기착지였다. 외래계토기의 출토량에서 알 수 있다. 낙랑계토기의 출토량 보다 야요이토기가 훨씬 많다. 한사군 설치 이전부터 왜인들은 낙랑과 상관없이 철소재와 철기를 입수하기 위해 직접 늑도집단과 통교했다. 이후 낙랑이 등장하는 시점과 맞물려 왜인들은 낙랑으로 가기 위한 중간기착지로 늑도는 더욱 중요한 곳이 되었다. 늑도를 통해 한(漢)과 한(韓)의 문물을 수입하기 위해 바다를 건너오게 된 것이다.

늑도의 이러한 역할은 기원전 1세기 후반 최고조에 이르렀다. 북부 큐슈의 왜인들 뿐만 아니라 서일본 각지의 왜인들이 늑도로 모여들었다. 철기에 대한 관심과 필요성이 서일본 각지로 확대되고 있었기 때문이다.

늑도는 왜인들이 이주해 살았던 곳이기도 했다. 교역업무를 원활히 하기 위해 사무국 등이 필요했을 것이다. 늑도에서 드러난 유적이나 유물로 볼 때 노동자, 상인, 외교담당자 등이 장기 체류했을 가능성이 높다.

늑도는 다양한 문화가 공존하는 공간이었다. 기원 전후 무렵까지 약 200여 년 동안 동아시아의 중요한 국제교역항으로 기능했으므로, 다양한 지역의 물자와 주민이 모여들었다. 그 과정에서 서로 다른 문화가 유입되었다. 다양한 매장풍습을 보여주는 늑도의 무덤과 '구들'이라는 이질적인 난방시설에서 그 사실을 알 수 있다.

하지만 늑도의 교역항 기능은 기원전후를 계기로 장거리 교역중계지로서의 역할이 줄어든다. 남해안에 접하며, 교역을 주도할 수 있었던 강력한 정치집단들이 등장했기 때문이다. 김해, 창원, 고성 등지의 정치집단들이 늑도의 역할을 대신했던 것이다.

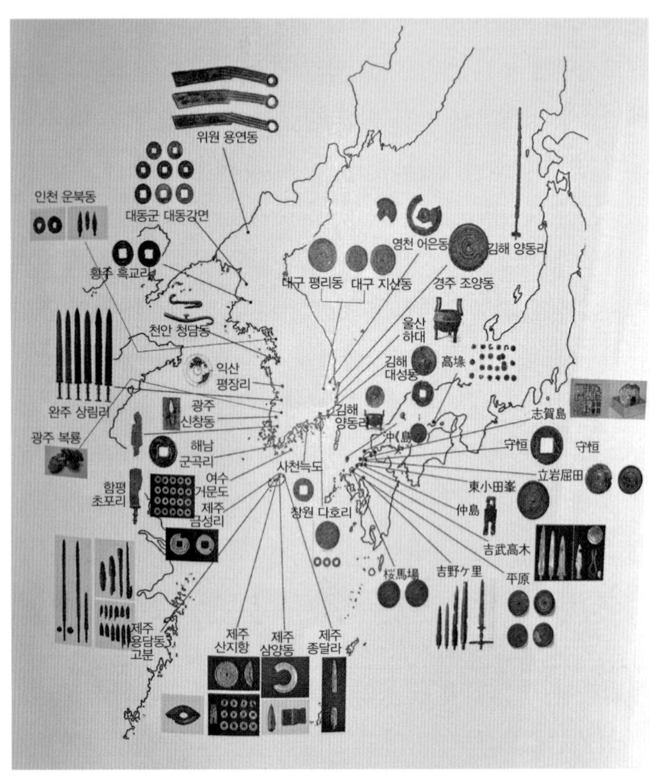

| 초기철기 · 삼한시기 동아시아 교류(국립광주박물관 2012)

서남해 연안해로가 활용되던 시기에 동남해 연안해로도 중요한 교류루트였다. '서북한-동해안(예,濊)-형산강-경주(신라)-태화강-울산-남해안(가야)'로 이어졌다. 지정학적 위치로 인해 신라가 상당한 영향력을 행사했다. 6세기에 들어 신라는 동해안에 대한 진출을 가속화했다. 512년 우산국(울릉도) 정벌이 동해안 주도권 장악의 결정적 계기가 되었다. 6세기 후반 이후에는 동해안과 남해안에 대한 패권을 장악하고 한강하류로 진출하여 서남해 연안해로에 대한 주도권을 확보하려 했다. 하지만 백제와 고구려의 반격이 만만치 않았다. 이후 서남해를 둘러싼 주도권 다툼은 동아시아 문제로 확대되었다. 당과 왜가 참전하는 7세기 '동아시아 전쟁'이 그것이다.

삼국통일 이후 조선술과 항해술이 발달하면서 연안항로 이용에서 벗어나 해로가 다각화되었다. 횡단·사단(斜斷)해로가 활용되었다. 즉, 백령도~산둥반도 간의 횡단해로, 청해진~양저우[揚州] 간의 동중국해 사단해로가 그것이다.

7세기 동아시아전쟁은 해로의 다각화를 보여준다. 660년에 당나라 소정방 대군은 위험한 길로 인식되어 왔던 '황해 횡단해로'를 통해 백제를 공격했다. '황해 사단해로'도 연안해로와 함께 일상적인 상시항로로 활용되었다. '해로의 다각화시대'가 열렸고, 통일신라·고려시대를 해양활동의 융성기로 만들었다.

황해 횡단·사단해로가 활용된 구체적인 예는 엔닌의 『입당구법순례행기』, 서긍의 『고려도경』, 이중환의 『택리지』 등을 통해서이다. 이들 자료들은 구체적인 해로의 운항경로를 기록하고, 해로상의 거점 역할을 담당하는 섬들을 소개하고 있다. 특히 『고려도경』에 의하면 고려는 흑산도, 군산도, 마도, 자연도 등에, 사신과 해상(海商) 등을 위한 편의 시설인 객관을 설치하여 운영했던 사실을 알 수 있다. 고려가 섬을 통해서 해로를 적극적으로 관리·운영했던 것이다.

삼국통일 이후 적극 활용된 해로와 섬은, 13세기에 와서 몽골의 침략에 직면했던 무인정권과 삼별초가 항몽전략으로 활용했다. 그 거점을 강화도와 진도, 제주도로 옮겨가면서 서남해의 수많은 섬들을 거점 삼아 해로를 장악했다. 섬과 해로를 통합적으로 장악하는 전략이었다. 이 전략은 고려가 대제국 몽골의 끈질긴 여러 차례의 공격에도 40여년이나 버틸 수 있었던 원동력이 되었다.

하지만 1270년 삼별초 몰락을 계기로 삼별초에 동조했던 도서해양세력이 고려와 원나라의 탄압하에 놓이게 되었다. 고려 말에 취해진 공도(空島) 조치가 그것이었다. 이것이 왜구의 침탈과 맞물리면서, 섬과 바다를 연계했던 해양활동은 타격을 받게 되었다.

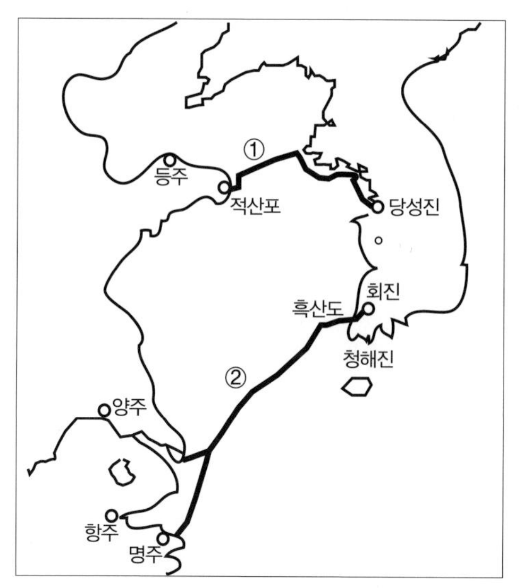

| 통일신라시기 한중항로(①횡단해로 ②사단해로, 고경석 작성)

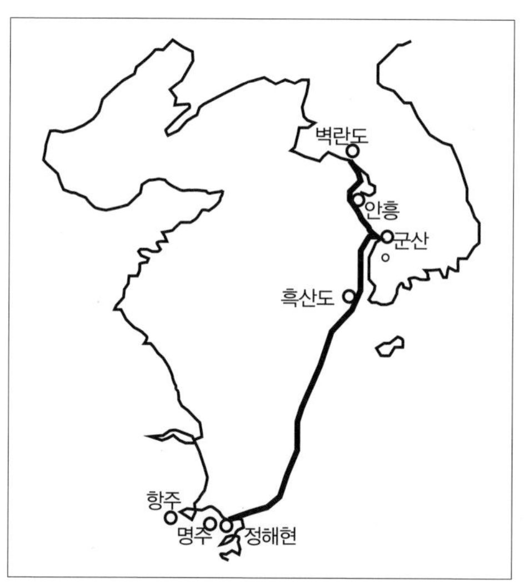

| 서긍의 고려입항로(1123년, 고경석 작성)

〈참고문헌〉

국립진주박물관, 『국제무역항 늑도와 하루노쓰지』, 사천 늑도유적 발굴 30주년 기념 특별전, 2016.

국립진주박물관, 『늑도와 하루노쓰지를 통해 본 동아시아 교류의 양상』, 특별전 〈국제무역항 늑도와 하루노쓰지〉 연계 학술심포지엄, 2016.

이재현, 「원삼국시대 남해안 해상교류 시스템 - 늑도유적의 발굴성과와 연구과제를 중심으로 -」, 『대구사학』 91, 2008.

욕지도 좌부랑개 선창

섬사람들의 삶 _ 안순형

1. 바다 속에서 농사를 짓고
2. 수산물로 삶을 풍요롭게
3. 섬을 가로질러 풀을 뜯는 가축
4. 어업조합과 어시장의 출현

Ⅳ. 섬사람들의 삶

남한지역의 해안선은 14,963㎞에 달하는데, 그중에서 경남이 2,513㎞를 차지한다. 이것은 전남에 이어 전국에서 두 번째로 긴 해안선을 가지는 것으로, 들고나는 해안선을 따라 크고 작은 섬들이 산재하고 있다. 섬 지역의 주민은 망망대해 속에 위치하는 고립성, 거칠고 변화무상한 자연환경, 빈번한 왜구의 침략으로 인한 전란 속에서 자신들의 삶과 공동체를 유지해야만 하였다. 주민들은 이런 어려움을 극복하기 위하여 육지와 다른 그들만의 생산 기반을 가지고, 공동체 구성원 상호간의 굳건한 단결이라는 특징을 갖추고 있었다. 그들은 바다를 기반으로 생계를 유지하면서도 농지의 개간을 통해 스스로 식량을 해결하고, 한편으로는 수공업품의 제작이나 교역을 통해 삶의 기반을 구축하였다.

1. 바다 속에서 농사를 짓고

남해안 일대의 섬 지역에는 신석기시대의 패총, 청동기시대의 고인돌 등이 널리 분포해 있고, 삼한 및 가야시대에는 몇몇 소국이 존재했던 것으로 전한다. 이곳의 주민들은 섬을 생활 터전으로 삼았지만 육지 사람들과 마찬가지로 쌀·보리류를 주식으로, 콩류나 채소류를 부식으로 하였다. 조선후기에 감자·고구마 등이 외부로부터 전래되면서 섬지역에도 유입되어져 부족한 식량을 보충하였다.

남해·통영·거제처럼 평지에 일정한 규모의 농경지를 갖추었던 곳의 주민들은 일찍부터 저수지나 수중보의 축조를 통해서 식량의 증산을 시도하였다. 하지만 섬의 규모가 작거나 척박한 산비탈의 주민들은 조금이라도 경작할 수 있다면 산간의 계곡을 따라 층층이 하늘에 닿을 정도로 두렁을 쌓아 올려 농경지를 개간하였다. 현재까지도 섬의 곳곳에 남아 있는 다랭이 논과 밭은 험난한 자연환경을 극복하며 억척스러운 삶을 살아왔던 주민들의 생활상을 그대로 반영하고 있다.

| 남해 가천 다랭이마을(남해군청)

남해안 섬 지역에서 농경이 언제부터 시작되었는지 단정할 수는 없지만 육지와 그다지 차이가 나지 않을 것이다. 또한 경작 현황도 처음에는 밭을 위주로 하다가 점차 생산력이 향상되면서 수전(水田)으로 확대되어 갔다는 것을 짐작할 수 있다. 조선전기까지는 척박한 해안지역이나 그나마 주

민의 생활이 적합한 유인도에서 농지가 부족하자, 일부 사람들은 인근의 작은 섬으로 들어가 농토를 개간하며 생계를 도모하는 사례도 많았다. 남해안 동쪽의 김해도호부 동남쪽에 있던 마도(馬島), 진해현(현재 진동면) 남쪽의 수로 3리쯤에 있던 범의도(凡矣島), 서쪽의 사천현에서 수로로 1리 340보에 있던 구량도(仇良島)에는 백성들이 왕래하며 경작하였다. 고성현 남쪽 30리 말을상곶[末乙上串] 남쪽의 가조도에도 민전이 있다고 한다.

『세종실록·지리지』'진주목'조에 의하면, 거제지역은 기후가 따뜻하고 토질이 기름져서 벼·조·콩·메밀 등을 경작하였고, 현재 남해군을 포함한 곤남군도 거제와 마찬가지 벼·기장·콩·조 등을 재배하기에 적합하였다. 반면 현재 통영을 포함한 고성지역은 토양이 기름진 곳과 메마른 곳이 반반으로 벼·조·콩·보리 등을 경작하였다고 한다. 고성현의 토질 중에 메마른 곳이 반이라고 했던 것은 아마 570개의 섬으로 구성된 통영지역이 농경에 그다지 적합하지 못하다는 것을 의미할 것이다. 임진왜란 이전까지 통영지역이 농경에 적합하지 않았다는 것은

| 통영 두룡포 기사비(문화재청)

1625년 제19대 통제사였던 구인후(具仁垕)가 세웠던 「두룡포 기사비(頭龍浦記事碑), 경남 유형문화재 제112호」의 "(두룡포는) 바닷가 항구로 소금기가 많아 농사도 지을 수 없는 여우와 토끼가 뛰놀던 잡초 우거진 언덕으로 몇천만년동안 수많은 사람들이 겪어오다가 ……"라는 문구에서도 잘 드러나고 있다.

임진왜란 이후 전국적으로 인구가 점차 증가하면서 남해안 섬에서도 주민의 숫자가 증가하였다. 그 결과 해안과 섬 지역에서 토지 개간이 증가하면서 농경지의 규모도 증가했는데, 아래의 표1에서 그 사실을 확인할 수 있다.

표 1. 『지승』에 기재된 거제 · 고성 · 남해의 호구 및 전답 수

	호수	인구수	전답(결)	비고
거제	5,371	24,734(남 11,540 / 여 13,194)	3,007(전 1,350 / 답 1,656)	
고성	9,445	40,135(남 18,468 / 여 21,667)	6,240(전 2,901 / 답 3,338)	통영포함
남해	4,466	21,985(남 9,304 / 여 12,681)	2,933(전 1,422 / 답 1,510)	

거제지역은 『세종실록·지리지』가 편찬된 1454년에는 153호에 423명의 주민이 709결의 전답을 경작했는데, 18세기 후반에 편찬된 『지승』의 내용과 비교해보면 인구는 58.5배 증가하였고, 전답은 4.2배 증가하였다. 또한, 통영의 경우는 고성에서 분리되어 진남군으로 있을 때 논밭의 총 규모가 2,000결로 경작지 자체가 부족하였고, 논밭의 비율도 섬이란 지형적 특성상 밭의 비율이 상대적으로 많았다. 이런 상황 하에서 조선후기의 농민들도 고성현의 포도

도(葡萄島)·자란도(自卵島)에서 민전을 개간했던 것처럼 경작이 가능한 무인도를 찾아 계속 농토를 개간하였다. 통영시 욕지도 소속의 두미도에는 1996년 '두미 개척 백년' 기념 표지석을 설치했는데, 당시 주민들의 무인도 개척 상황을 보여준다. 하지만 식량은 여전히 부족하여 섬에서는 육지로부터 공급을 받아야만 하였다. 예를들면 거제지역은 1997년도에 ha당 단위생산량이 12.5t으로 상당히 높았음에도 불구하고 여전히 쌀 자급율은 74.2%에 불과하였다.

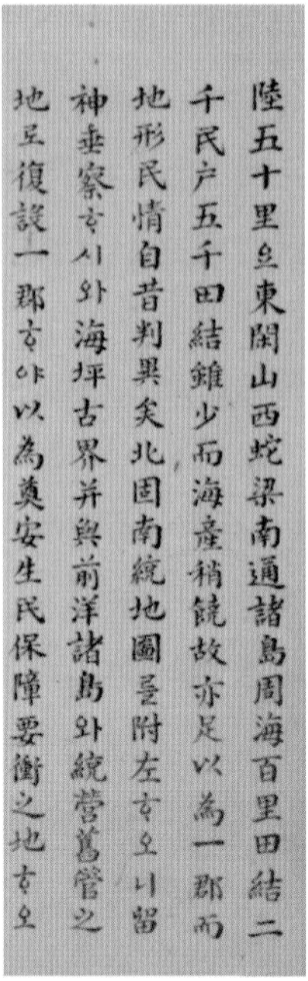
陸五十里요東關山西蛇梁南通諸島周海百里田結二
千民户五千田結雖少而海產稍饒故亦足以為一郡而
地形民情自昔判異矣北固南繞地圖를附左ᄒ오니留
神垂察ᄒ시와海坪古界并與前洋諸島와統營舊管之
地로復設一郡ᄒ야以為奠安生民保障要衝之地ᄒ오

|『진남군지(1900)』(규장각 한국학연구원)

해변과 인접하거나 혹은 척박한 토질과 관계 수로의 미비로 농경이 적합하지 않는 곳의 섬 주민들은 일찍부터 특수 작물을 재배하였다. 아래의 표2는 『신증동국여지승람』 경상도 내에서 바다를 접한 지역의 '토산' 중 토지에서 생산되는 품목이다.

표 2. 『신증동국여지승람』 경상도 해변지역 토산품 중 토지 생산품

지역	품목	지역	품목
곤양	감·유자·석류·표고·차·꿀·대[竹]	남해	석류·유자·석이버섯·비자(榧子)·닥종이·송이·치자
사천	석류·유자·석이버섯·꿀·지황·매실·대·감·죽전	하동	차·석류·유자·백복령·주토(朱土)·대·감
김해	석류·꿀·오사(烏蛇)·산무애뱀·죽전·지치[紫草]·표고	창원	대·석류·옻·왜저(倭楮)·유자·감

지역	품목	지역	품목
거제	옻·활과 창·왜저·유자·석류·표고·꿀·치자	고성	대·송이·석류·유자·왜저·표고·감·맥문동·녹용·차
진해	유자·표고·차·꿀·석류	웅천	표고·오사·산무애뱀·석류·유자·대

석류는 모든 지역에서 공통적으로 생산되는 품목이고, 유자도 김해를 제외한 모든 지역에서 생산되는 품목이었다. 특히, 유자는 중국의 장강(長江) 상류지역이 원산지인데, 추위에 취약하여 연평균 기온이 13~15℃ 이상이 되어야 하고, 햇볕과 배수가 좋은 곳이 생장에 적합하다. 유자가 한국에 전래된 시기는 확인할 수 없지만 고려 충렬왕이 팔관회를 거행할 때 진설(陳設)되었다고 하고, 조선 태종 때인 1413년에도 조정에서 망제(望祭)를 거행할 때 귤과 함께 올리도록 하였으며, 세종 때인 1421년에는 제주에서 감자(柑子)와 함께 진상할 것을 명하도록 주청했던 기록이 『고려사』, 『태종실록』, 『세종실록』 등에 전하고 있다. 당시 유자는 대단히 진귀한 물품으로 조선전기부터 거제도를 비롯한 남해안에서 이미 생산되었다. 『신증동국여지승람』 권32 「거제현」 산천조에는 "유자도(柚子島)는 현의 북쪽에 있는데, 크고 작은 2개의 섬이 있으며, 온 섬에 유자나무가 있다"고 전한다. 유자나무가 얼마나 많았으면 섬의 이름 자체가 유자

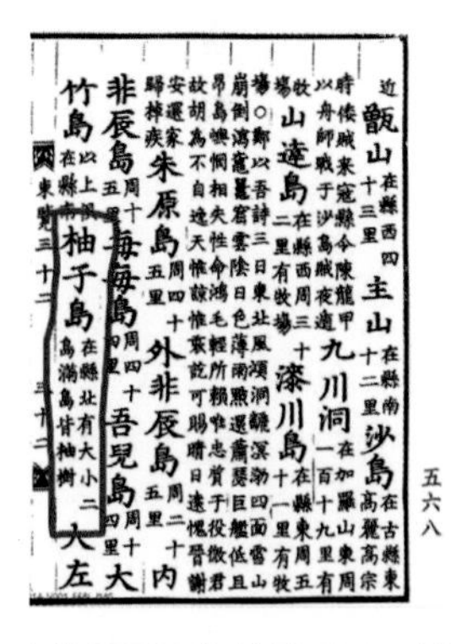
甑山 在縣西四十三里 主山 在縣南十二里 沙島 在古縣東 高麗高宗

山達島 在縣西周三十二里有牧場 漆川島 在縣東周五十一里有牧

朱原島 周四十五里 外非辰島 周二十五里 內

非辰島 周十五里 每島 周四十四里 吾兒島 周十四里 大

竹島 以上俱在縣南 柚子島 在縣北有大小二島滿島皆柚樹 大

五六八

|『신증동국여지승람』권32 거제현 유자도 관련 부분(한국고전종합DB)

도가 되었겠는가? 이곳은 현재 장평동 앞바다인데, 유자도란 명칭 대신에 '귤도'라는 이름이 남아 있다.

감[柿]의 원산지도 중국의 장강유역으로 알려져 있는데, 연평균기온이 12~14℃가 되는 한국의 남해안 지역에서 재배가 적합하다. 1241년 간행된 『동국이상국집』 권5에 '야인이 홍시를 보내다[野人送紅柹]'로 기록되어 있고, 고려 원종 때 유천우(兪千遇)가 어머니께 드리기 위해 감을 먹지 않았다는 것으로 볼 때, 늦어도 13세기 중반에는 한반도에서도 감이 재배되었다는 것을 알 수 있다. 『세종실록·지리지』 경기도의 토산에 감이 포함되어 있고, 제수품의 한 가지로 감이 사용된 것으로 보아 조선전기에 이미 널리 재배되고 유통되었다는 것을 짐작할 수 있다.

이외에도 섬 지역은 산의 비율이 상대적으로 높아 표고·송이 등의 버섯류, 꿀 등이 많이 채취되어 농가에 좋은 부수입이 되었다. 또한 대·죽전과 닥나무·왜저 등도 많이 생산되었는데, 대는 어민들의 어구 제작에 많이 활용되었고, 닥나무는 한지 제작의 재료로 역시 일정한 부수입을 창출할 수 있었다.

현대에 들어와서도 남해안의 큰 섬인 통영지역은 준산간 전작 지대로 마늘이 주로 재배되고, 거제와 남해지역은 준산간혼작 지대로 각각 양파와 마늘이 재배되고 있다.

2. 수산물로 삶을 풍요롭게

남해안은 기다란 해안선을 따라 복잡한 만(灣)과 반도가 들쑥날쑥하고, 크고 작은 섬이 흩어져 있다. 또한 난류와 한류가 교차하고 있어 다양한 해양 동·식물의 생장을 위한 천혜의 입지조건을 갖추고 있다. 그 결과 2020년 현재, 남해안에는 거의 800여 종에 이르는 풍부한 어류가 분포하고 있는데, 그중에서 멸치·고등어·조기 등의 난류성 어종들이 높이 평가되고 있다.

섬 지역에서 농토를 경작할 수 없던 주민들은 일찍부터 바다를 대상으로 수산물을 채취하거나 고기잡이로 생계를 도모하였다. 『신증동국여지승람』에는 경남의 해변 및 섬 지역에서 생산되는 다양한 수산물을 전하고 있는데, 그 내용을 정리해 보면 아래의 표와 같다.

표 3. 『신증동국여지승람』 경상도 해변지역 토산품 중 바다 생산품

지역	품목	지역	품목
곤양	문어·대구·굴·전복·오징어·전어·홍어·낙지·게·실미역·해삼·김·농어·숭어·조기·담채	남해	살조개·문어·홍어·오징어·전복·대구·미역·청어·홍합·낙지·준치·조기·숭어·농어·해삼
사천	미역·전복·문어·황어·게·굴·해삼·홍어·조기·숭어·낙지	하동	대구·전복·문어·홍어·낙지·준치·굴·게·해삼·실미역·미역·가사리·조기·숭어·농어
김해	미역·숭어·전복·밴댕이·병어·농어·문어·청어·웅어·대구·토화·굴·조개·곤쟁이·홍어	창원	굴·해삼·오징어·가사리·대구·청어·황어·홍어·숭어·조기·낙지·웅어
거제	문어·전복·홍어·청어·미역·대구·해삼·전어·준치·조기·숭어·농어·낙지·소금	고성	대구·전복·해삼·굴·청어·문어·전어·홍합·미역·황어·조기·숭어·농어·오징어·낙지·곤쟁이
진해	홍어·문어·대구·전복·굴·청어·황어·조기·오징어·낙지	웅천	대구·청어·전어·홍어·문어·전복·오징어·굴·소금·미역·해삼·실미역·세모(細毛)·낙지·조기·숭어·농어·담채

해조류·조개류는 남해안 전역의 해변 바위에 붙어 생장한다. 이것은 배를 타고 바다로 나가지 않고도 채취할 수 있었기 때문에 일찍부터 개별적인 생산이 가능하였다. 동해안이지만 『삼국유사』 권1 「연오랑 세오녀」편에는 신라 8대 아달라왕 때(157) 바닷가에 살던 연오랑은 '해조(海藻)'의 채취로 생계를 유지했다는 사례가 있다. 이외에 낙지·해삼 등도 가까운 해안에서 특별한 장비가 없어도 얼마든지 채취가 가능한 품목이었기 때문에 일찍부터 주민들의 포획 대상이었다.

| 1970년대 초 거제시 장목면 궁농 연안에서 해산물을 취채하는 해녀들(거제시청)

위의 표에 따르면 남해안의 모든 지역에서 대구·조기가, 대부분 지역에서 청어·숭어·농어·오징어·문어 등이 잡혔다. 하지만 이런 물고기를 포획하기 위해서는 주민들이 배를 타고 바다로 나가거나 혹은 일정한 장소에 고정된 어구를 설치해야만 하였다. 먼 바다로 나가 물고기를 직접 잡는 방식은 울산 반구대 암각화의 고래사냥 모습을 통해서 볼 때 늦어도 청동기시대에 이미 행해지고 있었다. 그렇지만 배를 만드는 기술과 어업 기술이 발전하지 못했던 전근대 시기에는 먼 바다로 나간다고 해서 일정한 어획량이 보장되는 것도 아니고, 작업 환경도 목숨을 걸고 사투를 벌여야 했기에 대부분의 조업은 가까운 해안에서 이루어졌다. 하지만

왜인들, 특히 대마도에 거주하는 어민들은 일찍부터 어(魚) 자원이 풍부한 남해안을 주목하였다. 그들은 조선 조정에 세금을 내고서라도 물고기를 잡을 수 있도록 해달라고 거듭 간청함으로써 허락을 얻어 목숨을 걸고 대한해협을 넘어와서 조업을 하였다. 조정에서는 왜인들이 왕래하는 요충지인 거제 지세포에 만약을 대비하면서 어세를 징수하였지만 조선 어민들은 통영의 욕지도와 연화도까지 와서 조업하는 그들과 치열한 경쟁을 해야만 하였다.

당시 물고기는 주로 그물을 사용하여 잡았는데, 그 방식에는 크게 4가지가 있었다. 구체적으로 넓은 바다에서 그물질하는 배가 모여드는 어장(漁場), 물고기가 떼로 다니는 길목에 배를 세워 두는 어수(漁隧), 큰 배를 중심으로 여러 배가 벌려서는 어종(漁綜), 대나무로 발을 엮어서 물고기가 다

| 창선교와 지족해협의 죽방염(남해군청)

니는 물속에 함정을 만드는 어홍(漁篊) 등의 방식이다. 이 중에 어구를 설치하는 '어홍'이 주목되는데, 어량(魚梁)·어전(漁箭)·어살 등으로도 불렸다. 이것은 주로 하천과 바다가 만나는 지점이나 수심이 얕은 해변에 대나무, 혹은 통나무·돌·흙 등으로 고정되게 설치하는 원시적 어로 방식이었다.

『신증동국여지승람』 경상도 지역에는 서쪽의 하동현 남쪽 5리에서 바다로 유입되는 남포(南浦)와 18리에 있던 소근포(所斤浦), 곤양군의 동쪽 20리에 있던 대포(大浦)·강주포(江州浦), 남해현의 북쪽 15리에 있던 대포(大浦)와 동쪽 5리에 있던 파천포(巴川浦)와 동쪽 20리에 있던 난포(蘭浦), 동래현의 남쪽 20리에 있던 남내포(南乃浦), 동쪽의 기장현 동쪽 6리에 있던 이을포(伊乙浦) 등지에 많은 어량이 설치되었다고 전한다. 어량은 배를 타고 바다로 나가는 것보다 안전하면서도 일정한 어획량이 보장되었기 때문에 지역의 유력자들이 사사로이 연해에 이것을 설치하거나 종종 백성으로부터 탈취하기도 하였다. 조정에서 이런 행위를 금지해 달라는 진언이 있었던 것으로 보아 어량은 상당한 이권이 보장되는 사업이었음이 분명하다. 이러한 전통적 방식은 어로 기술이 발전하지 않았던 일제시기까지도 곳곳에서 성행했지만 현재는 대부분 지역에서 사라지고 극히 일부 지역에서만 그 명맥을 유지하고 있다.

이외에도 일부 지역의 주민들은 소금 생산에도 적극적이었다. 조선 성종 때 경상도에는 염전이 있던 고을이 12곳이었다. 『신증동국여지승람』 남해현에는 차산포(車山浦)·평

| 통영 욕지도에 곰비라 신사가 있었던 곳

산포(平山浦)·두음포(豆音浦)·염전포(鹽田浦)·호을포(湖乙浦)·모답포(毛沓浦)·가을곶포(加乙串浦) 등 7곳에 염소(鹽所)가 있었다고 한다. 창원도호부에도 지이포(只耳浦)·사화포(沙火浦)에, 울산군에도 저내포(渚內浦)에 염분(鹽盆)이 있었다고 한다. 거제·동래·웅천에서는 '소금'이 토산품에 포함되어 있으며, 김해도 명지도에서 백성들이 직접 머물며 소금을 구웠다고 전한다. 소금의 생산은 국가 세금의 충당에 중요한 항목이었지만 김해처럼 백성들이 본업으로 생산에 참여하기도 하였다.

조선말인 1889년 11월에는 '조일통어장정(朝日通漁章程)'이 체결되면서 남해안의 어업권은 점차 일본인에 의해 장악되었다. 특히, 1912년 4월에 총독부의 지령으로 새로운 어업령이 시행되고, 근대적 설비를 갖춘 일본 어민이 남해안으로 이주하여 어업권을 독점하면서 영세한 조선 어민은 거의 붕괴 수준에 이르렀다. 1893~1919년까지 거제·통영 일대에 조성된 일본 어민 이주촌은 16곳으로 파악되고 있다. 일본 어민의 규모가 증가하면서 거제의 장승포나 통영의 욕지도처럼 자신들의 해신(海神)을 모시는 '곰비라신사(현재 충혼탑이 있음)'까지 설치하여 안전한 조업과 풍어를 기원하기도 하였다.

해방 직후의 남해지역 어업은 일본 어민들이 어선과 장비를 가지고 철수하면서 잠시 주춤했으나 다시 활력을 되찾으며 1980년대 초반까지 꾸준한 성장세를 보였다. 1985년 이후로 생산량이 감소 추세를 보이다가 2012년에 다시 증가세로 전화되었다. 2013년 현재, 경남지역의 연근해 어업생산량에서는 어류가 89.6%, 천해양식에서는 패류가 87.6%라는 절대적 수치를 차지하였다.

3. 섬을 가로질러 풀을 뜯는 가축

가축을 사육하기 위해서는 풍부한 목초가 전제되어야 한다. 이런 조건이 갖추어졌다면 가축의 건강이나 노동력의 절감 등을 위해서는 축사에서 밀집 사육을 하는 것보다 넓은 초원에서 방목하는 것이 훨씬 유리하다. 황무지로 곳곳에 방치된 무인도는 가축을 방사하는데 최적의 공간이라 할 수 있다.

소나 말이 농경에 투입됨으로써 농업생산성은 크게 향상되었다. 특히 '말'은 기동력으로 말미암아 전쟁과 통신에도 매우 중요한 자원이었다. 또한 말을 기반으로 조직된 마군

(馬軍)은 보군(步軍)보다 훨씬 전투력이 뛰어났기 때문에 권력자들은 일찍부터 말을 소중히 여겼다. 이런 사실은 고구려 집안의 서안 12호분에 그려진 '기마무사도'나 함안군의 마갑총에서 출토된 가야시대의 '말갑옷' 등을 통해서 짐작할 수 있다. 당시 훌륭한 말들은 남해안 섬에서 많이 사육되었다. 예를 들면, 통일신라의 성덕왕은 김유신의 손자였던 김윤중(金允中)을 우대하며 부산의 '절영도'에서 기른 말을 하사하였고, 924년에 후백제의 견훤은 사자를 통해 절영도의 명마 1필을 왕건에게 받쳤다고 한다.

고려시대에도 말은 국가에서 중요하게 취급되었는데, 태조 때인 936년에 왕건은 견훤과 함께 전투를 앞두고 사열을 할 때, 마군 4만 명에 정예기병 9,500명이 있었다고 한다. 이것은 조정에서 필요할 때 일시에 상당한 규모의 말을 징발할 수 있을 정도로 평소에 민간이나 국가에서 말을 사육하고 있어야만 가능한 일이다. 문종 때(1017)에 '도리(島

| 함안 마갑총 출토 말갑옷(문화재청)

吏)'를 두어 '도거(島陆)'에서 말을 기르는 것을 책임지도록 했다는 것으로 보아 고려 조정에서는 섬에서 전문적으로 말을 방목했던 것으로 보인다. 하지만 고려시대에 어느 섬에서 얼마간의 말을 방목했는지를 구체적으로 확인할 수 있는 자료는 없다.

조선시대가 되면 남해안 섬의 목장 현황을 어느 정도 파악할 수 있는데, 정리하면 아래의 표4와 같다.

표 4. 『신증동국여지승람』 경상도 해변지역에 목장이 있던 곳

지역	품목	지역	품목
거제	가라산·구천동·산달도·칠천도·가조도·탑포·구영등·장목포·구조라포·지세포	진주	흥선도
남해	동천곶	고성	말을상곶·해평곶·종해도·욕지도·연화도
웅천	가덕도·감물도	칠원	여화곶

위의 표4를 통해 알 수 있듯이 남해안지역에는 목장이 많이 있었는데, 거제가 10곳으로 가장 많았다. 이로 말미암아 거제 지역민의 생계가 어려워지게 되자, 도체찰사는 지세포나 구조라포 등은 목장지로 적합하지 않으니 백성에게 돌려줄 것을 주청하기도 하였다. 고성은 5곳으로 두 번째로 많은 수치이다. 1470년(성종 1)에 둘레가 130리인 말을상곶에는 284필의 말이, 140리인 해평곶에는 742필의 말이 방목되는 상당히 큰 목장이었다. 둘레가 21리인 종해도에는 양이 방목되었다. 하지만 『여지도서』가 편찬되는 18세기 중반에는 이미 모든 목장이 폐지되어 버렸고, 대신 고성의 송도(松島)에 양을 키우는 목상이 설치되었다. 이외에도 욕

지도와 연화도에는 일찍부터 사슴이 사육되어 고성현의 토산품으로 '녹용'이 포함되어 있었다. 웅천현의 가덕도도 둘레가 75리나 되는 큰 목장으로 1470년에는 198필의 말이 방목되고 있었다. 하지만 왜적의 빈번한 침입으로 가덕도 목장은 혁파되고, 인근의 칠원현 여화곶(汝火串)으로 말들이 옮겨져 관리되었다.

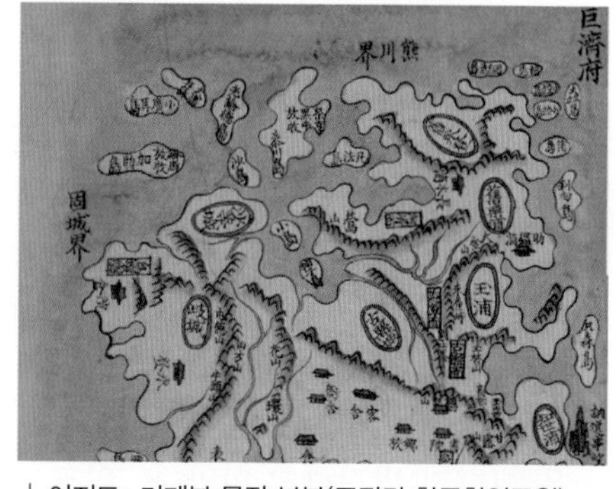

| 여지도-거제부 목장 부분(규장각 한국학연구원)

비록 목장의 숫자는 적지만 남해현의 동천곶과 진주목의 흥선도(현재 남해의 창선도)는 남해안을 대표하는 목장이었다. 단종 때(1453)는 '마정(馬政)'을 국가의 중대사로 여기며 남해안에 다수의 목장을 설치했는데, 동천곶은 말을 3,000필 놓아 기를 수 있는 곳이라는 의정부의 주청에 따라 목장을 설치하고 말을 관리하는 점마별감(點馬別監)까지 두었다. 이곳은 효종 때까지 유지되다가 방목하는 말 때문에 백성의 피해가 심각하다는 관찰사의 상소로 1655년에 폐지되었다. 흥선도 목장의 설치 시기는 알 수 없지만 1469년 편찬된 『경상도속찬지리지』에는 목장의 둘레가 61리이고, 말이 737필 사육되고 있다고 하였다. 이곳은 기후가 따뜻하고, 물과 풀이 풍성하며, 일정한 면적에 섬이라는 고립성으로 말미암아 말을 방목하기에 적합하였다. 조정에서는 이곳

을 관리하기 위하여 감목관을 1명 두었는데, 19세기 말까지 쇠퇴하기는 했지만 목장은 여전히 지속되었다.

현재는 경남에서 분리된 부산 동래의 오해야항에는 말이 793필, 울산의 방어진에도 말이 360필 방목되는 큰 목장이었다.

4. 어업조합과 어시장의 출현

임진왜란 이전까지 중농억상 정책의 영향으로 상업유통은 그다지 발전하지 않았다. 영조 때인 1770년에는 전국 1,064곳(경상도 278곳, 26.1%)에 장시가 개설되었고, 1936년에는 전국에 1,497곳(경상도 241곳, 16.1%)의 시장이 있었다. 경남의 241곳 시장 중에서 수산물이나 청과 등을 위탁받아 경매를 진행했던 중앙도매시장인 '제3호 시장'은 5곳 있었다. 이 숫자는 전국 41개소 중에 12.2%를 차지하여 비중은 그다지 높지 않았지만 전국의 연간 거래액 1,205만원 중에 274.7만원(28.0%)을 차지할 정도로 비중은 높았다. 이것은 남해안지역에서 일본 어민들이 노획했던 생선의 판로를 개척하려고 노력했던 조선총독부의 정책과 밀접한 관련이 있었다.

일본은 조선을 병탄하기 전부터 이미 '수산조합'의 설립을 통해 조선 해역에서 자국에서 필요한 어(魚)자원을 남획하였다. 대한제국시기인 1908년에는 농상공부의 인가를 받아

'거제한산가조어기조합(巨濟閑山加助漁基組合)'과 '거제한산모곽전조합(巨濟閑山毛藿田組合)'을 설립하여 조선 어민들에 대한 수탈을 더 하였다. 조선을 병탄한 후에 일제의 지배가 강화되면서 어업조합을 통해 조업이나 수산물의 판매가 이루어졌고, 필요한 금융업무는 총독부 산하의 체신국을 통해 지원되었다.

당시 남해안지역 어업은 통영을 중심으로 이루어졌는데, 1926년 관내의 어업조합은 거제(1912년 창립)·남포(1914)·한산면(1914)·장승포(1915)·가조(1917)·송진(1917)·광도 온망(1919)·동항(1921) 등 8곳이나 조직되어 있었다. 특히, 동항리어업조합은 1925년경에 욕지어업조합으로 명칭이 변경되었는데, 1928년 현재 위치로 청사를 이전할 무렵에는 전국에서 어획량이 제일 많았던 곳으로 연화도·노대도·두미도에도 별도의 출장소를 둘 정도로 조업에 활황을 이루었다. 뿐만 아니라 욕지도 근해에는 일제강점기부터 고래잡이가 상당히 성행하여 해방 후에도 오랜 기간 지속되었다. 고래가 몰려드는 겨울과 봄철에는 동해의 울산 방어진과 포항 구룡포에서까지 포경선이 몰려들어 참고래·밍크고래·상괭이 등을 잡아서 일

포경선이 몰려들고, 파시가 열렸던 욕지도 좌부랑개 선창

본이나 중국으로 수출하였다고 전한다.

이외에도 남해안 섬지역의 포구에는 곳곳에 소규모의 어판장이나 '파시'가 열려 개별적으로 수산물을 거래하기도 하였다. 풍부한 어획량과 멸치를 포함한 다양한 어종이 잡혔던 욕지도에서는 일제 때에는 연중 내내 파시가 열렸지만 1970년대가 되면서 점차 쇠퇴하다가 소멸의 길을 걸었다.

〈참고문헌〉

『동국이상국집』권5.

『삼국유사』권1「연오랑 세오녀」.

『세종실록 · 지리지』.

『신증동국여지승람』.

『여지도』, 『지승』(규장각 한국학연구원).

『진남군지』(규장각 한국한연구원).

「두룡포 기사비(頭龍浦記事碑)」.

거제시지편찬위원회, 『거제시지』하권, 2002.

남해군지편찬위원회, 『남해군지』, 2010.

통영시사편찬위원회, 『통영시사』2권, 2018.

경상남도사편찬위원회, 『경상남도사』제7권, 2020.

현지답사.

거제 사등성 전경

V

전쟁과 섬 _ 전갑생

V. 전쟁과 섬

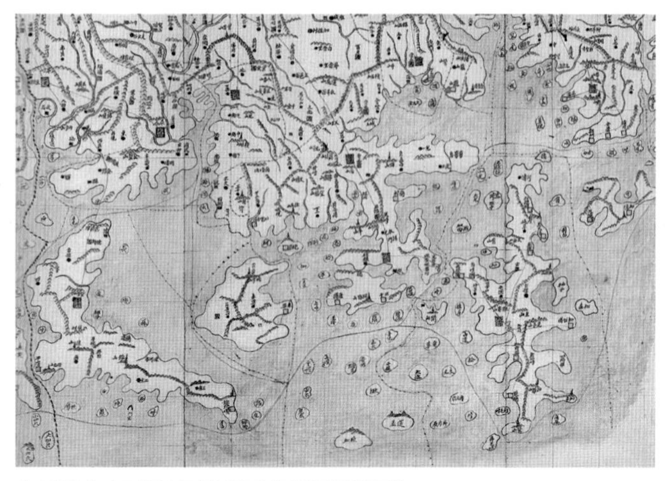

| 19세기 지도 『동여도(東輿圖)』(국립중앙박물관)

"해도(海島)의 백성은 침학(侵虐)에 시달려서 살아갈 수가 없다."『경세유표』

섬은 바다의 길을 통해 서로 다른 세계를 연결하고 새로운 문물을 전달하는 교량이었다. 하지만 고대부터 섬은 육지와 바닷길을 연결하는 통로였지만 침략과 약탈의 경계선에 서 있었다. 시대에 따라 섬은 수도와 먼 거리에 있는 고도(孤島), 정치인들의 유배지, 외세의 침략에 피난처, 수용소와 같은 격리시설로 활용되어 왔다. 앞에 긍정적인 측면에서 섬은 다른 세계와 연결하고 문물을 전달해 왔지만 육지와의 장벽이나 이동의 단절을 내포하고 있었다. 『경세유표』에서 지적한 섬사람들은 중앙정부나 외부로부터 '집단 괴롭힘(참학)'을 당하는 상징적인 장소가 되었다. 이는 육지인 혹은 중앙정부가 섬을 '변경(Fringeland)'이라고 인식하면서 국경선 또는 경계선을 긋고 나서부터다. 인류학자 프레더릭 터너는 '선(線)'으로서의 국경이 아니라 '영역으로서의 변경'이라고 지적했다. 터너는 변경이란 국가/국민을 서로 분리시키는 선이 아니라 오히려 서서히 이동할 가능성이 있는 영역이라고 규정했다. 그러나 국가는 섬사람들을 '국민'이라고 인식하기보다 활용과 집단 괴롭힘에 가중치를 두고 있었다.

중세 이후 경남의 여러 섬들은 중국과 일본으로 문물을 전달하는 '교량'이었고 교역자였지만 정복전쟁에서 막대한 피해자였다. 고려에서 한국전쟁에 이르는 시대에 경남의 섬들은 어떤 곳인지 주요한 사건 속에서 의미를 찾아보려고 한다.

1. 전쟁을 피해 섬으로 : 여몽전쟁과 섬

경남의 바다에 바둑알처럼 흩어져 있는 다도해가 육지와 가까이 있거나 넓은 바다에 홀로 서 있다. 이 섬들은 거제와 남해를 비롯해 400여 개의 유·무인도이지만 역사에 자주 등장하지 않았다. 경남 남해안의 주요 섬들은 거제와 남해·창선을 비롯해 김해와 웅천에 죽도(竹島)·유덕도(有德島)·

감물도, 사천의 수도(水島)·구량도(仇良島)·초도(草島)·저도(楮島), 고성과 통영에 내초도(內草島)·갈도(葛島)·비산도(非山島)·가배도(加背島)·추라도·노대도·욕지도·연화도·주원도 등 여러 부속 섬들로 이뤄져 있다. 이들 섬 중에서도 고려시대에 자주 등장하는 섬은 거제와 남해 등인데 외세의 침략에 피난처로서 언급되고 있을 뿐이다. 그만큼 경남의 여러 섬들에서 일어난 사건과 민중들의 저항은 여러 문헌에서 구체적으로 설명해 주지 않고 있다. 『고려사』『고려사절요』에서 경남의 주요 섬들은 어떤 정치인들이나 승려들을 유배시킨 사실과 대마도나 류큐(지금의 오키나와)인들이 표류해 왔다는 짧은 이야기에 등장하고 있다. 국가 간의 전쟁에서 경남의 섬들은 어떤 역할을 담당했을까. 1231년부터 40년 동안 고려 민중들은 몽고제국와의 항쟁에서 저항과 피난처에서 싸워야 했다. 여러 차례의 몽고 침입은 고려의 수도마저 강화도로 옮겨야 했다. 육지 사람들은 국가의 명령에 따라 정든 고향을 버리고 섬으로 들어가 자신을 지키고 싸워야 했다. 이를 해도입보(海島入保)라고 불린다.

몽고군이 침입해 남쪽으로 계속 점령해 들어왔다. 1254년 3월 6일 노연 북계병마사(北界兵馬使)가 "몽고의 병선 7척이 갈도를 침략하여 30호를 포로로 잡아갔습니다."라고 했다.이처럼 여러 지역에서 몽고군이 물밀 듯 고려를 점령하고 있었다. 고려 정부는 1253년부터 북계(지금의 평안도 지역) 사람들을 대거 섬으로 들어가도록 명령을 내렸다. 고종 41년(1254) 2월 고려 정부는 경상도 외 3도와 동·서해도에 사자를 파견해 산성과 바다 섬의 피난처를 순찰하고 논과 밭을 지급케 했다. 상당수 육지 사람들이 섬으로 들어간 것으로 보인다. 1256년부터 대장군 송길유는 경상도 수로방호별감(水路防護別監)이라는 직책까지 맡아 경상도 일대 현을 돌면서 민중들을 섬으로 들어가 지키도록 독촉했다. 『고려사』 열전편에서 그는 "만약 명령을 따르지 않는 자가 있으면 반드시 때려 죽였다. 혹은 긴 밧줄로 사람의 목을 연달아 묶은 다음 별초(別抄)들로 하여금 끌고 가서 물속으로 던졌다가 거의 죽을 지경이 되면 끄집어내고, 조금 깨어나면 다시 반복"하였고 "민중들이 재산이 아까워 이주하기를 싫어할까 염려하여 그들의 초막과 돈, 곡식을 불사르니, 죽은 자들이 열에 여덟, 아홉이었다."라고 강제 이주 과정에서 폭력을 행사한 것이다. 1255년 3월 9일자 『고려사』에서 고려 정부는 각 도의 군현에서 산성과 섬으로 들어간 육지인 모두 육지로 돌아가라고 명령을 내렸다. 그러나 몽고의 2차 침입으로 육지 사람들은 다시 산성이나 섬으로 피난했다.

『고려사』 열전 권1 표지(국사편찬위원회)

2. 삼별초항쟁과 섬

몽골과의 전쟁에서 무인정권 아래 정예군 별초(훗날 삼별초)는 개경에서 강화도로 천도한 뒤에도, 경상도 일대 섬들에 파견되어 방어에 주력했다. 1270년에 원종이 몽고에 복속을 선언하자 장군 배중손을 비롯한 삼별초는 고려의 개경정부와 몽고에 저항하기 시작했다. 이들은 강화도에서 진도로 옮겨와 정부군과 몽고군과의 일전을 불사하면서 서해와 남해안 지역을 장악하고 있었다. 개경정부와 몽고군은 삼별초를 진압하고자 대규모 군사들을 보내 각지에서 '토벌' 작전에 나섰다. 1271년 5월 배중손의 전사 이후 삼별초는 진도에서 제주도로 남하하면서 거제, 남해 등지 섬들을 점령하기 시작했다. 다급한 개경정부는 1272년 5월 원나라를 끌어들여 삼별초 진압에 나서고 있었다. 이 기세에 밀리지 않은 삼별초는 1272년 12월 15일 거제현에 들어가 전함 3척을 불사르고 현령을 붙잡아갔다. 결국 정부는 거제현에 거주하는 관리와 그 식솔까지 거창군 가조현에 모두 강제 이주시키고 말았다. 거제 사람들이 삼별초에 얼마나 적극적으로 협력했는지 알 수 있는 대목이다. 그 결과 거제현 사람들은 행정공백에 따라 관청과 명칭마저 사라진 상태에서 151년 동안 육지 여러 곳으로 흩어졌다. 그 공백 속에 거제도는 병역이나 도망자들의 안식처로 바뀌었다. 설상가상으로 거제와 남해 등지에 왜구가 출몰해 더욱 피폐해지고 있었다.

3. 왜구와 섬 : 정든 고향에서 떠나다

고려는 몽고와의 전쟁과 삼별초 항쟁 등을 겪으면서 왜구와의 전쟁으로 이어져 연속 전쟁에서 벗어나지 못했다. 특히 피해가 심각한 곳은 경남 지역 일대의 섬과 육지였다. 경남 일대 섬들은 대마도와 인접해 왜구의 피해를 감내하지 않을 수 없었다. 고려 말 극심해 지는 해적의 피해에 중앙정부의 역할보다 개개인의 장수들이 지역을 방어하고 있었다.

경남 지역의 왜구 침략 사례를 보면 1223년 5월 금주(지금의 김해)에 왜구가 노략질을 하더니, 1225년 4월 왜선 2척이 경남 일대에 침략해 노략질을 일삼다가 군대에 진압되었다. 연이어 1226년 2월 25일 거제현령 진용갑(陳龍甲)이 수군을 이끌고 사도(沙島)에서 싸워 2명의 목을 베자 적들이 밤에 달아났다. 여러 차례 왜구의 침략이 늘어나자 고려에서 대응하기 시작했다. 1227년 5월 17일 일본국은 적선이 변방을 침략한 죄를 사죄하고 고려와의 외교관계를 맺자고 요청했다. 고려는 일본과 대대로 우호를 맺어왔지만 왜적의 침략으로 불편한 관계였다. 일본국 출신 해적들이 서해와 남해안에 자주 출몰해 약탈과 살인을 거듭했다. 같은 해 7월 고려는 일본에 사신을 파견해 해적 행위를 엄단해 달라고 요청했다.

왜구의 거제 침략 이후 약 37년 지난 뒤 1263년 4월 왜구가 금주 관내의 웅신현(熊神縣, 지금의 창원) 물도(勿島)에 쳐들어와서 여러 지역의 공물 수송선을 약탈했다. 물도에 침입한 왜구가 대마도에 본거지를 둔 왜인이었다. 1289년 12월 왜구가 지금의 통영 연화도와 저전도(楮田島)에 정박할 정도로 수시로 침범하고 있었다.

그 뒤 잠잠하던 왜구들이 1350년 2월 고성·죽림·거제를 노략질하자 합포천호(合浦千戶) 최선(崔禪)과 도령(都領) 양관(梁琯) 등이 전투를 벌여 격파하고 적 300여 명을 죽였다. 남해는 1351년 11월과 1361년 3월에 왜적이 들어와 노략질뿐만 아니라 관청이 불타는 등 큰 피해를 입었다. 4월에 고성과 거제에도 남해와 같은 피해를 입었다.

| 거제 둔덕기성의 복원된 성벽

이들 섬들은 여러 차례 왜구들의 내·외부로부터 침입에 시달려야 했다. 앞에서 살펴본 왜구들의 침입은 외부로부터 시작된 침략이었다. 반면 투항해 귀화한 왜구들이 거제나 남해 일대에 거주하다 도망치거나 피해를 입혔다. 1369년 8월 11일 거제와 남해에서 귀화한 왜인들이 고려를 배신하고 자기 나라로 돌아갔다. 12월 26일 왜인들이 거제에 거주하기를 원하면서 '영원히 화친을 맺겠다'고 했으나 그 틈을 노려 노략질했다.

이처럼 왜구의 침략이 경남 일대에 자주 발생하자 고려는 본거지 대미도를 정벌하고자 했다. 그 계기가 남해 관음포에서 왜선 120척 중 17척을 불태우고 2,000여 명의 왜구를 죽이거나 포로로 삼았다. 관음포 전투 이후 공양왕 원년 2월에 경상도 원수 박위는 전함 100척으로 대마도를 정벌해 왜선 300척과 해변의 집들을 대부분 불태웠다. 원수 김종연(金宗衍)·최칠석(崔七夕)·박자안(朴子安) 등이 연이어 대마도 정벌에 나서 본국에서 잡혀갔던 남녀 100여 인을 찾아내어 돌아왔다. 그러나 대마도 정벌은 1281년에 이어서 여러 번 이어졌으나 왜구의 활동을 잠재우지 못했다. 대마도 내의 왜구들은 큰 섬 6개와 나머지 100여 개의 작은 섬에 흩어져 근거지를 유지하고 있었다. 따라서 완전한 왜구의 소탕전은 쉽지 않았다. 1388년 8월 왜구가 거제를 노략질하였는데, 진무(鎭撫) 한원철(韓元哲)이 배 1척을 노획하고 18명의 머리를 베었다.

이 시기 경남 지역 남해·거제도를 비롯해 20개의 섬들은 "토지가 모두 비옥하고 생선과 소금을 얻을 수 있는 이익"을 얻을 수 있었다. 하지만 왜구의 침입을 우려해 섬사람들이 섬을 버리고 육지로 가버렸다. 개경정부는 다시 섬을 찾고 민중들의 거주를 돕고자 5군의 장수들과 8도의 군관들, 천호(千戶)와 백호(百戶)들에게 지위와 군사 동원권뿐만 아니라 크고 작은 바다 섬을 식읍(食邑)으로 삼게 하여 자손들에게 물려줄 수 있도록 막대한 재산까지 주는 정책을 제시했다. 이에 정부는 "민중들은 부유해져서 〈인구가 늘어나〉 밥 짓는 연기가 서로 이어지고 개와 닭의 짓는 소리도 서로 들릴 것입니다. 인민은 생선과 소금의 이익을 얻을 수 있고 나라에서는 군량을 실어 나르는 걱정이 없어지니 조상들의 토지는 다시 오늘날에 온전하게 될 것입니다."라고 긍정적으로 판단했다. 이러한 정책이 어떻게 실행되었는지 정확하게 알 수 없지만 하나의 사례가 있었다. 1392년 3월 19일 왜구가 경상도를 노략질하니 구라도(仇羅島, 지금의 사천 늑도)만호 이흥인(李興仁)이 공격하여 파하고 전함을 획득하여 바치니, 쌀 20석을 하사하였다. 이흥인이 말하기를, "이것이 어찌 신 혼자만의 힘이겠습니까?"라고 하고 모두 술을 만들어 사졸들이 마시게 했다.

고려시대 경남지역 섬들은 몽고군과 왜구의 침입에 긴 세월 동안 불안한 삶에서 벗어나지 못해 강제 이주를 선택해야 했다. 문헌에 나타나지 않은 작은 섬사람들은 큰 섬보다 더욱 열악한 환경에서 피해를 고스란히 받아야 하지 않았을까.

4. 임진왜란과 섬 : 7년 전쟁이 남긴 이야기

이성계의 위화도 회군 이후 건국된 조선은 세종과 세조 때 이종무의 대마도 정벌과 경남 지역 주요 섬에 수군의 진영이나 보 등을 설치해 해안과 마을을 보호하는데 앞장섰다. 일본인들과 대마도 사람들이 거제도와 통영 인근 섬에서 고기잡이에 나설 정도였다. 그러나 중종 때에 부산, 내이포, 염포의 집단거류지 일본인들과 대마도주 아들 소사다모리[宗貞盛] 등을 규합해 삼포왜란을 일으켜 거제도를 비롯한 주

| 거제 사등성의 복원된 성벽 일부

요 섬들까지 큰 피해를 당하고 말았다.

소사다모리 등은 왜선 1천여 척을 거느리고 거제의 북단인 영등포로 침입을 기도하였다. 영등포는 부산포에서 웅천을 연결하는 해상항로의 중간 기착지로서 진이 설치되어 있던 해안의 군사 요충지였다. 영등포 군민이 이를 격퇴하였다. 그래서 같은 달 병신일에 왜구는 병력의 반을 주물도에 주둔시켜 거제현을 계속 공격하고, 나머지는 웅천, 부산포 등지로 이동시켰다.

이어 초닷샛날 밝을녘에 왜적은 큰 배 5척을 타고 하청리(河淸里)에 도착하였다. 거제 현령(巨濟縣令) 오세한(吳世翰)이 군사 50여 명을 거느리고 쫓아가 왜적 1백여 명이 육지로 내려와 민가를 수색하였다. 왜적이 화살을 맞고 바다에 떨어졌으므로 쫓아가 목을 베지는 못하였다. 적선 4척은 '멀리 바다 가운데로 들어갔으므로 쫓아가 잡지 못하였다.

1512년 다시 임신조약으로 왜관이 개설되기 전까지 불안한 평시가 유지되고 있었다. 그러나 중종 18년(1523) 4월에는 왜적이 거제를 비롯하여 남해, 욕지도까지 침략하여 큰 피해를 입혔다. 중종 39년(1544) 9월에는 왜선이 고성 앞바다 사량을 침략하는 사량왜변이 있었고, 명종 10년(1555) 5월에는 전라도 영암을 침략한 을묘왜변이 발발하는 등 끊임없이 일본의 침략을 받아야 했다. 결국은 선조로 넘어가서 임진왜란이란 큰 전쟁을 맞아야 했다.

1592년 5월 도요토미 히데요시가 전국의 번들을 통합시켜 명나라를 정벌하고자 대마도주의 길잡이로 조선을 침략했다. 조선의 육지는 일본군의 파죽지세의 점령과 노략질에 신음하고 있었다. 육지와 달리 조선수군은 1592년 5월 7일 옥포해전을 시작으로 울표해전(음6월 7일), 한산도 대첩(음7월 8일), 장문포 해전(1554. 음10. 4), 칠천량해전(1597. 음7. 16), 노량해전(1598. 음11. 19)에 이르기까지 연전연승하고 있었다.

정유재란 시기 일본군은 장목면 송진포, 영등포, 견내량 등지에 왜성(倭城)을 쌓고 조선수군에 반격을 준비하고 있었다. 또한 조선수군의 연승을 주도한 이순신은 모략으로 백의종군의 길로 건고 있었고, 원균은 칠천량 해전을 준비하고 있었다.

| 거제 견내량 왜성 석축 전경(유리건판 031437) (국립중앙박물관)

원균은 1597년 2월 25일 전후로 통제사로 부임하였다. 하지만 이순신을 따르고 있던 부장들이 원균의 명령을 따르지 않고 있었다. 이원익은 수군을 둘로 나누어 한편은 한산도에 머물고, 다른 한편은 해로를 차단하라는 명령을 내렸다. 그런데 원균은 도체찰사의 명령에도 불구하고 해상 출동을 거부하다가, 6월 18일 부산으로 출항하였다. 칠천량해전은 사실 이때부터 시작된 것인데, 그 이유는 이후 해전이 끝날 때까지 작전 상황이 계속되었기 때문이다.

첫 출동 결과는 6월말에 올라온 도체찰사의 전황 보고를 통해 살펴볼 수 있다. 이 보고에 따르면, 원균은 6월 19일 안골포와 가덕도에서 소규모 해전을 치렀는데, 안골포에서 일본 군선 2척을 빼앗고 가덕도에서도 추격전 끝에 군선 여러 척을 포획하였다. 반면에 일본군의 반격으로 평산만호 김축과 보성군수 안홍국 등이 전사하였다. 7월 4~5일 사이에 칠천량해전의 두 번째 출동이 이루어졌다. 7월 8일 조선함대는 소규모 전투를 벌여 일본 전선 10여 척을 격파하였다. 본격적인 칠천량해전은 7월 14일에야 벌어졌다. 원균은 이날 새벽에 출항하여 부산 앞 바다에 도착한 후 일본함대와 해전을 시도하였다. 그러나 일본 함대는 회피 전술을 계속하면서 원균 함대를 지치게 만들었다. 이것은 원균 함대의 세력이 성대한 것을 보고 처음에는 맞서 싸울 의사가 없었기 때문이다.

이날 원균은 일본 함대를 추격하여 부산 앞 바다의 물마루를 지난 전선의 운용이 어려운 지점까지 이르렀는데, 여기서 풍랑을 만나 함대 일부가 표류하여 흩어졌다. 원균이 함대를 겨우 수습하고 회항하여 정박하기 위해 가덕도에 도착했을 때에는 오후 늦은 시간이었다. 이때부터는 기상이 나빠지면서 함대 일부가 표류했을 뿐 아니라, 정박지에 도착한 함대의 전 병력이 피로에 지친 어려운 상황이 되었다.

이 때문에 원균 함대는 가덕도에 도착한 후 물을 구하기 위해 곧바로 상륙하였다. 그러나 가덕도에는 다카하시 나오츠구[高橋直次] 등의 일본 육군이 매복하고 있었고, 그들은 상륙한 조선 수군 약 400명을 살해하였다. 원균 함대는 물을 얻지 못한 채 다시 거제도 북단의 영등포로 이동했는데, 이곳에도 일본군이 매복하고 있었다.

이튿날 15일은 아침부터 비가 내리면서 계속 악천후였다. 원균은 오후에 풍랑을 무릅쓰고 영등포에서 칠천량으로 이동했다. 원균 함대의 이동 상황을 파악하고 있던 일본 함대는 이날 밤에 출동하여 칠천량 주변을 에워싸기 시작했다. 일본 수군은 준비한 전략전술대로 조선 함대를 습격하기 위해 수백 척을 동원하여 포위를 마친 후, 16일 새벽 4시쯤 공격을 시작했다. 이틀 동안 계속된 악천후 속의 항해 때문에 피로에 지쳤던 조선 함대는 전투의 기본 원칙인 경계마저 제대로 하지 않아 일본 함대의 접근과 포위 사실을 모르고 있다가 습격을 당한 것이다.

이 해전은 전선 한 척을 일본군선 여러 척이 포위한 후 병력이 우리 배에 뛰어들어 육박전을 벌이는 전형적인 일본식 전술대로 이루어졌다. 새벽부터 시작된 전투는 오전 8시경, 칠천량 남단 부근에서 탈출하려는 원균 함대와 이를 막는 일본 함대간의 격전으로 이어졌다. 여기서 원균 함대는 두 방향으로 나누어 탈출했는데, 하나는 진해만 쪽으로 향했고, 다른 하나는 거제도 해안을 타고 서남쪽으로 한산도를 향해 나아갔다. 이때 진해만으로 향한 함대는 일본군에게 섬멸되었고, 칠천량을 빠져 나와 거제도 연안을 따라 남진한 함대에 원균과 배설이 함께 있었다. 배설은 견내량을 거쳐 한산도로 탈출에 성공하였지만, 원균은 고성 추월포까지 물러나 상륙했다. 결국 칠천량 해전은 통제사 원균을 비롯해 전라우수사 이억기, 충청수사 최호 등이 전사하고, 경상우수사 배설과 함께 탈출한 십여 척을 제외한 모든 전선이 일본 함대에게 전멸되었다.

|『회본태합기』 칠천량전투(국립중앙도서관)

조선 수군이 칠천량 해전에서 패배한 원인을 짚어보면 다음과 같다. 첫째, 수군의 작전권이 통제사가 아닌 체찰사와 도원수에게 속해 있었다는 점이다. 둘째, '도망'을 들 수 있는데, 해전 이후 조선 수군이 전투에 임해 싸우지 않고 도망함으로써 패전을 자초했다고 지적할 수 있다. 셋째, 원균의 지휘 책임을 들 수 있다. 습격을 받은 후 함대를 통솔하지 못한 점, 함대 세력을 보존하지 못한 점, 경계에 실패한 점

등은 그가 지휘 책임을 면할 수 없는 사항들이다.

5. 일제침략과 섬: 러일전쟁과 태평양전쟁기 섬의 군사기지 건설

임진왜란·정유재란 이후 경남의 여러 섬들에 일본군이나 왜적의 충돌이 완전하게 사라진 것은 아니었다. 소규모 충돌은 대한해협과 주요 섬들에서 간혹 발생했지만 전쟁으로 이어지지 않았다. 1876년 강화도 조약 이후 부산을 비롯한 개항장 개설과 경남 일대 해안에서 일본 어업자들이 계절마다 찾아와 조선인 어부들과 잦은 갈등을 보였다. 갑오농민전쟁과 청일전쟁은 조선에서 또 다른 연속 전쟁의 소용돌이로 빠져들게 만들었다.

대한제국의 마산포 개항(1899년) 과정에서 러시아는 마산포에 동양 함대 조차지를 설정하자 일본이 저지하기 위해 갈등을 표출했다. 이에 러시아는 거제 저구미(지금의 남부면 저구)에 다시 조차하려고 하자 일본이 한국정부를 압박해 실패를 거듭했다. 1899년 10월 11일 일본해군 야마토[大和] 함장 오다 모리자네[大田晟実]는 러시아

| 러시아 발틱함대 (TOPWAR, 2013. 5. 15)

함대의 이동과 거제도 및 마산포 부근에서 활동하는 것을 본국에 매일 보고하고 있었다. 1901년 2월 말부터 러시아 함대는 거제도의 가조도, 칠천도에서 측량 작업을 시작해 3월 19일 한산도 서쪽 수도(水島)에서 실탄 사격 연습하면서 위력을 과시했다. 이처럼 러·일의 갈등은 대한제국과 만주의 우선권을 놓고 양보 없는 쟁탈전이었다.

1) 군사 식민지 : 민간 토지, 군사용 토지로

1904년 2월 8일 인천항에서 일본은 러시아 군함 2척을 공격하고 부산과 마산에 병력을 상륙시키면서 서울에도 200명의 수비대를 주둔케 했다. 2월 10일 러일전쟁이 본격적으로 개시되었다. 전쟁 중에 일본군은 거제도, 한산도 등 주요 섬들을 매수해 군용지로 묶고 있었다. 지역 섬사람들은 일본군의 군사작전을 전혀 알지 못한 상태에서 군수 등에 호소했다. 거제군수를 비롯한 지방관리들은 상부에 일본군의 무단 점령해 군사시설하고 있음을 여러 차례 보고했으나 '기다려라' 혹은 '협조하라'라는 공문만 받았다. 각 섬에서 올라오는 호소문과 상소문이 빗발치자 한국정부 대신들은 일본과 토지 보상교섭을 시작했다. 송진포 방비대사령관은 일본 외무대신에게 "거제도 도민들의 토지 전답을 배상해야 한다"며 "도민들은 한국정부에 계속 탄원을 그치지 않고 있는 상태이므로 한국 관리와 협의해 합당한 배상을 해줄 수 있도록" 처리해 달라는 공문까지 보냈다.

2월 23일 대한제국은 일본의 무력시위와 점령에 '한일의 정서'를 강제 체결하면서 '일본군의 한국 내 군사상 필요한 토지를 수용하는 권리'를 갖게 했다. 이러한 사정을 알 수 없는 지방 관리들은 섬사람들의 호소에 대응하지도 못하고 있었다. 의정서 발표 이전부터 일본은 거제도, 한산도, 진해만 일대 여러 섬들에서 군사시설과 민간인 소유 토지 등을 점령해 무단으로 사용하고 있었다. 사후약방문이 된 토지 보상은 3월 18일부터 한국정부와 협의해 송진포, 구영등, 관포, 궁농, 광지말, 산성말, 실리도, 잠도, 소고도의 논밭뿐만 아니라 묘지 이장비까지 진행되고 있었다. 3월 29일 송진포 방비대 사령관은 마산영사 미우라에게 거제도 운방과 견내량 및 광리 마을, 한산도 연소, 한산도 항의 안포까지 값싸게 토지들을 매입하고 있었다. 이 일대의 토지배상금은 철거 가옥 84호 377칸이고 수용한 논밭만 3,018두 4승락으로 금액 12,742엔 64센이었다. 진해만 일대에서 일본군이 점령한 토지와 가옥들은 일제강점기에 육군·해군성에서 조선총독부로 이관되고 있었다.

2) 경남 남해안의 주요 섬들 군사화

1903년 6월부터 일본은 러시아와의 만주와 대한제국을 놓고 협상에 들어갔지만 팽팽한 평행선을 유지하고 있었다. 이때 12월 28일 일본은 진해만과 거제도 일대에 '가근거지방비준비대'와 '진해방비대'를 파견해 기지를 건설하도록 명령했다. 이 계획은 재한일본공사 하야시가 고무라 외무대신에게 대한해협의 장악할 필요에 따라 거제도와 진해만 일대 군사기지화 요청으로 이뤄진 것이다. 일본의 전시편제에 따라 거제 장목면 송진포리에 방비대사령관을 거제면 죽림포에서 통영, 고성, 창원 일대까지 작전지역으로 설정해 방어계획이 수립되었다. 진해만 일대는 일본이 마지막으로 러시아 해군과 일전을 벌일 곳으로 예상하고 대규모 군사시설물들을 건설한 곳이다. 일본은 쓰시마[對馬島]와 거제도, 진해만까지를 광범위한 군사작전지역으로 설정했는데 러시아 함대가 남아프리카 희망봉을 돌아서 온다는 소식을 듣고 이와 같은 작전을 수립하게 되었다.

1차 가근거지방비준비대는 13명의 병사가 후쿠오카[福岡]에서 거제도로 출발하는 것으로 시작되었다. 이들의 임무는 거제도에 설치된 각종 시설물 외에 각종 막사 등을 건설하는 데 있었다. 준비대는 병사(兵舍), 탄약고, 병원, 창고뿐만 아니라 거제 장목면 궁농 마을에 발전소, 관포 포대, 동부면 쌍근 포대 외에 병사와 탄약고 등을 추가로 건설하는 것이었다.

1904년 2월 6일 제6정찰대 외 29개 부대가 각지에 주둔하면서 건설을 담당하게 되었다. 2월 20일 준비대는 방비대로 개편되면서 12월부터 공사에 들어간 수력발전소, 포대, 신호소, 전등소 등을 완료하기에 이르렀다. 2월 1일 해군사령부는 3척의 함선을 진해만에 파견하고 별도의 신호소를 설치하기에 이른다. 추가로 설치된 신호소는 거제도 대금산, 계룡산 등에 각각 1개소씩 설치하여 죽림포의 신호연락을 할 수 있도록 하였다. 2월 6일 오후3시 일본해군 중좌(중령) 나카가와 시게미츠[中川重光] 외 3명은 계룡산 신호소를 설치하기 위해 고현만으로 들어와 이 지역을 측량하고, 대금산 신호소와 칠천도, 죽림포 등지의 시계 확보 및 남서쪽 해상을 감시하는 역할을 맡았다. 2월 7일 오후 1시 반 카이몬[海門] 함정의 다카하시[高橋]함장 등이 대금산 신호소를 설치하고자 대금산을 등정하여 설치장소를 물색했다. 이곳은 칠천도 부근의 시계를 확보하고 북동쪽 해상을 감시하는데 필요했다. 당시 두 신호소에는 소위와 하사 각각 1명, 신호병과 수병 3명이 근무했다. 또한 죽림포 부근 죽도(竹島)와 오수리에 13개의 부표를 설치했다. 3월 15일 진해만 일대, 5월 3일 죽림포만 일대, 5월 27일 통영만 일대의 수력발전소가 각각 완성되었다.

일본군의 포대는 거제도 북단과 남단에 각각 설치하였다. 이 포대는 전쟁을 준비하기 위하여 급조한 것이었다. 주요 포대는 거제도 칠천도의 서쪽 광이도(廣耳島, 지금의 대광이도와 소광이도)에 2개소, 앵

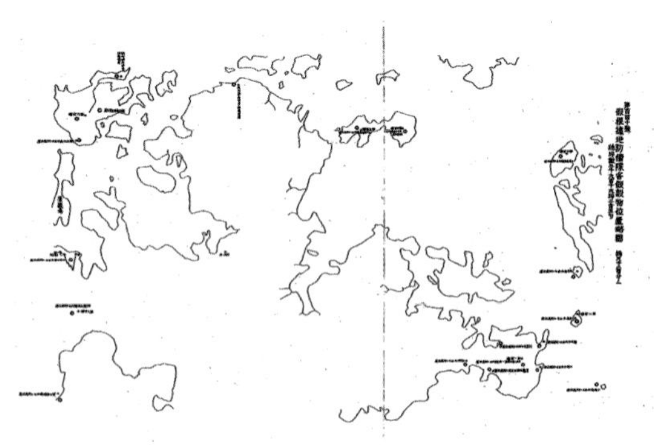

| 1904년 송진포 가근거지 방비대 각 가설물 위치 약도 (아시아역사자료센터)

도(鷲島·지금의 사등면 취도) 2개소, 창원 구산면 실리도(實里島) 1개소, 소고도 1개소, 견내량(임진왜란 당시 왜성터) 1개소, 쌍근 2개소, 한산도 4개소, 잠도(潛島·지금의 사량면 양지리) 등에 각각 설치되었다. 이들 지역은 임진왜란 당시 왜성(倭城)을 축성했던 곳이다. 견내량과 구영 등지는 일본군이 주둔했던 곳으로 알려져 있다.

4월 16일 송진주재소 보고서에서 가라산에 무선전신 설치공사와 함께 탑포 남쪽의 급경사를 넘어 운방리에 쌍근포대 공사는 인부 400여 명과 병력 350명이 상륙해 병사 및 인부수용 막사의 건축 및 도로 개설을 진행했다. 이들은 포대 2개소, 부설 수뢰 병영 1개소, 한산수도에 포대 1개소, 한상항구 포대 2개소, 부설 수뢰 병원 1개소, 견내량 포대 1개소 등을 기공할 예정이었다. 자세한 포대의 건설 날짜는 관포포대(3. 29), 광이도 포대(4. 8), 앵도 포대(4. 9), 실리도 포대(지금의 창원 구산면, 4. 10), 소고도 포대(지금의 거제도 북단 일명 소쿠리섬, 4. 11), 통영 수도포대(5. 13), 견내량 포대(5. 28), 쌍근 포대(5. 28), 한산항 포대(6.7) 등이다. 각 포대에는 일본군 50명에서 90명의 중대병력을 배치하고 준공 직후 시험 발포를 실시했다.

통신시설물들은 산 정상에 설치하여 쓰시마 사이에 연결되어 있는 해저전선과 이어졌다. 제일 먼저 설치된 가라산 정상의 무선전신소는 일본군 함선과 통신 외에도 쓰시마 기지와 연결되었고, 팔구포(八口浦)까지 무선전신을 연결했다. 그 외 신호소는 고현성(3. 7), 앵도(3. 31), 저도(지금의 거제 장목면 대통령 별장, 5. 3), 거제 동부면 가라산 무선전신소(5. 19), 한산도(5. 30), 가조도 옥녀봉(6. 4), 가조도(6. 4) 등이다. 전등은 앵도 심해(4. 18), 실리도심해(4. 19), 구영 부근 심해(4. 24), 광이도 부근 심해(5. 7) 등이다. 방재(防材)는 송진포항구(5. 16 칠천도 방재를 폐하고 5. 18 완성), 하청만 서구(2. 11 부설하여 5. 21 철거) 등이 있었다. 일본은 이렇게 거제도 곳곳에 군사시설물 설치가 완료되자, 5월 27일 일본 함선 10여 척을 진해만과 송진포 등지에 파견했다.

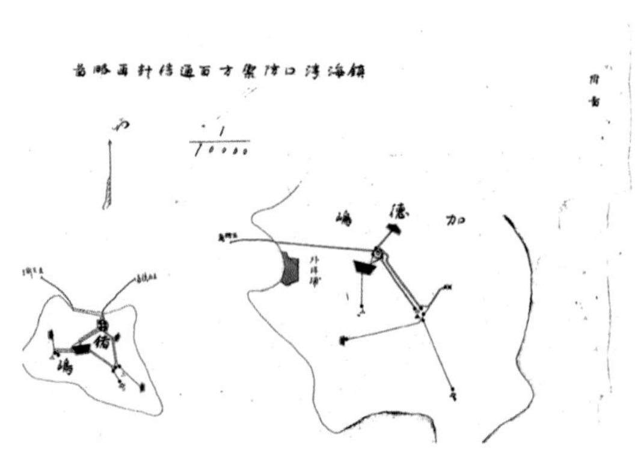

| 1904년 진해만구 방어방면 통신계획약도 (아시아역사자료센터)

3) 통제된 섬 : 끊임없는 한국인들의 시위

섬의 일본군 기지 주변에 일본인 상점들은 늘어나고 있었다. 그러나 기지 주변 한국인들은 이동과 검문의 대상이었다. 기지 건설이 완료되자 거제 송진포에 부산·마산에서 온 목욕업자 7명, 과자영업자 2명, 생선가게 2명, 소고기 및 야채 상점 20명이 이주했다. 거제 칠천도에도 통영과 마산에서 과자영업자와 상점운영자 7명이 들어왔고, 실리도에는 마산에서 건너온 일본인이 술과 소고기, 잡화류를 판매하고 있었다. 달라진 거제도와 실리도 뿐만 아니라 잠도와 한산도 일대 주요 섬에 일본인들이 대거 정주하고 있었다. 그 뿐이 아니었다. 1904년 2월 거제 송진포 방비대 입구에 설치된 송진주재소는 송진포의 한국인 가옥을 빌려 사무실로 삼았는데 "한국인들과 접촉하지 않고 항상 경계" 하고 있었다. 송진포 방비대 인근 도로에서 일본군은 한국인이 나타나면 무조건 내쫓았다. 반면 같은 해 3월 일본군이 송진포와 인근한 관포동에 가서 한국인들의 집에 함부로 들어가 욕하는 행패를 부렸다. 이에 여성들은 공포에 싸인 나머지 문밖으로 나올 수 없었다. 관포동 동장은 방비대에 방문해 강력하게 항의하고 군인들을 단속하라고 요구했다.

일본군의 토지 수용 과정에서 배상금이 제대로 지급되지 않아 섬사람들이 시위를 벌이기도 했다. 3월 16일 송진포 방비대 사령부와 군매점에서 사용하는 토지는 애초 송진포 사람들의 논밭이었다. 공사가 시작되자 사람들이 밤낮으로 공사장에서 시위를 벌였다. 이들은 "해당 토지 수용의 절차에 관한 사정은 알고 있었지만 아직껏 그 대상의 지불이 없다"며 보상을 요구하고 있었다. 그러나 방비대는 송진포 동민의 공사 구역 내에 출입하지 못하도록 무력을 행사했다. 하지만 파종기에 접어들자 거제도, 실리도, 잠도 등지 농민들은 기지 인근에서 농사를 짓겠다고 다시 시위를 시작했다. 모치하라 송진방비대 사령관은 현지에 나가 "공사상 불필요한 장소에는 언제라도 쓸 일이 있을 때는 반환한다는 조건을 붙여 농사를 허용"하는 내용을 동민들에게 설명했다. 병원기지 건설 때 토지소유주인 한국인이 나서 공사를 저지하며 항의했다. 4월 10일 실리도에서 포대의 시험발사 때 섬사람들이 강력하게 항의해 강제 소개를 당하기도 했다. 5월 22일 거제 죽림 일대에서 공사에 참여하는 일본군이 통영 부근에 가서 왕왕 추태와 행패를 부려 군사재판에 회부되었다.

이처럼 일본군은 한국인들의 토지를 강점하면서 배상비용을 제때 지불하지 않고 있었다. 4월 21일 한국인들은 방비대 수용지에 들어간 토지 보상을 끊임없이 요구하는 시위를 벌여도 일본군의 무력에 의해 진압되기 일쑤였다. 5월 24일 장목면 궁농동 동민들은 토지 보상 지불 방법을 놓고 거세게 항의하자 기지 사령관까지 나와 협상한 끝에 29일부터 정든 고향을 떠나 신촌 마을로 소개되었다. 일본군은 기지 주변의 한국인들의 토지를 함부로 매매하지 못하도록 강요하거나 체포해 구류 처분을 내렸다. 토지 보상이 마무리되자 잠도, 실리도, 송진동민들은 6월 9일 모두 마을에서 떠나 다른 지역으로 거주했다. 이렇게 마무리된 송진방비대 공사는 창원 잠도에서 송진포, 칠천도, 가조도, 한산도 주요 섬의 해안을 중심으로 중세 임진왜란 때 왜성터와 조선수군 군영터에서 이뤄졌다.

방비대 공사 시기 일본군 군함과 순양함, 어뢰를 장착한 소규모 함정 수뢰정, 구축함들이 여순에서 송진포로 속속 집결하고 있었다. 1904년 3월 1일부터 4월 18일까지 송진포에 입항한 군함들은 모두 29척이었다. 1905년 5월 27일 일본해군 연합함대는 사령장관 도고 헤이하치로를 중심으로 송진포항에서 출발해 대한해협에 도착해 러시아 발틱함대 후미를 쫓아가 기습공격을 가했다. 발틱함대 전체 38척 중 19척이 침몰하고 말았다. 이 계기로 패배한 발틱함대 병사들은 1917년 10월 혁명에 주도하는 세력이 되었다.

| 러시아 발틱함대(TOPWAR, 2013. 5. 15)

4) 끝나지 않은전쟁 : 태평양전쟁기 섬들의 군사기지화

러일전쟁기 일본군 군용지 중에서 국유지는 일본인 어업자들에게 싼값으로 대여하고 나머지 조선총독부로 이관되었다. 1912년 송진포의 방비대 토지 13,811평과 옛 병사 39개동은 일본인 어업자들로 구성된 조선해수산조합에 어업경영으로 매매되었다. 러일전쟁 이후 경남의 여러 섬은 다시 일본의 군사화에서 제외되지 않았다.

1909년 3월 거제 도장포와 조라도는 일본해군 구축함 주둔지와 작전구역으로 바뀌었다. 1924년 7월 장승포에 포탑 40㎜ 포대가 등장하고 1925년 2월 장승포와 가까운 능포리 양지암 일대 311,747평이 해군기지로 재지정되고 말았다. 장목면 이수도 4,194평과 하청면 연구리 황덕도 23,838평도 군사용지가 되었다. 중일전쟁을 앞두고 진해요새사령부는 1937년 3월 장목면 시방리 이수도·장목·송진포·구영·저도방어, 능포, 하청면 연구방어구, 사등면 덕호 방어구, 동부면 탑포·저구·쌍근 방어구, 한산면 하소·두억방어구 총 14개 구역에 군사기지를 신축했는데 러일전쟁기 포대나 기지였던 곳이다. 1938년 7월 거제 일운면 지심도에 포대 4개소·전등소 1개소·경계표찰·탄약고 4개소·벙커 2개소 외에 병사와 부속건물 등을 완공되었는데 시모노세키 오시마와 쓰시마 사오라키, 나가사키 에노시마·다하라우라와 함께 건설되었다. 해안지역의 방어 시설이 일

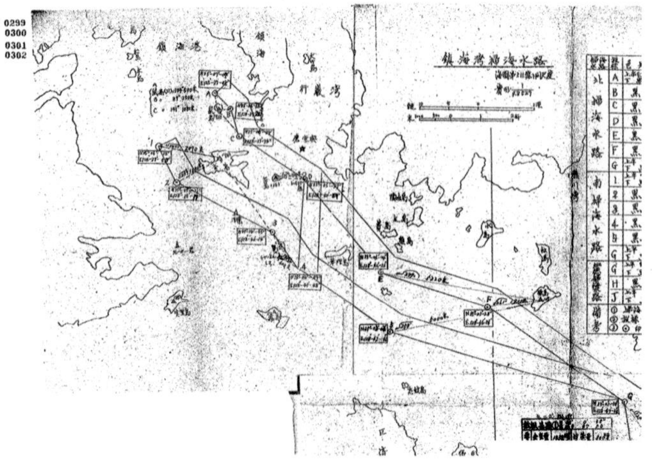

| 진해만탐해수로도(아시아역사자료센터)

본 지역과 동시에 건설되는 경향을 보였다.

특히 지금의 대통령 별장인 장목면 저도는 진해만 일대에 군사시설과 함께 일찍부터 늘어나고 있었다. 러일전쟁기 저도는 이미 포대와 주요 시설을 갖추고 있었지만 1926년 6월 연습창 건물과 장교실, 하사관실, 병사, 욕실, 취사장, 포대까지 새롭게 건설되었으며, 1937년 8월 마산중포병연대 부산방공대서지구대 저도요새로 재편되었고 1940년 8월 기존 포대를 확장시켜 재구축했다. 1932년 7잠수함대는 거제도 북동 1잠수전대 정박지로 구영 방어구를 삼았다.

태평양전쟁기 경남 지역은 진해경비부(나가사키의 이키·쓰시마·조선 포함)에 소속되어 진해해면방비부대(11부대·진해방비대), 부산해면방비부대(12부대), 13~18부대로 재편되었다. 진해방비대에 거제 양지암(방위위소)을 비롯해 거제도 전역, 창원 일대를 작전지역에 포함시켰다. 진해병단의 방공포대는 부도(釜島·지금의 진해), 통영 수도, 1942년 장목면 외포리 중포대 기지 외에도 지심도중포대, 양지암 방비위소 포대(준위 1명·하사관병 18명) 등이다. 1945년 6월과 7월 사이 지심도 포대와 양지암 방위소가 미군 폭격

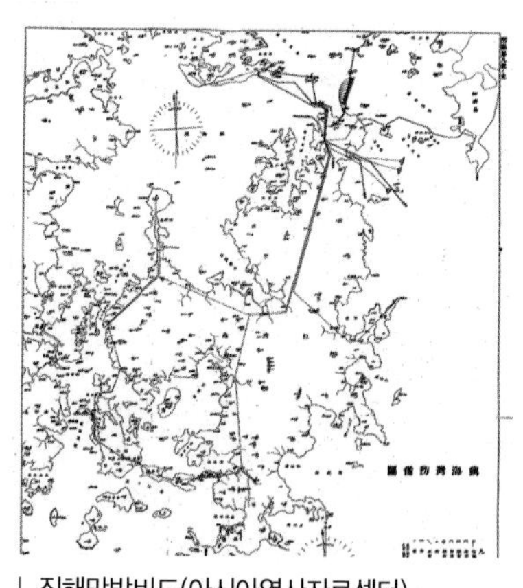

진해만방비도(아시아역사자료센터)

기에 의해 폭격을 맞았다. 10월 일본군이 미군에 제출한 경남 지역의 주요 섬 군사시설들을 보면 소모도 공병창고용 숙사 15,000평, 진해 부도 토지 767,000㎡와 화약고·병사, 잠도 포대와 부속건물 3동과 병사 2동, 양지암 방비위소(신호실·병사), 지심도와 외포리 포대 등의 시설·무기 현황 등을 보고했다. 미군은 지심도 등의 포와 무기를 바다에 수장시켰다.

6. 한국전쟁과 섬: 거제 포로수용소, 통영 용초도·추봉도의 포로수용소

1) 포로, 정치화된 이름들

전쟁포로는 몸값을 지불해야 고향으로 돌아갈 수 있었던 시대가 존재했다. 1648년 반종교개혁에 대한 보헤미아의 반란에서 벌어진 독일 30년 전쟁을 마무리 지은 베스트팔렌조약은 고대부터 이어진 포로의 몸값 지불 없는 송환을 약속했다. 이 조약 이후 프랑스 혁명에서 포로 처리에서 조건 없는 포로교환을 다루는 문서가 명문화되었다. 보아전쟁이나 남북전쟁에서도 포로의 규정은 지금과 다르지만 노예화되지 않고 귀향할 수 있었다. 조선은 1866년 통상을 요구한 미국 상선 셔먼호을 태우면서 미해군과 강화도에서 전투를 벌였다. 1871년 6월 10·11일 전투에서 조선군 20여 명이 포로로 잡혔지만 무사히 송환되었다. 그 이후 청일

전쟁, 러일전쟁, 아시아-태평양전쟁에 이르는 연속전쟁에서 포로들은 제네바 제1협약(1864년)부터 3협약(1949) 개정되기 이전까지 보호를 받을 수 있었다. 제네바 협약에 따라 포로수용소의 설치와 포로 처리를 규정한 국제적인 표준은 없었을까. 전쟁포로라는 명칭부터 수용소 건설 규정까지 세세한 부분을 알아보고 한국전쟁기 거제와 통영 용초·추봉도에 수용소가 어떻게 설립되었는지 살펴보자.

미국·영국·캐나다 등은 1929년 제네바협약 비준이후 포로수용소 및 포로처리를 위한 '표준화 절차'를 마련했다. 이 표준화의 정의에 보면 수용소 명칭과 포로처리, 등록절차 등이 포함되어 있었다. 그 뒤 1949년 8월 제네바 제3협약에 서명한 3국은 다시 일반적 표준화에 절차에 나섰는데 1950년 10월 21일 발효를 앞두고 스위스 베른에 2개 이상의 비준서를 예치한 후 표준화 연구하기 시작했다. 하지만 미국이나 중국, 소련 등은 제네바협약에 비준하지 않았으며 한국전쟁이라는 특수한 상황에서 서둘러 표준화 작업만 서둘렀다. 3국은 포로에게 주어지는 대우와 노역에 대해 1929년과 1949년 제네바 협약에 따른다고 결정했다. 표준화 절차를 마련한 위원회는 "규정된 한계 내에서 활용은 정부 정책 인력 부족과 개별 국가의 경제적 요구에 따라 결정된다."고 밝히고 "1949년 제네바 협약에 부합하는 절차를 제안"했으며 "포로기록은 1929년과 1949년 협약의 요건을 모두 충족할 것"이라고 강조했다. 하지만 위원회는 포로들의 기금 및 근무 실적과 금융거래 등을 표준화 절차에서 제외시켰다. 따라서 3국 위원회는 포로의 처우, 노역, 송환 부문에 표준화 절차를 시행한다고 결론을 내렸다. 수용소, 포로규정, 포로 등록 정의의 표준화에 의해 '실효적'으로 지속하자고 권고했다. 북한과 중국은 제네바 제3협약을 준수한다는 약속만 있었지만 구체적인 포로 표준절차를 발표하지 않았다.

미·영·캐 3국에서 제안한 표준화 내용을 살펴보기 전에 한국전쟁기 포로의 명칭이 어떻게 달라졌는지 짚어보지 않을 수 없다. 남·북한은 이념적·적대적 수사나 혐오 또는 비난, 정치적인 의사가 반영된 포로의 별칭을 사용했다. 한국군은 개전 초기부터 북한을 국가로 인정하지 않는다는 의미에서 '괴뢰군 포로' 또는 '북한 괴뢰군 포로' 외에도 북한인민군 점령 때 의용군에 편입된 '남한 출신 의용군'이나 전향한 북한군 포로를 '반공포로'라고 명명했다. 북한은 남한과 동일하게 '괴뢰군 포로', '국방군 포로', '남한군 포로'라고 지칭했다. 남북한의 포로 인식은 적대적 대립과 서로 혐오의 관계임을 분명하게 드러내고 있다. 미군은 북한군 포로와 중국인민지원군 포로에서 '공산포로', '반공포로', '비공산주의 포로' 등 세분화시켰다. 미군은 개전 초기 제네바협약에서 말하는 국가, 성별, 계급 분류에서 1951년 6월 이후 이념적·송환 유무나 포로들의 성향에 따라 정치적 분류화에 나섰다. 1953년 6월 18일 이승만의 지시에 따라 부산, 경북 영천 등 7개 수용소에서 탈출한 포로들은 '반공포로' 또는 '반공애국청년포로'라는 '애국' 프레임까지 겹쳐져 정치의 도

구화되었다. 이들 포로들은 지금까지 이승만에 의해 새롭게 '반공포로'로 태어났다는 의미에서 6월 18일을 '신생의 날' 이라고 부르기도 한다.

2) 포로의 표준화

앞에 3국에서 제안한 수용소 명칭과 용도는 다음과 같이 정의되었다. 첫째, 전쟁포로집결소(Prisoner of War Collecting Point 이하 집결소)는 최전방에서 포로들의 '전술적 가치'가 있는 정보를 얻기 위해 심문이나 집결시켜 만든 곳이다. 한국전쟁기 초기 한국군이나 미군은 전투현장에서 포획된 포로들을 가까운 노지나 부대 내에 낮은 울타리와 철조망을 설치해 일주일 이내 다른 곳으로 이동시켰다.

둘째, 임시포로수용소(Prisoner of War Cage)는 전쟁 포로들이 임시로 이송하고 추가적인 후송을 위해 임시 거처로 기존 건물 또는 밀폐된 지역에 설치되었다. 대표적인 임시 수용소는 인천소년형무소(1950. 9. 30), 대전형무소(1950. 7. 7) 등의 형무소와 영등포나 주문진(1952. 4), 원주(1951. 9. 31) 등이다. 셋째, 포로수용소(Prisoner of War Camp)는 포로 수용과 완전한 관리를 위해 병참기지 또는 비전투지역(영토)에 설치된 반영구적 시설을 말한다. 대표적인 곳은 거제도포로수용소와 부산포로수용소가 있다. 포로분소 또는 지소(Prisoner of War Branch Camp)는 포로수용소의 감독 및 행정 아래에 있는 것을 일컫는다. 1거제도포로수용소 분소인 1B용초도 포로분소수용소, 4영천민간인억류자 수용소의 4A대구노동포로수용소 등이 분소 성격을 지니고 있었다. 포로구역(Prisoner of War Enclosure)는 포로수용소의 구획이며, 포로 수용동(Prisoner of War Compound)은 전쟁포로구역의 하위인 포로구역의 최소 단위이다. 1952년 6월 거제도포로수용소는 15개 구역으로 나눠졌다. 용초도포로분소수용소는 1개 구역에 500명 단위로 8개 수용동으로 구성되었다.

포로등록 및 심문, 수용소 입소 절차의 표준화는 포로인식번호, 포로등록카드, 수용소 입소 절차, 송환 등이다. 포로인식번호는 앞에 국가(북한·남한·중국)를 기입하고 작전구역을 구분하는 숫자가 포함되었는데 2차 세계대전기와 크게 다르지 않았다. 북한인민군은 '63 NK'라고 국가번호와 국가명의 약자와 1~600,000번대까지이다. 중국인민지원군은 '70 CCF' 또는 'CVP'라고 표기하며 포로번호를 700,000번이다. 구 일본군 출신은 포로번호 800,000번대이며 국가명에서 침전 때의 국가명을 기입했다.

포로등록은 제네바협약과 각국의 포로처리 규정에 따라 성명, 계급, 출생일, 포로인식번호, 포획날짜, 본적 또는 주소, 부대명(군·사단·연대·중대·소대), 정면 사진, 지문 등을 상세히 적게 되며 포로 태그와 포로 포획카드를 추가했다. 이러한 포로의 처리는 보통 포로구역이나 수용소에서 이루어졌으나 포로교환 때까지 포로번호와 성명이 불일치해 큰 문제점으로 남았다. 필요한 경우 수용소 배정에서 보류된 포로의 처리 및 임시 구금을 위하여 포로 처리소를 별도로 설치할 수 있었다. 포로 등록과 심문이 동시에 진행되는 사례가 많았다. 이덕교는 지금 미국에 거주하고 있는데 2인천임시수용소(훗날 유엔군 2인천포로수용소)에서 포로등록과 간단한 심문을 받았고 다시 미8군 관할 부산1포로구역에서 추가 심문과 재등록 절차를 밟았다고 한다.

포로의 성격과 구성은 1949년 8월 제네바 3협약 제4조에 규정된 비전투원을 제외한 전투원이다. 따라서 한국전쟁기 포로는 충돌 당사자(남북한, 미군을 비롯한 유엔군)의 관할 수용소에 수용된 모든 사람들이라고 볼 수 있다. 포로 구성원은 북한인민군, 중국인민지원군으로 1차 국가별 분류와 그 구성원 내에서 민족별로 연변 남북한, 조선족, 재일조선인, 일본인 등이며 빨치산 또는 야산대, 남북한 피난민, 러시아인 등 다양했다. 한국정부와 미군은 공산주의·비공산주의, 반공주의로 이념별로 분류하고 다시 송환과 비송환 또는 '자원송환', 중립국행 포로로 분류하고자 했다. 북한·중국군 관할 수용소는 한국군을 비롯한 14개국 포로를 수용하고 있었다. 포로 분류가 국제협약과 달리 미군의 포로의 정치화 또는 심리전 도구에 활용하면서 새로운 국면을 맞았다.

한국전쟁기 제1거제도 전쟁포로수용소뿐만 아니라 전국에 흩어진 포로수용소는 정식으로 지정 총 16개소이며 임시수용소와 포로집결소까지 포함한다면 22개소이다. 포로는 북한인민군, 중국인민지원군과 피난민 등 다양한 성격을 지니고 있었다. 북한인민군 포로 중에는 1950년 6월 25일에 참전한 정규군과 9월 이후 북한 전역에 재 징집된 군인,

남한 점령지에서 차출된 의용군 출신, 재일조선인으로 나눠진다. 또한 중국인민지원군에는 일제강점기부터 팔로군에 복무한 군인, 대만과의 내전에서 포로된 국민당군, 연변 내 팔로군에 복무한 조선인, 관동군 출신 일본군 등 다양하다.

| 1952년 거제도수용소 내 포로들의 재교육 광경(NARA)

또한 남한 출신 의용군은 한국정부의 포로심사위원회에서 '민간인억류자(Civilian Internees)'로 재분류되었다. 이에 미국은 정치적 선전과 '완벽한 승리'에 이르지 못해 한국정부에서 재분류한 '민간인억류자'라고 지칭했다. 따라서 제네바 협약의 원칙에서 벗어난 재분류는 포로에서 민간인억류자를 만들어내기 위한 조치였다. 이러한 정치적 조치는 1949년 제네바 제3협약(16조 전쟁포로 협정의 인도주의적 원칙)의 위

반과 전쟁포로의 교육 프로그램의 위반(같은 제3협약 38조 위반, 교육 프로그램에 참여는 자발적으로 이뤄져야 함), 모든 포로들은 전쟁이 끝난 직후 모두 송환되어야 한다는 원칙의 위반으로 이어졌다.

표 1. 한국전쟁기 국내 설치된 전쟁포로수용소 현황

수용소명	설치일	규모	수용인원	비고
유엔 거제도제1전쟁포로수용소 (United Nations Prisoner of War Camp Number One, Koje-do)	1951. 1. 20~ 1954. 1. 5	8개 구역, 43개수용동 7개 구역, 41개 수용동	북한인민군 (송환, 42,675명) *비송환자(8명)	민간 거주지, 소개
유엔 거제도 제1수용소 분소 저구리 제1A포로수용소 (UN POW Branch no. 1A camp, 거제시 남부면 저구리)	1952. 6. 19~ 1953. 10. 21	3개 구역 22개 수용동	북한인민군 (송환, 11,735명)	〃
유엔 거제도 제1수용소 분소 용초도 제1B포로수용소 (UN POW Branch no. 1B camp, 통영시 한산면 용호리)	1952. 6. 19~ 1953. 8. 5 1953. 8. 5~ 1953. 3.	3개 구역 16개 수용동	북한인민군 장교 (송환, 7,199명)	〃
유엔 거제도 제1수용소 분소 봉암도 민간인억류자수용소 (UN CI no. 1C camp, 통영시 한산면 추봉리)	1952. 6. 19~ 1953. 10. 17	2개 구역 16개 수용동	민간억류자 (송환, 8,851명)	〃
유엔 제2부산전쟁포로수용소 (UN POW no. 2, PUSAN camp, 부산시 연제구 일대)	1950. 7. 13~ 1953. 10. 14	2개 구역 6개 수용동	북한인민군 (비송환, 2,788명) *송환자(302명)	미군기지
유엔 제2부산수용소 분소 병원 수용소(UN POW no. 2A Branch Camp, 동래 수영)	1952. 4. 18~ 1953. 10. 14	1구역 8개 수용동	북한인민군 (비송환)	공터, 대밭
유엔 제3 모슬포포로수용소 (UN POW no. 3 camp, Mosulpo, 제주도 서귀포시 모슬포 일대)	1952. 4. 18~ 1953. 10. 31	3개 구역 10개 수용동	중국인민지원군 (비송환, 14,280명)	공터
유엔 제4영천민간인억류자수용소 (UN CI no. 4 camp, Yongchon, 경북 영천시)	1952. 4. 18~ 1953. 7. 5	3/2개 구역 17개 수용동	민간억류자 (비송환, 1886)	공터
유엔 제4A대구노동수용소 (UN Labor camp No. 4 Branch Camp, Taegu)	1952. 11.15~ 1953. 7. 5	1구역	북한인민군 비송환자(492명)	미군기지
유엔 제5상무대포로수용소 (UN POW no. 5 camp, Sang Mulai, 광주시)	1952. 4~ 1953. 7. 5	3개 구역 28개 수용동	북한인민군 비송환자 (11,637명)	기지, 일부 거주지, 소개
미군사고문단 산하 광주중앙수용소(KMG Central POW Camp, Kwang ju)	1951. 12~ 1953. 7. 5	2개 분소 수용소 2개 구역	빨치산 대원	공터, 일부 거주지, 소개

수용소명	설치일	규모	수용인원	비고
유엔 제6논산포로수용소 (UN POW no. 6 camp, Nonsan, 논산시 연무읍)	1952. 4. 18~ 1953. 10. 23	3개 구역 24개 수용동	북한인민군 비송환자 (11,265명)	거주지, 소개
유엔 제7마산포로수용소 (UN POW no. 7 camp, Masan, 창원시 합포구 가포동)	1952. 4. 18~ 1953. 7. 5	2개 구역 8개 수용동	북한인민군 비송환자 (3,854명)	〃
유엔 제8 제주시포로수용소 (UN POW no. 8 camp, Cheju city, 제주도 제주시, 제주국제공항 일대)	1952. 6. 19~ 1953. 12	1개 구역 18개 수용동	중국인민지원군송환(5,037명)	〃
유엔 제9 서부산포로수용소 (UN POW West pusan no. 9 camp, No. 2 Branch Camp, 부산시 진구 가야동)	1952. 4. 18~ 1953. 12	1개 구역 8개 수용동	북한인민군 비송환자 (3,779명)	〃
유엔 제10부평포로수용소 (UN POW no. 10 camp, ASCOM City, 인천시 부평구)	1953. 3. 8~ 1953. 7. 4	1구역 3개 수용동 (A, B, C)	북한인민군 비송환자(996명)	미군기지

표 1을 보면 부산포로수용소는 미군기지에서 민간인 거주지로 확장되었다. 반면 거제도포로수용소를 비롯한 저구리, 용초, 봉암도, 논산, 마산, 제주시, 서부산 등은 민간인 거주지에 새롭게 설치되었다. 갑자기 수용소가 증가한 이유는 거제도포로수용소의 수용인원이 포화상태에 이르고 수용소 정책이 변화했기 때문이었다. 이 정책에 따라 앞의 거제도를 비롯한 7개 포로수용소는 거주민을 소개하고 포로들을 수용했다. 과거 부산과 거제도포로수용소는 1개 구역 내 수용동에 4,000명 정도 수용했다. 민가는 수용소와 붙어 포로와의 물물교환까지 자유롭게 이뤄지는 거점 역할을 했다. 따라서 포로의 증가와 수용소의 최적지라는 미명 아래 민간인들이 소개되어야 했다.

3) 거제도포로수용소, 부지 선정과 포로 재분류

개전 초기와 달리 인천상륙작전 이후 북한군 포로들은 남북 전역에서 급격하게 증가하고 임시수용소와 부산 지역의 포로구역수용소조차 과밀한 상태였다. 1950년 12월 유엔군사령부는 새로운 수용소 설치가 필요하다며 거제도와 제주도를 사전 답사했다. 포로수용소의 설치 지역은 장기적이고 보안상 안정적인 곳을 선택해야 했다. 제주도는 부정적인 요소가 있어서 제외되는데, 당시 리지웨이는 "이미 피난민으로 초만원이 되어 있다는 점, 용수가 부족하다는 점, 또 이 섬이 오랫동안 공산주의의 온상이었다는 점, 그리고 피난한 한국정부가 이 섬을 임시정부 장소로서 사용할 가능성이 있다는 점" 등을 들어서 거부했다. 반대로 거제도는 같은 섬이라는 조건, 육지로부터 짧은 이동거리, 용수 문제 등을 해결할 수 있다는 측면에서 적격이라는 판정을 받았다.

1950년 11월 "알바니작전(code name Albany)"이라는 이름하에 거제도로 포로들을 수송하기 위해 계획을 수립하기 시작하였다. 당시 포로 수송계획은 60,000명을 수용할 시설과 관리 인원을 충원하는 것이었으나, 나중에 200,000명의 포로를 수용하고 그것을 지원하는 것으로 확대되었

| 거제도 포로수용소 건설장면(1952, NARA)

다. 1951년 1월 10일 알바니 작전을 수행하기 전 정찰대가 거제도 장승포읍 고현출장소 고현항 일대를 방문하고 수용소 최종 위치를 선정한 뒤 15일부터 1951년 8월 15일까지 완료한다는 목표로 수용소 건설에 착수했다.

미군은 1,260동의 주택과 건물 및 전체 면적 1,680에이커(약 6,798,718㎡)에 이르는 규모(지금의 거제시 고현·수월동 일대)를 강제 징발했다. 이곳에는 포로수용소 사령부 및 경비행장, 보급창고 등은 현재의 거제시 장평동(삼성중공업 거제조선소 등지)에 위치했다. 1월 23일 미군 경비부대가 거제도에 처음으로 도착하고, 이어서 1,686명의 미군, 2,814명의 한국군 경비대가 투입되었으며 그 외 군종과 2,500명의 노동행정 요원, 12명의 의무장교 및 30명의 통역관이 포함되었다.

1951년 1월 27일 부산수용소에서 출발한 포로들이 거제도로 처음 이송되면서 자기의 수용소 건설에 직접 참여했다. 거제도의 전체 수용소는 4개 구역의 28개 수용동(Compound)으로 구성되었는데 '중앙계곡(고현동)'에 제6구역, '동부계곡(수월동)'에 제7·8·9구역이며 이념적 분류를 위해 기획되었다.

포로들은 부산 지역의 포로구역수용소에서 2월부터 한국군과 미군의 기획 아래 포로심사위원회를 구성하고 포로를 재분류해 거제도로 이송하려고 했다. 이때부터 포로의 정치적 재분류가 이뤄진 것이다. 이 포로 심사는 한국 특무대(CIC)와 미군 704 CIC파견대에서 협력해 진행되었다. 포로 재분류는 포로 성격, 계급, 사상, 성별, 송환 유무 등 다양하게 이뤄졌다. 분류 방식은 개개인 포로 심문에서 시작되었다. 포로심문은 정보 획득과 정치적 이데올로기에 따라 분류한 것을 목표로 했다.

7월 3일 앞서 미군에서 기획한 구역과 수용동 단위별로 재분류 작업이 완료되자 포로들은 수용동마다 최소 4,000명에서 최대 7,000명까지 재수용되었다. 여전히 과밀에서 벗어나지 못했다. 구역과 수용동 단위별로 살펴보면 6구역은 61~68수용동과 격리 수용동을 운영하고 있었는데 주로 한국출신 포로와 북한인민군 장교나 사병들을 수용하고 있었다. 격리 수용동에 354명, 60수용동에 북한인민군 장교 10명, 북한 출신 사병 94명, 남한출신 사병 1,511명으로, 61수용동은 북한인민군 북한출신 장교 12명, 남한출신 1명, 중국인민군 26명, 북한인민군 사병 중 북한 출신 475명과 남한 출신 1,374명, 중국인민군 54명 등이다. 62~65수용동은 북한인민군 남한출신 사병, 66수용동은 북한인민군 장교 북한출신 2,533명과 남한출신 사병 386명이 각각 수용되었으며 전체 41,675명이다.

7구역은 총 7개 수용동이며 8구역으로 재정비된 수용동을 제외한 71, 72, 73, 74, 76, 77 총 6개 수용동으로 구성되었다. 72수용동은 중국인민지원군 장교 521명과 사병 7,705명이 수용되었고 나머지 북한인민군 사병 36,987명이 73~78수용동에 수용되었다. 8구역은 기존 7구역의 79, 701, 702, 703, 704, 705 수용동을 포함시켜 81-86수용동으로 재편했다. 북한인민군 장교 3명과 사병 29,165명, 북한인민군 중 한국출신 사병 77,673명, 중국인민지원군 사병 7,753명 총 44,607명이 수용되었다. 특히 83수용동은 북한인민군 출신 7,548명, 84수용동은 북한인민군 한국출신 7,667명 각각 수용되었다. 85수용동은 북한인민군 6,308명과 중국인민지원군 7,753명으로 제일 큰 수용동이었다. 9구역은 90수용동(최고경비구역 포함)과 91~97 일반 수용동을 포함해 총 8개 수용동으로 구성되었으며 7월 10~19일 수용동 조정에 따라 재배치가 이뤄졌다. 북한인민군 장교 9명과 사병 18,516명을 수용하고 있었다. 거제도 포로수용소 수용동 공사 완료(1951. 8. 15) 이후 12월 9일 시점에서 포로 및 민간인억류자 156,652명이 수용되어 있었다.

| 1952년 거제도 포로수용소(NARA)

4) 미군의 포로 재교육, 포로 갈등 심화시켜

수용소 사령부는 수용소 내부를 쉽게 통제하기 위해 군사적 지휘 체계에 따라 포로들을 조직화했다. 포로들로 구성된 자체 치안 조직의 수립을 승인했고, 각 수용소의 대표를 임명했으며, 지도부를 선택했다. 수용소 내부 조직의 등장은 자연발생적인 측면도 있지만, 다른 한편으로는 유엔의 경비 및 관리 인원의 부족과 효율적인 관리의 필요 때문이었다. 유엔군사령부와 수용소 관리를 담당한 거제도포로사령부는 포로구역과 수용동에 포로들의 동의를 받아 출입해야 한다는 제네바협약을 무시했으며 사전 통보 없이 수용동 검열을 실시했다. 이때 포로들은 제네바협약 위반이라고 강력하게 반발했으나 한국군과 미군에 진압되었다.

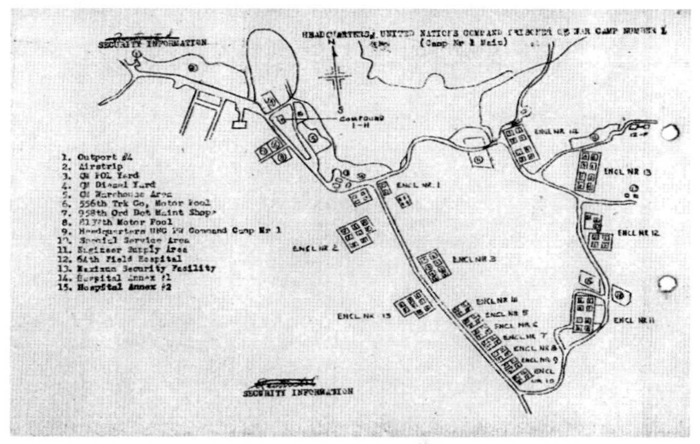

| 1953년 1월 거제도포로수용소 구역도(NARA)

또 하나는 극동총사령부 산하 민간정보교육국의 포로 재교육과 '자원송환원칙'이 채택되고 포로의 자유의사에 대한 심사가 이루어지는 과정에서 폭력적 갈등으로 이어졌다. 1951년 6월부터 실시된 정치적인 포로 재교육은 '자원송환원칙'에 따른 '반공포로'의 확산과 수용소 내의 갈등을 격화시키는데 있었다. 이 송환원칙은 인도주의적인 측면에서 포로에게 유리했지만 강제성과 정치적 세뇌교육으로 수용동의 통제권을 차지하기 위해 극심한 폭력 투쟁을 불러일으키

고 말았다. 1952년 5월 7일 거제도 수용소 소장 프란시스 도드의 납치와 수용소 포로들의 살인과 자살사건은 송환원칙과 포로 재교육 프로그램에서 기인했다.

미군 보고서와 재교육에 참여한 미국 학자들은 재교육 프로그램과 포로들을 대상으로 실시한 전쟁범죄조사에서 일방적으로 '반공포로'들을 지지하거나 폭력을 지원했음을 시인했다. 그 결과 재교육 프로그램은 포로와 포로 간의 폭력이 수용소 내에서 일상화될 수밖에 없는 원인을 제공한 것이다. 수용소에서 실시한 포로들에 대한 재교육은 전후 한국사회에서 반공교육 프로그램으로 재구성되었다. 그 시기 문교부는 각종 포로 재교육 교재나 선전물 등을 초·중·고 교과서에 반영해 전국민의 반공주의화에 앞장섰다.

| 포로들의 시위 광경(NARA)

5) 거제도 포로수용소의 관리 실패

1967년 2월 미 육군성은 베트남전에서 포로수용소 설치와 관련해 한국전쟁기 포로수용소 건설과정을 검토했다. 이 보고서에서 포로수용소는 물 근처(전쟁포로는 하루에 최소 5갤런의 물을 필요로 한다. 거제도나 다른 섬의 수용소에는 민물이 없었고 부산과 다른 곳에서도 큰 어려움이 있었다.)에 설치하고 "절대 섬이나 고립된 지역에 캠프를 설치하지 않아야 한다(물류 지원은 엄청나고, 적절한 노동 프로젝트가 어렵고, 행정, 교육, 통신 및 통제가 훨씬 더 어렵다)"라고 결론을 내렸다. 미군은 한국전쟁기 포로수용소에서 '최악의 경험'이라고 헌병감실 존 앨리(John A. Alley, Jr) 대령이 평가했다. 그만큼 한국전쟁기 포로수용소가 지형과 지리, 공간 등 여러 가지 측면에서 쉬운 건설이 아니라는 것이다.

그 원인을 보면 거제도 포로수용소의 수용동은 두 개의 주요 계곡(고현천, 수월천)과 가까운 거리에 위치했으며 넓은 평지에 배수 상태가 좋았다. 충분한 식수 공급을 위한 저수지들이 다수 건설되었기 때문이다. 하지만 각 수용동의 수용규모는 4,000명 정도를 상정해서 설계·건설되었으나 예상보다 한참 상회한 포로 수의 급증으로 인해 수용동의 수용규모가 5,000~7,000명으로 늘어났다. 그 결과 수용동 간 거리가 짧아져 서로 근접하게 되었고, 포로의 수용 생활에 필요한 복합 시설도 축소되었다. 수용소 내 과밀 상태 뿐 아니라 수용소의 경계 울타리와 민가 간 거리가 매우 가까워져 보안에 문제가 발생할 수밖에 없었다.

6) 포로 분산작전, 통영 용초도 · 추봉도 수용소

1952년 5월 14일 콜슨 준장의 후임으로 부임한 거제도 포로수용소장 보트너(Haydon L. Boatner) 준장은 투르먼 대통령의 지시에 따라 '통제하기 위한 강력한 방식을 도입'하여 수용소의 폭력적인 포로 분리작전을 실시한다. 미 8군 사령관은 포로들의 저항을 진압하기 위해 "필요한다면 무력도 사용할 수 있다"라고 보트너의 정책에 힘을 실어줬다. 5월 22일 보트너는 포로의 인구 과밀현상을 해소한다는 차원과 포로와 민간억류자 재분류에 따른 분산 수용의 필요성을 강조하면서 다음과 같이 수용소 정책을 바꿔었다. 첫째는 경비와 감시 병력을 증강하고 포로에 대한 압도적인 무력을 사용하며, 둘째는 기존의 거대한 포로 수용동을 500명 단위의 수용동으로 바꾸고, 셋째는 수용소 내부의 모든 사안에 대한 직접 개입, 넷째는 민간인이 완전히 소개된 섬에 수용소 건설하며, 다섯째는 정보 수집과 첩보 작전의 강화, 마지막이 송환 여부에 따라 포로들을 분산하는 것이다.

이 과정에서 1952년 6월 7일 미 해군 수중 폭파 팀에서 용초·봉암도(지금의 추봉도) 해변과 해안 등을 조사하고 본격적인 공사는 6월 9일부터 제79건설공병대대 A소대(한국근무단:KSC 소속)와 C중대가 용초·추봉도에 각각 이동해 6월 16일부터 4,000명 단위의 구역 내 500명 규모의 수용동 건설을 시작했다. 용초도 수용소에는 3개 구역의 16개 수용동과 봉암도 수용소에는 2개 구역에 16개 수용동을 갖추고 취사실, 화장실 등 포로 건물뿐만 아니라 수용소사령부 및 미 헌병대·한국군 막사, 식당, 치료중대 의무실 등 부속 건물 60여 동이 있었다. 수용소는 6월 19일 제18, 19구역 수용소에서 8월 17일 1B, 1C(CI)수용소로 새롭게 지정되었다. 수용소의 경비요원들은 용초도에 제8헌병중대(미군, 장교 7명, 하사관 1명, 사병 195명)·한국군 제3경비대대, 봉암도에 제9헌병중대(장교 8명, 하사 1명, 사병 217명)·제1경비대대 등이 담당하고 있었다. 거제도포로수용소에서 이송된 포로들은 1952년 7월 2일부터 용초와 봉암도로 이동했다.

| 1952년 추봉도수용소 1구역 전경(NARA)

두 수용소에서 미군의 전향공작에 전향한 포로들이 생겨나 별도 수용동으로 이동했다. 용초도수용소 제1구역 A수용동에 송환을 거부한 일부 포로들이 보호되고 있었다. 이처럼 재분류와 심사 이후에도 두 수용소에서는 포로의 재심사가 진행되었음을 보여주고 있다. 이 두 수용소는 거제도포로수용소의 지도 및 관리를 받으면서 운영되었는데 포로들의 시위에 의한 사상자가 대규모로 발생한 곳이다. 1952년 12월 14일 12시 30분 제2구역 B, D, C, F, G, H수용동 민간인억류자들이 공산주의 노래를 제창했다. 이에 4개 한국군 소대는 포로들의 노래를 중지키고 질서를 회복하고자 구역에 들어갔다. 이 작전 과정에서 민간인 85명이 사망하고 133명이 병원에 입원했으며, 103명이 경상을 입었다. 미군 2명이 경상을 입는 정도였다. 이 사건은 수용소사령부의 정기 또는 부정기의 행정수색에 대한 불만과 명령불복종에서 기인했다. 봉암도 사건은 전 세계에 알려져 유

엔과 참전국에서 큰 이슈로 등장한다. 북한군 남일은 12월 14일 봉암도에서 포로 82명 사망과 120명 부상당했다며 "(이런) 야만적 행위는 전쟁포로의 송환을 거절하려는 구실의 본질을 폭로했다"라고 유엔에 보낸 보고서에서 주장했다. 12월 21일 유엔총회 제41차 전원 위원회에서 봉암도 사건이 논의되기에 이른다. 또한 참전국 내 미국과 영국 등지에서 반전운동이 거세게 일면서 빠른 정전을 촉구했다. 특히 12월 16일 국제적십자사는 봉암도 사건에서 포로에 대한 발포한 것은 제네바협약 제42조 위반이라고 발표했다.

용초도 수용소는 1953년 3월 7일 봉암도와 동일하게 불복종과 노래를 제창했다는 이유로 포로 23명 사망, 42명의 포로가 부상을 당했다. 북한 조선중앙통신은 1953년 3월

| 1952년 용초도수용소 3구역 전경(NARA)

중에 용초도에서 68명의 포로가 살상되었다고 선전했다.

1953년 8월 28일 유엔군사령부의 통계에 따르면 민간인억류자가 수용소 내에서 1952년 1~12월까지 330명, 1953년 1~8월까지 총 396명이 사망했다. 이처럼 유엔군사령부와 미 국무부는 민간인억류자의 재분류와 앞도적인 폭력을 행사함에 따라 수용소 내에서의 유혈 사태를 불러오게 된 책임자였다.

7) 두 수용소, 국군귀환포로 수용되다

1953년 2월 22일 유엔군 사령관 마크 클라크 장군은 전체 포로 중 부상병부터 즉시 송환할 수 있다고 발표했다. 3월 5일 스탈린 사망 뒤 포로교환 협상은 급물살을 탔다. 이어서 북·중 대표단은 3월 28일 상병포로 교환원칙에 동의하고 4월 5일 유엔군과의 휴전회담 재개와 11일 최종 상병포로 교환에 조인한다. 유엔군과 북·중은 4월 20일부터 5월 3일까지 판문점에서 "상병포로 교환(Operation Little Switch)"을 실시했다. 이 시기부터 국내 언론에 국군 귀환포로 기사가 쏟아졌다.

이때 국내 언론은 1953년 4월 18일부터 포로협상 결과를 보도하면서 국군귀환포로를 '상병귀환포로병' 또는 '귀환포로', '국군포로', '한국군포로', '귀환군포로' 등 다양하게 지칭했다. 상병포로 교환 뒤 같은 해 '6.18 포로대탈출' 사건으로 한때 포로교환의 위기를 맞았다. 우여곡절 끝에 국군과 유엔군은 "일반포로 귀환(Operation Big Switch, 1953.

8. 5~9. 7)"을 합의했다. 이를 앞두고 국방부는 국군귀환포로 호칭을 '귀환용사(歸還勇士)'로 통일할 것을 언론에 지시했다. 그 뒤 국내 언론은 '귀환용사'와 국군귀환포로 등을 번갈아 사용했다. 정부의 지침으로 나온 용어인 '용사'는 패자가 아닌 용맹스러운 군인임을 강조하고 '모진 고통'을 이기고 돌아온 "충성스러운" 이미지를 부각시키려는 의도를 담고 있다.

1953년 북한과 중국군 송환포로 아치(NARA)

국군귀환포로 대부분은 판문점 포로교환 때 한국군 간부와 여러 인사들의 '따뜻한 미소'나 환영식 광경을 잊지 못하고 있었다. 그러나 그들은 용초도로 내려가는 선상에서 뜬소문과 공포에서 나온 긴장감까지 더해져 혼란스러움을 벗어날 수 없었다. 앞서 "상병포로 교환"으로 제36육군병원에 수용된 귀환포로들은 가족의 개인적 방문과 신문기자의 회견 금지까지 당하고 있었다. 8월 5일 이후 국군귀환포로는 판문점에서 인천으로 이동해 다시 용초도까지 긴 뱃길을 가면서 가족과의 접촉조차 할 수 없었다. 그 과정에서 대부분 국군귀환포로는 곧장 고향에 돌아가지 못한다는 심리적 불안감과 '혹시 문초나 심문을 받을지 모른다'는 공포감에서 벗어나지 못했다.

귀환군집결소는 1953년 8월 5일 용초도 포로수용소 제1구역(용호리 작은 마을, 용초도 포로수용소 사령부)과 2구역(용호리 큰 마을)에 설치되었다. 집결소는 제1, 2, 3수용대로 나눠져 있었다. 집결소 운영 및 관리는 헌병사령부(책임자 대령 조흥만)와 육군 특무대가 관할하고, 경비 책임은 용초도 포로수용소의 마지막 경비책임 부대 제9경비대대 1~5중대(4중대 제외)가 맡았다. 집결소 설치의 핵심은 귀환포로들의 심문과 재교육이었다. 한국군과 미군 첩보조직이 두 섬에서 주둔하면서 정훈이라는 명목 아래 포로의 정치적 재교육 프로그램(반공교육)을 실시했다. 그 결과에 따라 귀환포로들은 재복무, 제대 귀향, 사법처리로 재분류되었다.

CIC(특무대)의 후신 국군보안사령부(지금의 기무사)에서 편찬한 기록은 귀환포로 재심사와 분류를 구체적으로 언급하고 있다. 특무대는 귀환한 국군이 7,862명(육군 인참부 기록에 7,861명으로 1명이 더 증가함)으로서 "이들이 일률적으로 귀환후의 북괴 지원활동 지령을 받았으며 일부는 특수지령까지 받고 남하하였기 때문에 부대(육군특무대-필자주)에서는 이들 중 7,862명(중상자 및 사망자 제외)에 대한 심사를 실시하여 갑, 을, 병종으로 분류"했다. 특무대의 분류기준은 다음

1954년 비송환 북한군 포로들(NARA)

과 같다. 갑종은 "사상이 온건한 자로서 군에 복귀시켜 재복무하여도 무방하다고 인정되는 자"이며, 을종은 "재북 당시 악질행위를 감행하였거나 남하시 특수지령을 받은 자로서 개전의 정이 없어 의법 처단함이 타당하다고 인정되는 자"였고, 병종은 "사상 또는 건강면으로 보아 앞의 갑, 을에 각각 해당하지 않음으로 제대 또는 귀향시킴이 인정되는 자"였다. 그 심사 결과 갑종이 794명, 을종이 593명, 병종이 6,460명으로 나타났다. 특무대는 "국가정책상 을종으로 분류된 자 중 극히 악질적인 자만을 처단하고 나머지 인원은 관대히 처분 조치"했다고 한다. 특무대는 사법처리되지 않은 을종 469명의 심사기록을 별도 선발해 간첩색출 활동에 이용했다고 밝혔다. 전체 593명 중 469명을 제외한 124명은 '의법처단'된 것이다.

8) 전쟁과 냉전의 아픔에서 치유로

거제도 포로수용소와 통영 용초·추봉도 수용소 및 집결소에서 살아남은 포로 출신자들은 3개 섬을 모두 '지옥도'라고 불렀다. 소설가 임동림의 『지옥도』라는 소설과 귀환포로 출신 박진홍의 『돌아온 패자』에서 용초도를 '지옥도'라고 묘사했다. 고대부터 현대에 이르기까지 섬은 전쟁에서 피할 수 없는 운명일까. 경계와 국경선이 불명확한 시기 섬은 자유로운 왕래와 항해할 수 있는 통로이자 교량이었다. 그러나 경남의 주요 섬들은 전쟁에서 피할 수 없는 아픔과 극단을 경험했다. 섬사람들은 근대기에 일본군의 침략을 여러 목격

했으며 냉전기 극단의 폭력 기구 포로수용소를 경험해야 했다. 원래 섬사람들은 예로부터 온순하고 개방적이며 인정이 많았다고 한다. 그러나 그들은 여러 번의 외침과 변고에서 그 세파를 견뎌내지 못해 육지에서 오는 사람들을 경계하고 쉽게 마음을 터놓지 않았다. 이제 섬사람들에게 역사적 치유가 필요하지 않을까.

〈참고문헌〉

『고려사』, 『고려사절요』, 『조선왕조실록』, 『승정원일기』, 『각사등록』, 『일성록』, 『신증동국여지승람』, 『여지도서』, 『巨濟부읍지』, 『거제읍지』

『동아일보』, 『조선일보』, 『부산일보』, 『조선시보』, 『매일신보』, 『경향신문』

陸軍省大日記, 「極秘 明治37. 8年海戦史 第4部 防備及ひ運輸通信 巻2」, 1904

__________, 「明治39年2月分 臨号書類綴 参謀本部副官管」, 1904

海軍省公文備考, 明治45年~大正1年 公文備考 土木44 巻136鎮海永興関係書類19

陸軍一般史料, 朝鮮沿岸内陸兵要地理(慶尚南道之部)整理番号第5号 昭和20年6月10日

RG 319, Interim Report on Progress of Educational Program for Prisoners of War, 10 Jan 1951, 350. 1 JAN 51 - 31 DEC 52, En NM3 47G1, Box 136, NARA

RG 338, Monthly Command Report, United Nations Prisoner of War Camp Number One (Koje-do), October 1952, En UD 37042, Box 4951, NARA.

RG 389, International Red Cross Inspection Report, 8, September 1950, ICRC Report of PW Camps, EPWIB, En A1-452B, Box 12, NARA.

VI

남해 금산 보리암에서 일출

섬에 깃든 불교 _ 안순형

1. 거제의 천년 고찰은 허물어지고
2. 보림암의 관세음보살, 용문사의 호국승
3. 불국 세계를 염원했던 통영의 섬

Ⅵ. 섬에 깃든 불교

경상남도의 해안은 300리 한려해상국립공원의 동쪽지역을 차지한다. 거제·통영·남해 등의 큰 섬을 비롯하여 밤하늘 은하수 별처럼 흩어져 있는 섬들은 깊숙이 내륙으로 들거나 맹렬히 바다로 뻗어나는 해안선을 따라 제각기 풍광을 뽐내고 있다. 물길 따라 구석구석에서 살던 사람들은 격한 풍랑이 몰아치는 자연재해, 왜구가 빈번하게 출몰하여 발생했던 전란의 위협 속에서도 생활의 터전인 섬을 떠날 수가 없다. 그들은 일찍부터 풍어와 안전을 위하여 초자연적 존재에게 자신들의 삶을 의탁하며 평안을 기원했는데, 불교도 그중의 하나였다. 불교가 한반도에서 크게 교세를 확장하던 7세기 중반부터 경남의 여러 섬에서도 승려의 수행을 위한 사찰이나 암자가 출현하였다. 창건주가 알려지지 않은 곳에서는 그 역사성을 부각시키고자 원효나 의상과 관련된 설화를 많이 끌어들이고 있다. 여기서는 크고 작은 섬에 건립되었던 사암(寺庵)이나 불교 관련 내용을 통해서 섬사람들의 생활상을 살펴보고자 한다.

1. 거제의 천년 고찰은 허물어지고

거제는 한려수도의 동쪽에 위치하는 한반도에서 두번째

로 큰 섬이다. 남동쪽으로 대마도와, 북쪽으로 진해·마산·고성 등의 해안과, 서쪽으로 통영과 마주하여 물산이 풍부하였고, 대내외적으로 교통의 요충지였다. 여말선초 정이오(鄭以吾)가 거제의 바다를 "3일간의 동북풍에 깊은 골이 무너지고, 아득한 바다가 뒤집히는 것 같네. 사방으로 눈 덮인 산 같은 커다란 물결이 무너져 내려 자라 굴에 거꾸로 쏟아지네. …… 큰 배가 낮아졌다가 솟구치니, 섬들은 아득하여 서로 찾지를 못하네."라고 했던 것처럼 바다는 변화무상한 곳이고, 항상 자연재해가 도사리는 곳이었다. 이처럼 지정학적 요충지나 자연재해가 빈번한 곳에는 일찍부터 불교 사찰이 많이 건립되었다. 거제도에 불교가 언제 전래 되었는지 확인할 수 있는 문헌자료는 없다. 하지만 거제의 진산(鎭山)인 계룡산의 남쪽에 원효대사가 수도했다고 전하는 암자터가 있고, 정상부의 의상대 주변에는 그의 수도와 관련한 다양한 설화가 지금까지 전하고 있다.

거제 출토 금동아미타여래입상(경주박물관)

해방 후의 사례지만 거제지역에서는 다수의 금동불상이 발견되었는데, 이것은 신라시대 이래로 상층지배계층부터 피지배계층에 이르기까지 널리 불교가 유포되었다는 것을 반영하는 물적 자료가 될 수 있다. 그중에는 1968년 6월에 거제의 동부면 부춘리 노자산 일대에서 발견된 금동아미타여래입상이 현재 국립경주박물관에 보존되어 있는데(경주 1164), 신라시대에 제작된 것으로 알려져 있다. 비록 화염문 일부가 훼손되기는 했지만 두원광(頭圓光)을 포함한 거신형(擧身形) 광배에 불신(높이 5㎝)과 대좌(높이 1.6㎝)가 갖추어져 있는데, 한눈에도 상당한 수준의 조상이란 것을 알 수 있다. 이것이 거제지역에서 만들어졌다고 단언할 수는 없지만 일찍부터 거제 지역민의 마음 속에 불교가 자리하여 이처럼 수준 높은 불상을 봉안하고 신봉했다는 것은 보여준다.

통일신라 후기가 될수록 거제지역에서는 불교가 더욱 성행하였다. 사등면 오양리에는 각호사(角呼寺)란 사찰이 있었는데, 임진왜란 때까지도 명맥을 유지하며 활동했던 곳으로 보인다. 일반국도 14호선 남쪽, 둔덕기성 북쪽 산기슭은 옛날부터 절골로 불렸던 곳이다. 이곳에서 1950년경에 논을 개간하던 사람이 석조여래좌상(경남 유형문화재 제48호)을 발견했는데 현재의 신광사에 봉안되었다. 이 불상은 편단우견에 항마촉지인의 모습을 한 석가모니불로 8각의 연꽃무늬 좌대를 갖추고 있어 나말여초에 조성된 것으

| 오량리 석조여래좌상(문화재청)

로 보인다.

아주동의 대우조선해양 내에는 3층석탑(경남 문화재자료 제33호)이 남아 있다. 탑이 발견된 아양리에는 통일신라 때 법률사가 창건되었다고 전해지며 일찍부터 지역민들은 이곳을 탑골이라 불렀다. 1935년 이곳에서 밭을 경작하던 농부가 1층 몸돌과 지붕돌을 발견하여 아양리의 마을로 통하는 도로변에 세워두었는데, 대우조선소가 건립되면서 1973년에 현재 위치로 옮겨졌다. 발견 당시에 이미 탑재의 일부가 유실되고, 지붕돌 일부가 훼손되거나 보수되기는 했지만 지붕돌의 낙수면 경사나 밑면의 4단 받침, 몸돌의 조각 양식 등을 통해서 여말선초에 조성되었다는 것을 짐작할 수 있다.

1960년대 아주동 삼층석탑(거제시청)

고려시대에는 옥녀봉 기슭의 은적사(隱跡寺), 하청부곡(河淸部曲)의 북사 등이 있었다. 현재 하청면의 북사터(경남 기념물 제209호)가 주목되는데, 현아(縣衙)의 북쪽 20리에 위치했던 이곳은 언제 창건되고, 폐사되었는지 알 수는 없다. 하지만 이곳에 있던 동종이 현재 일본의 좌하현(佐賀縣) 혜월사

(惠月寺)에 보존되어 있는데, 종신(鐘身)에는 일본의 응안(應安) 7년(1374, 공민왕 23)에 동종의 주조와 그것이 일본에 전해지게 된 경위를 추가로 새긴 글이 있어 북사의 면모를 대략 추측해 볼 수 있다. 이 동종은 동량승 담일(談日)이 요나라 태평 6년(병인, 1026, 고려 현종 17) 9월에 놋쇠 72kg을 녹여서 주조했던 것을 1232년에 일본으로 가져갔다고 한다. 늦어도 고려초기에 창건된 하청 북사는 '빈대'가 기승을 부려 불태웠다고 전하는 것으로 보아 여말선초 왜구들의 창궐로 폐사가 되었을 가능성이 있다. 통도사·해인사·범어사와 더불어 경남의 4대 사찰이었다고 전하지만 조선전기에 편찬된 『신증동국여지승람』권32 거제현에서 사명(寺名)이 보이지 않는 것도 그 반증일 수 있다.

| 하청북사동종(새거제신문)

2012년 5월, 거제시에서는 (재)삼강문화재단에 의뢰하여 하청면 유리계 산126번지의 북사터를 발굴 조사했는데, 건물지의 주춧돌을 포함하여 고려중기~조선후기까지의 많은 유물을 수습하였다. 이것은 북사의 폐사 후에 정수사라는 사찰이 그 자리에 다시 건립되었고, 임진왜란을 거쳐 1799년에 『범우고』가 편찬될 때까지도 건재했기 때문에 가능한 일이다. 1739년(영조 15) 6월에 107대 통제사로 임명된 조

경(趙儆)이 한산도 운주당(運籌堂) 터에 제승당을 건립하고, 거제 앵산의 정수사 승려들로 하여 수호하게 했다고 중수비에 전하는 것으로 보아 이곳은 당시에 상당한 사세를 유지했던 것으로 짐작할 수 있다.

조선왕조의 숭유억불 정책에도 불구하고 거제지역에서는 18세기 말까지 해산(海産)과 농경의 풍부한 경제력을 기반으로 여러 사찰이 유지되었고, 현재까지 다양한 불교 문화재가 전하고 있다. 여말선초의 제작으로 추정되는 외포리 석조약사여래좌상(경남 유형문화재 제455호), 1703년에 제작된 세진암 목조여래삼존불좌상(경남 문화재자료 제325호), 조선후기에 금어 완호(琓虎)가 제작한 혜양사 불화 5점(경남 문화재자료 제451호), 1822년에 제작된 장흥사 지장보살시왕탱(경남 유형문화재 제454호) 등이 있다. 하지만 19세기 중후반경부터 불교에 대한 탄압이 더욱 가중되면서 그동안 명맥을 유지하

| 혜양사 아미타후불탱(문화재청)

던 원효암·은적암·정수사·세진암 등은 결국 모두 폐허가 되었다.

20세기 들어서도 사찰이 복원되거나 창건되었지만 다양한 요인으로 말미암아 거제지역의 불교는 별다른 교세를 갖추지 못하였다. 현재 거제에서 가장 오래된 전통사찰로는 1902년에 현재 위치로 옮겨진 세진암(洗塵庵)이다. 이곳에는 향나무로 조성된 삼존불상이 대웅전에 모셔져 있는데, 1703년에 고성군 와룡산의 심적암(深寂庵)에서 봉안하던 것을 모셔 온 것이다. 2009년 6월에도 불상의 양쪽 협시보살상을 도난 당했다가 겨우 회수하는 수난이 있었다.

2. 보림암의 관세음보살, 용문사의 호국승

남해는 한려해상국립공원의 서쪽에 위치하는 한반도에서 네 번째로 큰 섬이다(약 358㎢, 2020.12월말 기준 경남의 약 3%). 북쪽에서 남쪽으로 망운산·호구산·금산 등의 빼어난 절경을 품고 있어 신선이 사는 곳, 사람들 생활에 적합한 천혜의 자연환경으로 청동기시대부터 사람들이 살았던 보물섬이라 부른다. 풍요로운 물산으로 일찍부터 왜구의 약탈이 심각하여 생명에 위협을 느낀 주민들은 오랫동안 내륙으로 피난할 수밖에 없었고, 조정에 부세나 공물을 바치지 못하는 때도 많았다. 남해지역에서도 통일신라 초기부터 불교가 유입되어 주민들에게 위안을 주며 교화를 펼쳤다. 고려 때

| 남해 금산 보리암에서 일출(남해군청)

는 몽고가 침략하자 부처님의 가호와 민심의 일치단결로 국란을 극복하고자 『고려재조대장경』을 조성했는데, 이때 남해에는 분사대장도감이 설치되어 국책사업에 적극 동참하였다. 현재까지 남해지역에 전하는 대표적인 사찰로는 보리암·화방사·용문사 등이 있다.

남해에서는 동남쪽 금산에 가장 먼저 사암이 창건되었던 것으로 보인다. 683년(신문왕 3)에 원효가 이곳에 초암(草庵)을 짓고 수도하여 관음보살을 친견함으로써 산을 보광산(普光山)으로, 머물던 곳을 보광사로 개칭했다고 한다. 이곳은 강화도 보문사, 양양 낙산사와 더불어 한국의 3대 관음도량 중의 1곳으로 알려져 있으며, 지금까지 지역민뿐만 아니라 전국에서 많은 사람들이 찾고 있다. 하지만 보리암에 대한 초창기의 자료가 없어 고려시대 이전의 사적에 대해서는 알 수가 없다. 심지어 조선 중기에 유생의 반대로 호구산으로 옮겨갔다는 보광사가 원효가 창건했던 것과 동일한지의 여부도 단정하기 쉽지 않다. 현재 해수관상 앞에는 가야의 허황후가 인도에서 가져온 것을 원효가 이곳에 모셨다고 전하는 고려시대 3층석탑(경남 유형문화재 제74호)만이 말없이 옛 흔적의 일부를 전하고 있다.

보광산이 현재의 금산으로 변경된 것은 이성계의 조선왕조 창업과 관련이 있다고 한다. 1903년(광무 7) 의정부 찬정 윤정구(尹定求)가 고종의 명으로 세운 「남해 금산 영응기적비」(경남 문화재자료 제277호)에 이에 대한 설화가 전한다. 이성계는 일찍이 전국의 명산을 돌며 왕이 되고자 기도했는데, 금산에서 산신령이 왕이 되면 비단으로 산 전체를 감싸 달라고 했던 요청을 허락하였다. 조선을 창업한 후에 그는 비단으로 산을 감싸는 것이 불가능하여 산의 이름에 '錦[비단]'자를 넣어 약속을 지키고자 했다는 내용이다. 이로 말미암아 조선시대도 금산은 천하의 명산으로 평가되면서 많은 시인 묵객의 발길을 불러 들였다. 주세붕은 1537년에 어머니를 봉양하기 위하여 외직인 곤양군수로 나왔는데, 이때 지인들과 금산을 오르며 정상부 바위에 '홍문으로 금산을 오르다[由紅門上錦山]'는 글씨를 남겼다.

반면 보리암은 늦어도 1530년 이전에 명칭이 고정된 것으로 보인다. 『신증동국여지승람』권31 「남해현」편에는 보리암이 상도솔암·중도솔암과 함께 금산에서 남쪽 바다를 굽어본다고 하였다. 18세기 초·중엽에 제작된 『비변사인 방안지도·남해현』에서도 관문의 동남쪽 30리에 보리암이 있다고 했던 것은 이곳이 지역에서 일정한 영향력을 행사했다는 것을 의미한다. 하지만 1799년에 편찬된 『범우고』「경상도」편에는 보리암을 포함하여 금산에 있던 암자가 모두 폐허가 되었다고 전한다. 현재 금산의 「남해 금산 영응기적비」에는 1859년(기미, 철종 10)에 태조가 기도했던 곳에 있던 전패(殿牌)를 산 아래로 옮겼고, 얼마 후에 다시 보리암으로 옮겼다고 하는 것으로 보아 이때는 이미 보리암이 재건되어 지역민에게 안식처를 제공했던 것으로 보인다.

용문사도 통일신라 때인 802년(애장왕 3)에 창건되었다지만 조선중기에 현재의 위치로 이전하기까지 사적을 전하는 자료가 없어 구체적인 내용은 알 수 없다. 원래 용문사는 봉강산 아래의 향교와 마주하고 있었는데, 임진왜란 때는 승군을 조직하여 국난 극복과 지역민의 보호를 위해 활약하면서 사찰이 완전히 불타는 비운을 겪기도 하였다. 당시 승군이 사용했을 가능성이 많은 삼혈총통이 현재 사내에 보존되어 있다.

임진왜란이 끝나고 유학이 점차 경직되면서 1660년(경자, 현종 1)에는 지역의 유생들은 유·불이 공존할 수 없다며 용문사의 이전을 요구하였다. 백월 학섬(白月學暹)은 부득이하다고 판단하여 호구산(虎丘山) 기슭의 현재 위치로 당우를 이전하고, 사명도 용문사로 변경하였다. 산의 형세가 호랑이가 웅크리고 앉은 것과 같았으므로 그 기운을 상쇄하기 위하여 '용문'이란 사명을 사용했는지도 모르겠다. 학섬은 먼저 도반이었던 향호(向湖)·신운(信雲)과 더불어 금산에 폐사가 되어가던 보광사의 당우를 이전하여 선당인 탐진당과 요사채인 적묵당을 건립하여 수행의 기반을 닦았다. 1666년에 일향(一香)의 대웅전(보물 제1849호) 건립을 시작으로 봉서루·천왕각·명부전 등이 차례로 지어지고, 산내 암자인 염불암 등이 건립되면서 사세는 더욱 확장되었다. 다만 경내에서 고려중기의 특징을 갖춘 석조보살좌상(경남 유형문화재 제138호)이 발견되었다는 것으로 보아 이곳에는 용문사의 건립 이전부터 사암이 있었던 것으로 보인다.

숙종 때가 되면 조정에서는 임란 때 용문사 승려들이 활약했던 것을 인정하여 이곳을 '수국사(守國寺)'로 지정하였다. 또한 수국사금패(守國寺禁牌)와 봉산수호패(封山守護牌)가 이곳에 내려지면서 조정과 긴밀한 관계를 형성하였다. 이 때문인지 용문사에서는 석가여래삼존불로 구성된 괘불탱(보물 제1446호)과 17마리의 용이 조각되어 화려하면서도 웅장함을 더하는 대웅전과 같은 수준 높은 문화재가 제작되었다. 뿐만 아니라 1687년의 지장시왕상과 1702년의 목조사천왕상 등 8건의 경남 유형문화재, 현재 사천 백천사에서 1760년 제작했던 건륭25년명운판과 19세기말 용문사와 관련 있는 승려들의 영정 등 16건의 경남 문화재자료를 포함한 많은 유물이 제작되거나 구입·보관되어 있다.

유물 중에서 1769년 쾌윤(快玧)이 수화승이 되어 제작했던 석가여래삼존괘불탱(세로 865.5*가로 585㎝)이 주목된다. 이곳의 괘불은 석가모니불을 중심으로 좌측에 여의를 들은 문수보살, 우측에 연꽃을 들은 보현보살이 협시를 한 형식이다. 좌우 협시보살이 지나치게 많은 공간을 차지하고 있어 석가모니불의 어깨가 왜소하게 표현되어 머리와 비례가

조금 어색함을 내보임에도 불구하고 초대형 괘불이란 점, 18세기 중반의 전형적 양식을 반영하고 있다는 점에서 큰 의미를 지니고 있다. 앞에서 언급한 것처럼 용문사는 숙종 때에 수국사로 지정되었기 때문에 국태민안을 기원하는 야외 재회(齋會)가 많이 개최되었을 것인데, 지금도 용문사에서는 야회 법석이 있을 때 대웅전 축대 아래의 당간지주에 괘불을 걸어서 사용하고 있다.

용문사 괘불탱(문화재청)

이외에도 1704~1949년까지 역대 주지 263명의 이·취임을 기록했던 『만년통고(萬年通考)』와 시주자의 명단과 물목을 기록했던 『복전집』은 용문사의 사적과 지역성을 파악하는데 중요한 자료로 주목된다. 지역의 말사치고 이처럼 많은 문화재를 제작·보관하고 있는 것은 조선후기 용문사의 높은 사격(寺格)을 반영한다고 할 수 있다.

망운산 동북쪽 기슭에 자리한 화방사도 남해지역을 대표하는 사찰 중의 1곳이다. 이곳의 창건에 대해는 앞에서 언급한 보리암과 마찬가지로 원효가 창건했다는 설, 1767년

박문평이 지은 「망운산 화방사 중창서」에서 여말선초의 현각(玄覺)조사가 창건했다는 설, 1772년 비구 명연(明演)이 편찬한 「영우 남해 망운산 화방사지(嶺右南海望雲山花芳寺誌)」에서 1202년 진각(眞覺)국사 혜심(慧諶, 1178~1234)이 창건했다는 설 등이 있다. 하지만 임진왜란 이전의 기록은 소실되어 전하지 않아서 최초의 사명이 무엇인지, 어떻게 변천되었는지 짐작하기 쉽지 않다. 『신증동국여지승람』「남해현」편에도 화방사의 사명은 보이지 않는데, 「사지」에서는 임진왜란으로 모든 사우가 소실되고 사방으로 흩어져서 진각대사의 사적은 처량하게 되었다고 하였다. 이들 자료에 의하면 화방사는 여말선초에 폐사가 되었다가 임진왜란이 발발하기 전에 복원되었고, 전란으로 다시 여우굴이라 묘사될 정도로 철저하게 파괴되었음을 알 수 있다.

전란이 끝나고 47년 후인 1638년(무인, 인조16)에 서산대사의 제자였던 계원(戒元)·영철(靈哲)이 화방사가 폐사 된 것을 안타까워하며 동서의 양방(兩房)과 대관음법전을 중수하였다. 이때 사찰이 위치한 형국이 연화와 같다고 하여 기존의 '영장(靈藏)'라는 사명을 '화방(花芳)'으로 변경하였다. 그 후로 1713년(계사, 숙종 39)에 명정(明淨)·시간(時侃) 등이 중심이 되어 대웅전·나한전·관음전·미타전·약사전·시왕전 등을 짓고, 성불·망운 등의 암자를 건립하는 대대적인 중창 불사를 일으켰다. 작업이 마무리되고 난 후에 호남의 명사였던 임홍(林泓)에게 그 동안의 사정을 기술하도록 부탁하여 「망운산 영장사기」를 남겼다. 이처럼 사세가 확장되자 화방사는 통제영과도 일정한 관계를 형성하게 된다. 1818년(무인, 순조 18)에도 화주였던 경운(景雲)과 의직(義直)이 중심이 되어 보광전을 보수하고, 응진전·명부전을 옮겨지어 시왕상과 나한16상(경남 유형문화재 제497호)을 봉안하였다. 특히 나한상은 창사 이래 보존된 것이라고 전한다. 19세기 중후반에는 지장시왕탱(경남 유형문화재 제496호)을 비롯하여 고성의 와룡산 운흥사에서 조성했던 아미타후불탱(경남 문화재자료 제495호)·아미타삼존탱(경남 문화재자료 제496호)·신중탱(경남 문화재자료 제497호) 등을 옮겨 오기도 하였다.

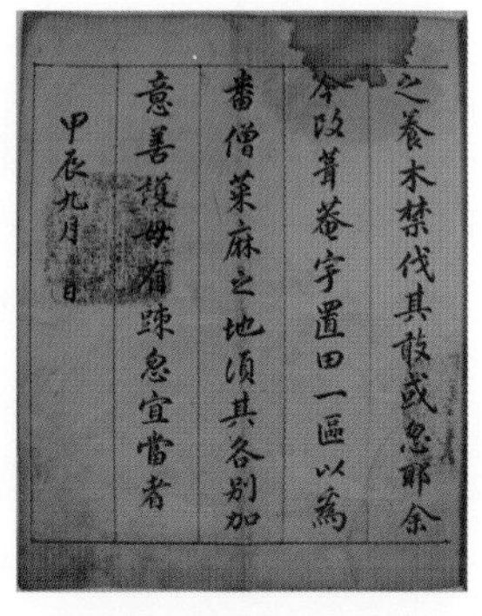
之養木禁伐其蔽或忽耶余
今改菁菴字置田一區以爲
畨僧菜麻之地須共各別加
意善護毋棄踈忽宜當者
甲辰九月 日

| 통제영에서 화방사에 발급했던 절목(남해군청)

화방사는 왜진왜란 후에도 거듭된 화재로 어려움을 겪었지만 승도와 지역민의 부단한 신심으로 중창 불사가 이루어졌다. 뿐만 아니라 충렬사의 관리를 맡고, 통제영에서 필요로 하는 군사용 수목을 관리하는 대신에 잡역이나 부역을 면제받고, 채마밭에 대한 경작권을 보장받으며 일정한 사세를 유지하였다. 이런 내용은 1784년에 통제영에서 화방사에 발급했던 「절목」이나 1788년에 발급된 「화방사 완문」 등에서 확인할 수 있다.

이외에도 남해지역에는 고려초에 대방산에 건립되었다는 운대암, 진각국사가 망운산에 창건했다는 망운암 등도 지금까지 등불을 밝히며 지역민의 신심을 북돋우고 있다.

3. 불국세계를 염원했던 통영의 섬

조선의 조정에서는 1593년에 남해안의 제해권을 장악하여 조선 수군을 체계적으로 운영함으로써 전란에 종지부를 찍고자 통영의 한산도에 삼도수군통제영을 설치하였다. 이곳은 조선 수군의 심장부로서 군사도시였지만 일찍부터 불교와도 밀접한 관련을 지녔던 곳이다. 통영지역의 북쪽은 고성반도 남단으로 벽방산이 있는데, 이곳에는 원효대사가 창건했다는 천년 고찰인 안정사를 비롯하여 의상암·가섭암·은봉암 등이 있다. 남쪽에는 미륵도를 비롯한 크고 작은 섬이 산재하는데, 이곳에도 은점(恩霑)화상이 정수사를 창건한 이래 여러 사암이 건립되었다. 현재 통영지역을 대표하는 사찰로는 북쪽의 안정사와 남쪽의 용화사를 들 수 있는데, 북쪽의 안정사는 섬 지역이 아니기 때문에 남쪽지역의 사찰을 중심으로 살펴본다.

통영에는 570여 개의 섬이 밤하늘의 은하수처럼 펼쳐져 있는데, 그중에서 미륵도·욕지도·연화도·세존도는 섬 이름에서도 알 수 있듯이 불교적 색채를 농후하게 지니고 있다. 미륵도와 그 중심에 우뚝 솟은 미륵산은 석가불이 열반하고 56억 7000만년 후에 사바세계의 중생을 구제하기 위하여 온다는 미륵불을 상징한다. 현재 미륵산의 북쪽 기슭에는 위쪽의 도솔암과 아래쪽의 정수사가 개칭된 용화사 등이 있다. 전자는 미륵불이 도솔천에서 설법하며 중생을 구제하기 위해 하생할 때를 기다리는 공간을, 용화사는 하생

| 미륵산 정상에서 바라본 남해 일출

하여 중생을 구제하기 위해 용화삼회(龍華三會)를 펼치는 공간을 상징하는 곳이다.

용화사는 신라 선덕여왕 때 정수사로 창건된 통영지역 최초의 불교 신앙 공간이었다. 그 후로 1678년 통제사 윤천뢰(尹天賚)가 성첩(城堞)을 쌓고 정수사를 중창할 때까지의 변모를 전하는 자료는 없어 그동안의 사정은 알 수 없다. 중창 후에도 정수사의 수난은 계속되었는데, 1742년(임술, 영조 18) 가을에는 수해로 가람의 전체가 폐허로 되어 부득이하게 옮겨서 중창되고, 사명도 '천택사(天澤寺)'로 변경되었다. 이것도 6년 후인 1748년 봄에 화재로 다시 소실되자, 벽담(碧潭)화상이 1749년 정찬술(鄭贊述) 통제사의 지원을 받아 현재 위치에 다시 터를 잡아 보광전(경남 유형문화재 제249호)을 비롯한 당우를 건립하면서 가람이 옛 모습을 갖추게 되었다. 사명도 미륵산과 부합하도록 벽담이 꿈에서 미륵불의 계시를 받아서 '용화사'로 변경하였다.

용화사는 중창 초기부터 『비변사인 방안지도·고성』편에

| 용화사 명부전 목조지장시왕상

표지된 것처럼 '미륵사'로도 불리며 빈번한 자연재해, 지배계층의 가혹한 수탈, 일본 어민의 무단 침탈 속에 신음하는 지역민에게 현세 구원의 희망을 지닌 미륵신앙을 전파함으로써 자연스럽게 사세를 확장하였다. 뿐만 아니라 자체적으로 다양한 불구(佛具)를 제작하여 대중의 신심을 진작시켰고, 1903년에는 함양의 영은사(靈隱寺)가 폐사되자 목조지장시왕상(경남 유형문화재 제364호)을 모셔오면서 사격(寺格)을 더욱 향상 시켰다.

현재 용화사의 산내 암자로는 943년에 도솔선사가 창건했다는 도솔암과 1681년에 청안(淸眼)선사가 세웠다는 관음암이 있다. 특히, 용화사에 상응하는 도솔암은 '정혜쌍수'의 정통 수행법을 주창했던 가야총림의 초대 방장인 효봉선사가 한국전쟁 때 머물면서 조계선풍(曹溪禪風)을 진작시켰던 곳이다. 그 남쪽에는 1954년에 은사였던 석두화상과 함께 머물기 위해 효봉이 창건했던 미래사가 있어 현재까지 효봉 문도의 수행 공간이 되고 있다.

통영 앞바다에 흩어져 있는 섬들도 일찍부터 불교와 관련된 설화를 많이 간직하고 있다. 『통영시사(1999)』에 의하면, 원효대사가 천하를 주유하다가 통영에 이르러서는 이 지역 전체가 불국토라 찬탄했다고 전한다. 이미 언급한 미륵불이 상주한다는 미륵산을 제외하고도 욕지도는 현세불인 석가불의 화엄회상처를 의미하고, 한산도는 지혜제일로 석가불의 교화를 돕는 문수보살이 머물고 있으며, 연화도는 서방의 극락정토를 주재하는 아미타불이 계시는 등 사방이 현재와 미래의 불국토라고 통찰하였다. 이외에 사량도에도 불모산과 달마봉 등 불교와 관련된 지명이 있다.

이 중에 통영항에서 남서쪽으로 24㎞쯤 떨어진 연화도는 욕지면의 부속 섬인데, 연산군 때 연화도사가 억불정책을 피해 와서 수도했다고 전하고, 임진왜란 때 승병으로 활약했던 사명대사도 일찍이 연화봉 아래에 토굴을 짓고 수행했다고 전한다. 또 하나의 부속 섬인 두미도에서는 1937년에 통일신라시대에 제작된 것으로 추정되는 금동여래입상이 발견되었는데, 현재 국립중앙박물관에 보관 중이라고 한다. 불상이 이곳에서 만들어졌는지는 알 수 없지만 상당히 수준 높은 금동불상이 발견되었다는 것은 여기서 이 불상을 모셨던 사람들의 신심이 대단히 깊었던 것을 반영한다고 할 수 있다.

불교는 경남지역의 크고 작은 섬에서 힘든 삶을 살았던 지역민에게 위안과 희망을 주기 위하여 일찍부터 유입되었던 것으로 보인다. 수많은 자연재해와 전란으로 사암의 건물뿐만 아니라 자료의 대부분도 소실되어 그 구체적 현황이나 사적은 밝힐 수 없는 것이 많았다. 하지만 거제·남해·통영 등지의 사찰들은 여러 차례의 중창을 거쳐 현존하고 있고, 일부 지역에서는 불교 관련 지명이 현재까지 전하고 있다. 이를 통해서 남해안 지역 섬에서 불교 유포의 일면을 엿 볼 수 있을 것이다.

〈참고문헌〉

『신증동국여지승람』

『태종실록』

『범우고』

『비변사인 방안지도 · 고성』

『화방사 완문(1788)』, 「절목(1784)」

거제시지편찬위원회, 『거제시지』하권, 2002

남해군지편찬위원회, 『남해군지』, 2010

통영시사편찬위원회, 『통영시사』2권, 2018

안순형, 『경남의 사찰여행』, 선인, 2015

≪새거제신문≫〈동종과 함께 사라진 하청북사의 전설〉, 2014.08.29.

거제시청 홈페이지 http://www.geoje.go.kr/

남해군청 홈페이지 http://www.namhae.go.kr/

통영시청 홈페이지 http://www.tongyeong.go.kr/

문화재청 홈페이지 http://www.cha.go.kr/

* 현장 답사

거제도 둔덕기성 내부 모습

VII

경남의 섬, 유배왔던 사람들 _ 김광철

Ⅶ. 경남의 섬, 유배왔던 사람들

1. 형벌로서 유배

유배는 유형이라고도 하며, 죄인을 먼 곳으로 보내 거주를 제한하는 형벌이다. 유배·귀양·정배(定配)·부처(付處)·안치(安置)·정속(定屬)·천사(遷徙) 등으로도 표현하며, 사서 등에서는 배(配)·적(謫)·방(放)·찬(竄)·사(徙) 등으로도 기록되어 있다. 유형은 다섯가지 형벌[五刑], 즉 태형(笞刑), 장형(杖刑), 도형(徒刑), 유형(流刑), 사형(死刑) 가운데 하나이다. 『당률소의』에서는 유형의 설정이 차마 사형을 집행하지 못하고 먼 곳으로 유배하여 관용을 보인 것이라 하였지만, 사형 다음으로 무거운 형벌이었다. 『고려사』「형법지」 명례(名例)조에서는 유배형에 대해 다음과 같이 규정하고 있다.

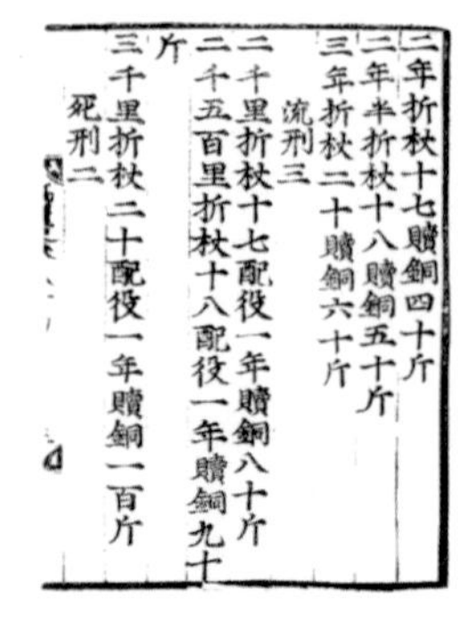
二年折杖十七贖銅四十斤
二年半折杖十八贖銅五十斤
三年折杖二十贖銅六十斤
流刑三
二千里折杖十七配役一年贖銅八十斤
二千五百里折杖十八配役一年贖銅九十
斤
三千里折杖二十配役一年贖銅一百斤
死刑二

| 『고려사』「형법지」 명례(名例)조 (국사편찬위원회)

유형은 세 종류인데, 2,000리 밖으로 보내는 유배형은 절장(折杖) 17대에 배역(配役) 1년, 속죄금은 동(銅) 80근으로 한다. 2,500리 밖으로 보내는 유배형은 절장 18대에 배역 1년, 속죄금은 동 90근으로 한다. 3,000리 밖으로 보내는 유배형은 절장 20대에 배역 1년, 속죄

금은 동 100근으로 한다.

유형은 2,000리, 2,500리, 3,000리의 세 등급이었고, 장형과 강제노역, 벌금형으로 대체하는 규정도 마련해놓고 있었다. 2,000~3,000리에 이르는 세 등급의 유배 거리는 중국에서나 실제 거리대로 적용될 수 있는 것이었고, 우리의 경우 지리적 여건상 근지(近地)·원지(遠地)·섬 등으로 구분하여 시행되었다. 근지보다는 원지가 형량이 높은 유형이었지만, 섬으로의 유배보다는 나은 상태였다.

1430년(세종 12) 윤12월에는 유배형을 받은 사람들의 유배지를 정했는데, 경성(京城)·유후사(留後司)·경기(京畿) 지역에서 유배형을 받은 경우, "3,000리는 경상·전라·평안·함길도 안에서 30식(息) 밖에 있는 해변의 여러 고을, 2,500리는 경상·전라·평안·함길도 안에서 25식 밖에 있는 여러 고을, 2,000리는 경상·전라·평안·함길도 안에서 20식 밖에 있는 여러 고을."로 배정되었다.

섬으로의 유배에서 절도(絕島)로 인식되어 주로 대상 지역으로 삼았던 곳은 한양에서 가장 멀리 떨어진 제주도와 경남의 거제도와 남해도, 전남의 진도였다. 계유정난으로 집권한 세조는 반대세력을 숙청하면서 수많은 사람들을 처형하고 유배 보냈는데, 다음에 보이는 바와 같이 유배지는 제주, 거제, 남해, 진도였다.

의금부에 전지하기를, "허후(許詡)·조수량(趙遂良)·안완경

(安完慶) · 지정(池淨) · 이보인(李保仁) · 이의산(李義山) · 김정(金晶) · 김말생(金末生) 등의 부자 · 모녀 · 처첩 · 조손(祖孫) · 형제 자매는 자원(自願)에 따라 외방에 부처(付處)하고, 그 남부(男夫) 16세 이상은 거제(巨濟) · 진도(珍島) · 제주(濟州) · 남해(南海) 등의 읍에 부처할 것이며, 15세 이하는 그 어미에게 주어 기르게 하여 장정이 된 뒤에 부처하고, 그 아들의 처첩과 백부 · 숙부 · 형제의 아들들은 모두 논하지 말라. 그리고, 황보석(皇甫錫) · 황보흠(皇甫欽) · 김승벽(金承璧) · 김석대(金石臺) · 이승윤(李承胤) · 민보창(閔甫昌) · 민보해(閔甫諧) · 윤경(尹經) · 윤위(尹渭) · 윤탁(尹濯) · 윤식(尹湜) · 이수동(李秀同) 등의 아들로 나이 16세 이상된 자는 거제 · 남해 · 진도 · 제주 등의 관노(官奴)로 영속(永屬)시키고, 15세 이하는 그 어미에게 주어 기르게 하여, 장정이 된 뒤에 관노에 속하게 하라."하였다.(『단종실록』 권9, 단종 1년 11월 23일 을해)

유형 중 가장 무거운 죄목은 모반·반역·불효였으며, 반인륜적인 행위나 뇌물수수 및 간죄(奸罪) 등으로 유배되기도 하고, 정쟁(政爭)을 비롯한 특수한 정치 상황에 기인하여 유배형에 처한 경우도 있었다. 해당자의 신분에 따라 똑같은 범죄라도 서로 다른 형량이 구형되었고, 때로는 사노(私奴) 등이 대신 유배되기도 하였다.

1) 안종(安宗) 왕욱(王郁)의 사천 유배

고려시대 처음으로 경남 지역에 유배된 인물은 고려 제8대 임금 현종의 아버지이자 태조 왕건의 아들인 안종 왕욱이다. 그는 992년(성종 11) 7월 오늘날 경남 사천시인 사수현(泗水縣)에 유배되었다. 안종 왕욱은 태조 왕건과 신라 김억렴(金億廉)의 딸인 신성왕태후(神成王太后) 김씨 사이에서 태어났다. 경종의 아버지 광종과는 이복 형제 간이며, 경종이나 성종은 그의 조카인 셈이다. 안종이 사천으로 유배된 사정은 아래와 같다.

왕욱(王郁)의 집이 왕륜사(王輪寺)의 남쪽에 있었는데 경종의 비(妃)인 헌정왕후(獻貞王后) 황보씨(皇甫氏)의 사제(私第)와 가까웠다. 헌정왕후는 태조의 아들 대종(戴宗) 왕욱(王旭)의 딸로 성종의 친 누이이다. 경종의 또 다른 왕비 천추태후로 잘 알려진 헌애왕태후(獻哀王太后) 황보씨는 그녀의 언니이다. 헌정왕후는 경종이 사망하자 대궐을 나와 그 집에 살았는데 왕욱과 더불어 드디어 사통(私通)하여 아이를 가지게 되었다. 산달이 가까워 와도 말하지 못하고 있다가 992년(성종 11) 7월, 왕후가 안종의 집에서 머물고 있을 때 그 집안사람들이 장작을 뜰에 쌓아놓고 불을 질렀다. 불길이 막 솟아오르자 백관(百官)이 불을 끄러 달려오고 성종도 또한 급히 와 안부를 묻게 되어, 집안사람들이 결국 사실대로 알렸으며 이에 성종은 “숙부께서 대의(大義)를 범했기 때문에 유배가게 되었으니, 삼가 애태우지 마소서.”라고 말하면서 사수현으로 유배 보냈다.

왕후는 부끄럽고 한스러워 목을 놓아 울부짖다가 그 집으로 돌아갔는데 겨우 대문에 닿자마자 태동(胎動)이 있어 아이를 낳다가 사망하였다. 성종은 유모(乳母)를 뽑아 아이를 기르게 하고, 아이가 2살이 되자 사수현으로 보내어 왕욱에게 돌려주었다. 이 아이가 뒷날 현종(顯宗)이다.

996년(성종 15) 왕욱이 유배지 사천에서 사망하자 그곳에서 장사지냈다. 이듬해 2월 현종은 개경으로 돌아왔고, 왕위에 오르게 되자 아버지 왕욱을 추존하여 효목대왕(孝穆大王)이라 하고 묘호(廟號)를 안종(安宗)이라 하였다. 현종 6년 6월에는 유배지였던 사수현도 사주(泗州)로 승격되었다.

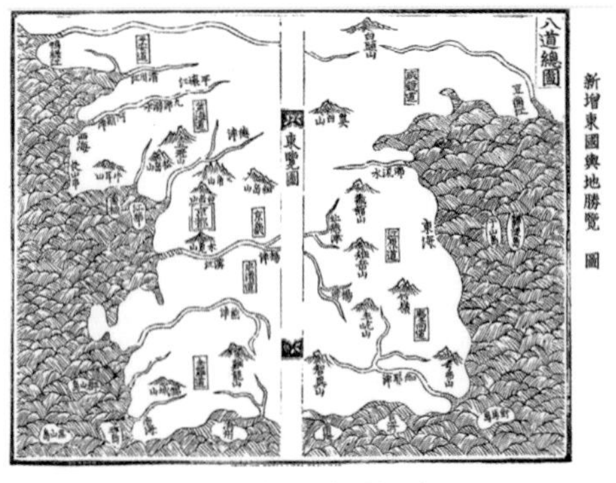

| 『신증동국여지승람』(한국고전종합DB)

2) 도생 승통 (道生僧統) 왕탱(王竀)과 부여공(扶餘公) 왕수(王璲)

고려시대 거제 지역에는 일찍부터 유배된 인물들이 왕래하고 있었다. 그것도 왕실과 관련된 인물들이 많았다. 1112년(예종 7) 6월에는 경산부 약목군에 유배되었던 문종 왕자 부여공 왕수를 거제현으로 이배(移配)시켰는데, 그는 거제현으로 이동하는 도중 현풍현에서 사망하기 때문에 거제현에서 유배 생활을 하지는 않았다. 같은 해 8월에는 문종 왕자로서 승려 신분이었던 도생승통 왕탱이 반란을 도모했다고 하여 거제현에 유배되었다.

왕수나 왕탱은 모두 문종의 왕자로서 예종과는 숙질 간이었다. 예종이 즉위한 이후 이들 왕족을 숙청한 것은 왕권 강화와 밀접한 관련이 있다. 예종은 여진(女眞) 정벌의 실패로 윤관(尹瓘) 세력이 쇠퇴한 후, 정국의 주도권을 장악하기 위해 송나라와 외교관계를 개선하고 예제를 정비하는 등 유교이념에 입각한 왕권 강화를 단행하였다. 이에 예종의 정국운영에 대해 일부 왕족과 측근 관료들이 반발하자 왕수를 유배하였고 2개월 뒤에는 다시 도생 승통 왕탱과 그의 지원 세력인 이여림 등을 제거한 것이었다.

고려전기에 이들 왕족을 거제현으로 유배한 것은 국왕이 국정 운영에 걸림돌이 될 수 있는 이들을 가급적 원지(遠地)로 유배하여 결집할 수 있는 기회를 봉쇄하기 위한 것이었다. 그러한 점에서 제주를 제외한 먼 섬으로는 거제도가 적지였던 것이다. 그러나 이들의 거제 유배는 거제 지역에 큰 영향을 미치지는 못했다. 왕수는 이배 도중 사망하였고, 왕탱도 곧 사망하고 있기 때문이다.

3) 정서(鄭敍)의 거제 유배

의종 때에는 '정과정곡'으로 유명한 정서가 거제현으로 유배되었다. 의종의 측근 세력으로 활동하고 있던 김존중(金存中)과 정함(鄭諴) 등이 정서가 의종의 동생인 대령후(大寧侯) 왕경(王暻)을 옹립하려 한다고 무고하였다. 1151년(의종 5)에 발생한 이 사건은 의종이 대령후 왕경에게 밀착되어 있던 정서와 외척인 정안 임씨(定安任氏) 세력을 제거할 목적으로 만들어진 것이었다. 이 사건으로 왕경의 왕부인 대령부가 혁파되었으며, 정서는 곤장을 때려 동래로 귀양보내고, 양벽(梁碧)은 회진(會津)으로, 김의련(金義鍊)은 청주(淸州)로, 김참(金昆)은 박도(樸島)로 귀양보냈다. 또한 평장사 최유청(崔惟淸)은 정서가 제왕과 연회할 때 기명(器皿)을 빌려주어 잔치를 도와 대신의 체통을 잃었다 하여 남경 유수로 좌천시키고, 잡단 이작승(李綽升)은 대성(臺省)에서 정서를 탄핵할 때 집에 있으면서 참여하지 않았다 하여 남해현령으로 좌천시켰는데, 이들은 모두 정서의 매부(妹夫)였다.

| 거제도 우두봉의 「정과정곡」 시비

정서는 동래로 유배되었다가 1157년(의종 11) 거제현으로 이배되었고, 1170년(명종 즉위) 10월에 소환되었다. 정서가 거제현에 머물렀던 기간은 10여년의 오랜 기간으로 이 기간 동안 그가 거제 사회에 행적을 남겼을 가능성이 있다.

확인되지는 않지만 처소로 삼았던 곳도 거제의 치소가 자리 잡았던 둔덕면 일대였을 가능성이 있다.

4) 의종의 폐위와 거제 유폐

무신난의 발생으로 의종이 폐위되어 거제에 유폐된 사건은 거제 지역사회의 충격으로 작용했다. 정중부 등의 무신난은 1170년(의종 24) 8월 30일에 발생하였다. 무신들은 의종의 보현원 행차를 기회로 삼아 거사하고, 왕을 시종하고 있던 문신과 환관, 개경에 남아 있던 문신 50여 명을 살해한 후, 왕을 환궁케 했다. 의종이 궁으로 돌아온 것은 다음날인 9월 1일 해질 무렵이었다. 무신들은 왕의 거처인 강안전에 입시하고 있던 내시와 환관 20여 명을 살해하는 등 살상을 시작했다.

의종은 이때까지만 해도 자신이 폐위될 줄은 몰랐던지, 수문전(修文殿)에 앉은 채로 평소와 다름없이 술을 마시면서 악공들에게 음악을 연주하게 했으며 한밤중이 되어서야 침소로 들어갔다. 그러나 이는 착각이었다. 난의 주모자인 이고(李高)와 채원(蔡元)은 왕을 시해하고자 했다. 양숙(梁淑)의 만류로 시해는 면했지만, 대신에 정중부는 왕과 태자를 각각 군기감(軍器監)과 영은관(迎恩館)에 유폐시켰다. 의종의 폐위와 거제현 유배는 군기감에 유폐시킨지 하룻만인 9월 2일에 결정되었다. 의종과 태자는 거제현과 진도현으로 각각 방출하고 태손은 살해되었다.

의종의 유배지로 거제현을 선택한 까닭은 확실치 않다.

거제는 이전에도 왕족의 유배지로 선택했었던 전례가 적용된 것인지도 모른다. 국왕이나 왕족을 유배 보내는 쪽의 입장에서 보면, 거제의 지리적 환경이 이들을 관리하고 통제하기에 적합한 곳이었다. 바닷가의 섬으로서 일정하게 육지와 격리되었는 데다가, 제주도처럼 멀리 떨어져 있지 않아서 중앙으로부터 통제가 수월한 곳이었다. 유배자의 동향을 적절히 감시할 수 있었기 때문에 유배자들의 이곳에서 독자적 세력을 형성하거나 반기를 들지 못하도록 하는 데도 용이한 곳이었기 때문일 것이다.

의종의 거제 유배에는 일정하게 시종 인원이 배치되었을 가능성이 있다. 『고려사』에는 의종이 '단기(單騎)'로 방출되었다고 하여, 홀로 유뱃길에 나섰음을 시사하고 있지만, 의종의 모후인 공예태후의 요청으로 의종의 궁첩인 무비(無比)가 종행(從行)한 것을 보면, 의종을 시종하는 한편 감시하는 최소한의 인원이 배치되었을 가능성이 높다.

의종은 1173년(명종 3) 시해당하기 이전까지 3년 간 거제에 머물고 있었다. 김보당의 의종 복위 계획에 따라 명종 3년 8월 20일 장순석 등의 호위를 받아 경주로 들어감으로써 3년 간의 거제 유폐 생활을 마감하였다. 그러나 경주 객사에 유폐되었다가 같은 해 10월 1일에 이의민에 의해 처참히 살해됨으로써 그 생애를 마감하게 된다.

의종이 3년간 거제에 유폐되어 어느 곳에 거처하면서 무엇을 하며 지냈는지, 이를 전해주는 기록은 어디에서도 찾아볼 수 없다. 3년간이나 머물렀기 때문에 당시 거제 지역사회에서는 의종과 관련한 이야기들이 여럿 전해졌을 가능성이 높다. 그러나 천태산 마고할매가 '피왕성'을 쌓았다거나, 의종이 배를 타고 건너왔다 하여 견내량을 전하도(殿下渡)라 하였다는 구비전승, 왕의 경제적 기반으로 둔전(屯田)을 설치했다 하여 둔덕이라는 지명이 생기고, 목마장으로서 마장 등이 전할 뿐이다.

의종이 거제에 유폐된 후 거처했던 곳은 당시 거제의 치소성인 기성(岐城)일 가능성이 높다. 의종을 기성에 거처하게 한 것은 당시로서는 이곳이 거제의 유일한 성곽일 뿐 아니라, 거제의 치소(治所)에 자리잡고 있는 치소성으로 기능하고 있었기 때문일 것이다. 무신집정자들로서도 폐위된 국왕이지만 그 지위를 일정하게 대우하면서 한편으로는 감시와 통제가 용이한 곳을 택했을 가능성이 높으며, 이러한 점에서 치소성인 기성은 적격이었다. 지리서 등에서 기성과 의종의 거제 유폐를 연관시켰던 것도 이 때문일 것이다. 마고할매 전설이나 뒷날 『통영군지』 등에서 새로 성을 쌓아 거처했던 것처럼 묘사하고 있지만, 기성의 위치나 규모가 조선시대 읍성의 그것과 다르다는 점을 인식한 결과로 볼 수 있다.

의종이 유배될 당시부터 기성을 폐왕성이라 불렀을 가능성은 없다. 이때까지 기성은 거제의 치소성으로 기능하고 있었기 때문에 폐왕성으로 부를 이유는 없었다. 다만 폐위된 의종이 기성에 거처한다는 소문은 얼마든지 전해질 수 있는 것이고, 당시 지역사회에서는 그렇게 기억되었을 것이다. 그런데 이러한 지역사회에서의 기억이 오래도록 전승되었을지 의문이다. 의종의 거제 유배 후 1세기쯤 지나서 거제 지역사회는 군현 이동이라는 큰 변화가 있었다. 거제현이 거창의 속현 가조현으로 이동되어 수령과 재지세력인 향리, 그리고 주민이 거제 지역사회를 떠나 있었다. 그 기간이 또한 1세기를 훨씬 뛰어넘는 것이어서 의종의 유배처로서 둔덕기성에 대한 기억은 단절될 수밖에 없는 여건이었다. 이러한 점을 고려한다면 둔덕기성, 그리고 폐왕성의 기억은 전승된 것이 아니라, 뒷날 어느 시기에 지역 지식인들에 의해 발견되고 탐구된 것으로 보아야 할 것이다.

| 거제도 둔덕기성 내부 모습

5) 고려시대 남해도로 유배 온 사람들

고려시대 남해로의 유배도 왕족의 유배에서부터 시작되었다. 1072년(문종 26) 7월에 문종의 동생 평양공(平壤公) 왕기(王基)의 아들 왕진(王璡)이 남해현에 유배된 것이 그것이다. 이 해 7월 26일 교위(校尉) 거신(巨身)이 반역을 모의하였다가 처형되는 사건이 발생하였다. 병사 장선(張善)이 고소한 바에 따르면, 교위 거신이 자신의 당여(黨與) 1,000여 명과 함께 왕을 폐하고 왕의 아우인 평양공 왕기를 옹립할 것을 모의하였다고 한다. 이러한 장선의 고발에 따라 왕은 이들을 체포하라고 명하여 거신은 처형하고 그 일족을 멸하였다. 왕기는 이미 죽었기 때문에 그의 아들 왕진(王璡)을 남해현에, 왕정(王珵)을 안동부에 유배 보냈는데, 모두 얼마 지나지 않아 사망하였다. 막내 아들 왕영(王瑛)은 어리다고 하여 처벌을 면하였다.

의종 때에는 하급 무관인 대정이었던 최세보(崔世輔)가 남해로 유배되었다. 1167년(의종 21) 10월 연등회 날 저녁에 임금에게 화살이 날아온 사건이 발생했는데, 최세보가 곁에 있었다가 혐의를 받아 체포된 뒤 남해로 유배되었다. 3년 뒤 무신난이 발생하자 소환되어 복직하였다.

최씨집권기에는 주연지(周演之, ?~1228)가 남해로 유배되었다. 주연지는 삼계현(森溪縣) 사람으로 초명은 최산보(崔山甫)였는데, 음양술수에 밝아서 뒤에 그 고을의 금강사(金剛寺) 주지가 되었다. 뒤에 이름을 주연지로 바꾸고 서울로 들어가 점술로서 인기를 얻어, 당시 무인집정이던 최우(崔瑀, ?~1249)와도 긴밀한 관계를 맺고 있었다. 그런데 1227년(고종 14) 3월, 상장군 노지정(盧之正)과 대장군 금휘(琴輝, ?~1227) 및 김희제(金希磾, ?~1227)가 주연지 집에 모여 최우를 살해하고 전왕 희종을 복위시키기로 모의했다는 참소사건이 발생했다. 최우는 이를 사실로 믿어 주연지를 남해로 유배하고, 노지정과 금휘 역시 여러 주(州)로 유배하였다. 뒤에 주연지의 집을 적몰하다가 전왕이 주연지에게 준 글을 발견했는데, 거기에 '하늘에 맹세하고 땅에 맹세하여 생사를 함께 하며 아버지로 섬기겠다.'라는 말이 들어 있었다. 최우는 즉시 장군 조시저(曺時著) 등을 보내 전왕을 강화도 옮겼다가 교동에 유폐시켰다. 주연지는 바다에 빠뜨려 죽이고, 그 일족을 멸하였다.

家謀欲害公奉熙宗復位怡信之流演之子
南海之正及輝亦配諸州籍演之家得熙宗
與演之書有誓同生死父事之語怡即遣將
軍曹時著等遷熙宗于江華又遷于喬桐沈
演之于海夷其族捕造一鞫之乃服又捕之
正輝希磾及中郎將牙允偉別將中作楨並
沈于海妻子兄弟分配遠地又沈希磾子三
人有文大淳者嘗流紫燕島有僧犯罪亦配
是島與大淳相惡密遣人譖怡曰大淳等潛

| 『고려사』 권129 열전 권제 42, 반역(국사편찬위원회)

3. 조선시대 경남의 섬으로 유배 온 사람들

1) 조선건국 후 고려 왕족의 거제 유배와 수장

조선 건국 과정에서 거제도는 고려 왕족의 유배처가 되어 다시 한번 지역사회에 동요를 일으키는 요인이 되었다. 물론 이 시기는 거제현이 거창의 속현 가조현으로 이동된 시기여서 지방관의 주재하에 관리되고 있지 않은 상황이었지만, 고려 왕족의 유배와 수장은 이후 지역 주민에게 여러 방면으로 영향을 미쳤을 터이다.

새 왕조가 열려 태조 이성계가 즉위한 지(7월 17일) 3일만에 고려 왕족의 처리 문제가 논의되었다. 처리 방안은 대사헌 민개(閔開, 1360~1396)의 건의에 따라 수립되었다. 순흥군 왕승(王昇)과 그의 아들 왕강(王康), 정양군 왕우(王瑀)와 그의 아들 왕조(王珇)·왕관(王琯)을 제외하고 나머지는 모두 강화와 거제로 유배하는 것으로 결정되었다. 이때 모두 처리되지 않았던 탓인지, 두 달 뒤인 9월 21일에는 전국 고을에 일반인과 섞여 살고 있는 왕씨들도 모두 찾아내어 거제 등으로 이송하도록 하였다. 이렇게 하여 고려 왕족이 대거 거제로 들어오게 되는데, 그 인원이 어느 정도인지 확인되지는 않는다.

그런데 고려 왕족들이 거제로 유배된 지 1년이 채 되지 않은 1393년(태조 2) 5월에 이들을 유배에서 풀어 출륙시키라는 명령이 하달되었다. 태조가 직접 도평의사사에 교지를 내려 거제도에 유배된 고려 왕족을 기한을 정하여 육지에 있는 고을로 안치시켜 생업을 이을 수 있도록 하고, 그 가운데 재능이 있는 자는 등용시킨다고 하였다. 이에 따라 도평의사사는 경상도 안렴사와 거제병마사에게 공문을 보내 왕족들을 전주, 상주, 영해 등지로 이송하여 거처케 하였다. 건국 후 2년 정도 지나면서 어느 정도 체제의 안정을 꾀할 수 있었고, 민심을 수습하는 차원에서 이루어진 조치로 볼 수 있다.

그러나 고려 왕족의 출륙 조치는 오래가지 않았다. 출륙시킨지 6개월 만인 1394년(태조 3) 1월 17일에 왕족들은 다시 거제로 유배되고 있기 때문이다. 그 배경은 새로 건국한 조선의 명운과 공양왕 및 왕씨의 명운을 점친 일이 발각되어, 참찬문하부사였던 박위(朴葳, ?~1398)가 순군옥에 수감되고 동래현령 김가행(金可行) 등이 체포되는 사건이 발생한 데서 비롯되었다.

1392년 9월, 오늘날 창원인 의창 유배지에 있던 남평군 왕화(王和, ?~1394)는 삼촌숙인 승려 석능(釋能)과 함께, 점

복에 능한 이흥무(李興茂)에게 공양왕의 복위 가능성과 자신의 운명을 점치게 했다. 점친 결과, 왕화가 "섬에 들어간 지 3년 후에는 나오게 되고, 47세나 48세가 되는 때에 군사를 거느리고 군주가 되는 명운"으로 나왔다. 조선 건국을 송두리째 부정하는 내용의 점괘였다. 조선 왕실이나 건국 주도 세력들로서는 묵과할 수 없는 사안임에 틀림없다.

점친 것이 사실일지라도, 이 사건이 2년 뒤에 가서야 왜 들추어지게 되었는지 의문이다. 그것도 유배되었던 고려 왕족을 출륙시켜 생업을 잇게 한 조치가 취해진지 5개월도 지나지 않아 발생하고 있다. 아무래도 고려 왕족을 출륙시키고 그들의 지위를 유지하려는 정책에 대한 반발로 보인다.

이 사건은 고려 왕족을 다시 유배하는 것으로 끝나지 않았다. 곧 고려 왕족을 제거해야 한다는 대간의 상소가 빗발쳤고, 마침내 4월 14일에는 각지에 유배된 왕씨들을 제거하기 위해 중추원 부사 정남진(鄭南晉)과 형조의랑 함부림(咸傅霖)을 삼척으로, 형조전서 윤방경(尹邦慶)과 대장군 오몽을(吳蒙乙)을 강화(江華)로, 형조전서 손흥종(孫興宗)과 첨절제사 심효생(沈孝生)을 거제도로 파견하였다.

이에 따라 거제에 유배되었던 고려 왕족들은 4월 20일 바다에 수장되고 말았다. 이어서 전국에 숨어 있던 고려 왕족들을 찾아내어 모두 살해하고, 왕씨 성을 하사받은 사람들은 본래의 성씨를 쓰게 했으며, 왕족이 아닌 왕씨들은 어머니 성씨를 사용하도록 조치하였다. 이제 왕씨는 자취를 감추게 된 셈이다.

정부의 조치에 따라 고려 왕족이 거제에 머문 기간은 1392년 7월~1393년 5월까지(태조1~2년) 10개월, 다시 거제로 유배된 1394년 1월부터 수장되는 4월까지 3개월로 모두 1년 남짓이다. 고려 왕족이 거제에 유배되어 어느 곳에 자리잡았는지 확인되지 않는다. 『신증동국여지승람』에서는 둔덕 기성(岐城)을 처소로 삼은 것처럼 기록하고 있다. 고려 왕족이 거제로 유배될 당시, 거제의 치소(治所)와 이민(吏民)은 거창의 가조현으로 옮긴지 오래전이기 때문에, 기성은 치소성으로서 기능을 상실하고 있었으며, 상시적인 행정력도 공백상태였다. 유배된 고려 왕족의 수도 많았을 터이기 때문에 기성에 이들을 모두 수용하기는 어려웠을 것이다.

| 둔덕기성 배치도

2) 정치 파동과 경남의 섬으로 유배 온 사람들

조선 건국 후 왕위 계승 문제나 국정 운영의 주도권을 장악하기 위해 국왕과 정치세력들 사이에 갈등 대립의 현상이 노골화 되면서 수많은 정쟁이 발생하였다. 태종이 집권하는 과정에서 이른바 1, 2차 왕자의 난이 발생하였고, 단종의 왕위를 무너뜨리고 수양대군 세조 정권이 수립되는 과정에서 발생한 '계유정난'과 단종 복위 문제를 둘러싸고 수많은 정치적 희생자가 나왔다.

연산군 집권기 무오사화와 갑자사화, 중종반정, 중종 14년의 기묘사화, 명종대의 을사사화의 발생은 다시 한번 정국을 소용돌이 속에 몰아넣으면서 죽임을 당하거나 투옥, 유배되는 인물들을 낳고 또 낳았다. 전쟁이 끝난 뒤에 정치사정은 더욱 좋지 않았다. 동서 분당에 이어 정국 운영에서 붕당정치가 기조를 이루면서 광해군 집권, 인목대비 폐모, 인조반정으로 귀결되는 과정에서 서로 용납될 수 없는 정치세력의 갈등 구조가 고착화되기 시작하였다. 숙종대 이후 전개되는 환국정치, 예송논쟁, 갖가지 옥사 등은 이같은 갈등 구조가 전면화된 것으로, 정치세력들은 죽기 살기로 자파의 생존전략을 도모하였다. 그 결과 패자는 가차없이 죽음과 유배를 맞아야 했고, 승자 또한 내일을 기약할 수 없는 불안과 공포의 나날을 보내야 했다.

조선시대 경남의 섬으로 유배된 사람들은 일반 민간에서부터 왕족에 이르기까지 다양하지만, 벼슬살이를 했던 정치세력들이 두드러진다. 경남의 섬에 유배된 것으로 확인되는 사람들을 소개하면 부록 표4 '조선시대 경남의 섬에 유배된 사람들'과 같다.

조선시대 정치적 사건에 연루되어 경남 지역으로 유배된

사람들은 48명 정도 찾아진다. 물론 이외에도 더 많은 유배자들이 있었을 것이다. 유배지는 거의 거제도와 남해도이다. 단종 1년에 발생한 계유정난 때 유배된 사람들이 5명이나 되고, 연산군 때 사화 피해자도 7명이나 된다. 기묘사화 등 중종 명종대 정치 운영과정에서 발생한 정치사건에 연루된 사람들이 9명이며, 광해군 집권 과정과 인조반정에 연관된 사람들이 6명 정도이다. 이 외 대부분은 숙종대 이후 붕당 정치 과정에서 발생하는 환국 등 여러 정치사건에 관련된 사람들이다.

유배 기간은 5개월에서 20년에 이르기까지 다양하다. 허후의 경우처럼 유배지만 거제로 정해지고 교형에 처한 경우도 있고, 이장곤처럼 유배지 거제에서 탈출한 사례도 있다. 경남의 섬으로 유배된 인물 가운데는 유배지 관련 시문을 남기거나 유배지의 형편을 전해 당시 지역사회의 사정을 이해하는 데 도움을 주고 있는 인물들도 있다.

이행은 갑자사화 때 홍문관 응교로 있으면서 연산군의 생모인 폐비 윤씨의 복위를 반대하다가 1504년(연산군 10) 4월 충주에 유배되고, 이듬해 1월 경남 함안으로 옮겨 유배되었다가 1506년(연산군 12) 2월부터 거제도에 위리안치되었다. 같은 해 9월 중종반정이 이루어지므로써 유배에서 풀려 홍문관 교리로 복귀하였다.

이행의 거제도 유배지는 고자고개로 불리우던 화자현(火者峴)이었는데, 이행이 이 고개 이름을 고쳐 고절령(高節嶺)이라고 했다. 이행은 화자현의 유래에 대해서 “옛날 읍(邑)에서 부역하던 백성이 오가는 길에 이곳을 지나면서, 부역은 과중하고 길은 가팔라 그 고달픔을 견디지 못한 나머지 잿마루에 다다라 자신을 거세(去勢)하여 부역을 면하였기 때문에 이렇게 이름 붙여졌다."라고 전했다.

| 『지승』에 표시된 고절치(규장각 한국학연구원)

이행은 충주 유배 기간에 36편의 시를 지어 『적거록(謫居錄)』이라는 이름으로 전했으며, 함안 유배 이후에는 79편의 시를 지어 『남천록(南遷錄)』으로 묶었고, 거제 유배 8개월 동안에 169편의 시를 지어 『해도록(海島錄)』으로 전하였다. 거제 유배 때 지은 여러 시 가운데 한 수인 '세한정(歲寒亭)'의 내용은 다음과 같다.

> 기슭 위에 선 늙은 소나무는 / 岸上老大松,
> 추운 겨울에도 언제나 푸르러 / 蒼蒼歲寒後.
> 시내를 가로지른 세 이랑 그늘 / 度溪三畝陰,
> 구불텅 뻗은 줄기 굽혀질쏘냐 / 偃蹇謝矯揉.
> 재목 못 되는 게 큰 쓰임이니 / 不才是大用,

곧은 부분이 대체 어디 있으랴 / 直者更何有.

쓸쓸한 이 병든 늙은이가 / 蕭然一病翁,

진정 너와 변치 않는 벗이 되리 / 與爾眞耐久.

김구는 1519년(중종 14) 11월 기묘사화로 개령(開寧)에 유배되었다가 두어 달 만에 죄가 더해져 남해로 옮겨 유배되었다. 남해 유배 기간은 13년 가까이 된다. 남해 유배가 끝난 뒤에도 임피(臨陂)로 유배지를 옮겨 2년 뒤인 1533년(중종 28) 3월에 가서야 석방되지만, 유배 생활에서 얻은 병을 이기지 못하고 다음 해 11월 16일에 47세 나이로 사망하게 된다. 사망 후 57년이 지난 선조 때에 이조참판으로 증직되었고, 1746(영조 22) 9월 기묘명현에 대한 시호를 내릴 때 김구에게는 '문의(文懿)'라는 시호가 수여되었다.

그는 남해 유배 중 1522년(중종 17) 7월에 「왜구수토록(倭寇搜討錄)」을 써서 그해 6월 고성, 남해 등지에서 전개되었던 왜구 토벌 과정을 기록으로 남겼다. 그의 문집인 『자암집(自菴集)』에는 유배지 남해에서 지은 경기체가 「화전별곡(花田別曲)」이 실려 있는데, 화전은 남해도의 별칭이라고 하였다. 6장 중 1장에서는 다음과 같이 산천이 수려하고 많은 인물을 배출한 남해섬의 뛰어남을 찬탄하고, 그 속에서 그곳 인물들과 어울려 즐기는 모습을 묘사하였다.

하늘 끝 땅 끝 한 점 신선이 사는 섬에, 왼쪽으로는 망운산이고, 오른쪽으로는 금산이로구나. 파천(巴川) 고천(高川)으로 산천이 빼어나고 호걸 준걸이 태어나 인물이 번성하니, 위 천하 남해의 승지는 그 어떠하던가. 풍류와 주색(酒色)이 한 때의 인걸이로다. 아, 나 같은 즐거움은 몇 사람이나 누릴건가.

花田別曲

|『자암김선생문집』 권2 「화전별곡」(한국고전종합DB)

홍무적은 1615년(광해군 7) 9월 거제도로 유배되었다. 인목대비 폐모론에 반대하던 이원익(李元翼)이 유배되자, 홍무적은 정택뢰·김효성(金孝誠) 등과 함께 상소하여 이원익의 충절을 밝히고 폐모론자를 목 벨 것을 주장하다가 유배된 것이다. 그는 9년간 유배 생활을 하다가 인조반정으로 복권되어 다시 벼슬길에 나갔다. 그는 죽음에 임박하여 스스로 지은 묘비명에서 "문(文)을 잘하는 것도 아니요, 무(武)를 잘하는 것도 아닌데, 성세(聖世)를 만나 지우(知遇)에 감격하여 생각이 있으면 반드시 아뢰고, 평탄하고 험한 일을 가리지 않아 죽을 때까지 지조를 바꾸지 않았다."하여 사대부로서 올곧은 모습을 보였다.

홍무적은 유배지 거제도의 환경에 대해서 교우인 계곡(溪谷) 장유(張維, 1587~1638)에게 전한 바 있다. 거기에서 거제는 장독, 즉 풍토병과 가시덤불 우거진 울창한 숲으로 인적이 드물고, 여름의 긴 장맛비로 독사와 독충이 우글거리는 자연환경으로 묘사되었다.

남구만은 1679년(숙종 5) 2월 남인의 영수인 윤휴(尹鑴)와

허견(許堅)을 탄핵하다가 거제도를 거쳐 남해로 유배되었다. 같은 해 10월 방면하라는 왕명에 따라 유배에서 풀려났고, 이듬해 경신환국(庚申換局)으로 남인이 실각하자 4월에 도승지로 발탁되었다. 그의 문집 『약천집(藥泉集)』에는 거제, 남해 유배지에서 지은 시 '유자(柚子)를 읊은 시 이십 수'가 들어 있는데, 그 서문에서 시를 쓰게 된 배경과 유배지의 주변을 다음과 같이 전하고 있다.

기미년(1679, 숙종 5)에 나는 성상의 명령을 받들고 거제도로 유배 갔다가 남해로 옮겨 갔다. 가을이 깊어 밤이 길어지자 잠이 더욱 적어졌으며, 평소 기력이 허약한데 눈까지 어두워져서 등불을 밝히고 책을 읽을 수가 없었다. 자리에서 이리 뒹굴 저리 뒹굴하며 함께 말을 나눌 사람이 없기에 유자를 읊은 시를 지어서 첩운(疊韻)으로 20수를 이루었으니, 이것을 시라고 여겨서가 아니요, 애오라지 스스로 적적한 마음을 달랬을 뿐이다.…

유배 중 남해 화방사에 유숙한 적도 있었다. 그는 화방사의 문안(文眼)과 응삼(應森) 두 스님에게 다음과 같은 시를 지어주었다.

저물녘 초제의 경내에 들어오니 / 暮入招提境,
먼저 시냇물 소리 들리는구나 / 先聞溪水聲.
잠시 선탑에 누웠으니 / 暫從禪榻臥,
나그네의 서글픈 심정 다소 위로되네 / 稍慰旅人情.

승려들의 말은 밤이 깊자 조용하고 / 僧語夜深歇,

종소리는 서리 온 뒤라 더욱 깨끗하네 / 鍾音霜後清.

의지할 계책을 이루려 하니 / 欲成依止計,

점점 속세의 생각 적어짐을 느끼노라 / 轉覺俗塵輕.

『숙종실록』권24, 숙종 18년(1692) 4월 30일 기유조에는 김만중의 사망 소식을 전하면서 다음과 같은 졸기(卒記)를 남기고 있다.

전 판서 김만중(金萬重)이 남해의 유배지에서 사망했는데, 나이는 56세였다. 김만중의 자(字)는 중숙(重叔)이고 김만기(金萬基)의 아우이다. 사람됨이 청렴하게 행동하고, 마음이 온화했으며 효성과 우애가 매우 돈독했다. 벼슬을 하면서는 언론이 강직하여 선(善)이 위축되고 악(惡)이 신장하게 될 때마다 더욱 정직이 드러나 청렴함이 다른 사람들보다 뛰어났고, 벼슬이 높은 품계에 이르렀지만 가난하고 검소함이 유생(儒生)과 같았다. 왕비의 근친이었기 때문에 더욱 스스로 겸손하고 경계하여 권세 있는 요로(要路)를 피하여 멀리했고, 양전(兩銓, 이조와 병조)과 문형(文衡)을 극력 사양하고 제수받지 않으므로, 세상에서 이를 대단하게 여겼었다. 글솜씨가 기발하고 시(詩)는 더욱 고아하여 근세의 조잡한 어구를 쓰지 않았다. 또한 재주를 감추고 나타내지 않았는데, 사람들이 그의 천품(天品)이 도(道)에 가까우면서도 학문에 공력을 들이지 못한 것을 한스럽게 여겼었다. 유배지에 있으면서 어머니의 상(喪)을 당하여도 분상(奔喪)할 수 없으므로,

애통해 하며 울부짖다가 병이 되어 사망하게 되었으므로, 슬퍼하며 상심하지 않는 사람이 없었다.

김만중의 남해 유배가 결정되는 것은 1689(숙종 15) 3월의 일이다. 1687년 9월 선천에 유배되었다가 1년 남짓 지난 1688년 11월에 석방된 지 4개월만에 다시 유배길에 들어섰던 것이다. 김만중은 남해의 노도(魯島)에서 3년간 위리안치라는 혹독한 유배생활을 보냈다. 어머니의 상을 당하여도 상주 노릇조차 할 수 없었다. 김만중은 선천 유배 때 그의 대표작인 『구운몽』을 썼고, 남해 유배기간에는 『사씨남정기』를 써서 숙종의 정치 운영방식을 풍자하고 비판하였다.

김창집은 1721년(경종 1) 12월 거제부로 유배되었다. 왕세제(뒤의 영조)의 대리청정을 요구했다가 이를 역모로 규정한 소론의 탄핵을 받아 노론 4대신(김창집·이이명·조태채·이건명을 말함)의 한 사람으로서 파직과 함께 유배된 것이다. 그는 이듬해 4월 성주로 이배되다가 사사의 명을 받아 죽임당했다.

서포 김만중의 유배지 남해 노도(남해군청)

그의 문집 『몽와집(夢窩集)』에는 「남천록(南遷錄)」을 전하고 있는데, 거제로 유배가는 길과 성주로 이배길에서 소감을 읊은 시문이 들어 있다. 이 가운데 '진주길에서'라는 시에서는 "섬 안의 풍토 나쁘다 말하지 마라 / 莫說島中風土惡"라고 하여, 유배지 거제의 환경에 대한 걱정을 드러내 보이기도 하였다. 바다 건너 거제로 들어가면서 '도해(渡海)'라는 제목의 시를 남겼고, 거제에 도착하여 위리안치에 들어가면서는 '입위리(入圍籬)'라는 시로써 그 소회를 읊었다.

유의양은 1771년(영조 47) 2월 17일에 서민으로 강등되고 남해로 유배당했다. 유배가 결정되는 당일에도 유의양은 부수찬에 임명되어 경연에서 검토관으로 활동하고 있었는데, 갑자기 유배를 결정하게 된 배경이 무엇이었는지 확실하지 않다. 그는 2월 26일 경 남해에 도착한 후 7월 중순까지 머물다가 유배에서 풀려나 같은 해 10월에 복직하였다.

유의양은 5개월이라는 짧은 유배 기간 동안에 남해의 풍물을 조사하고 연구하는 데 힘써, 그 내용을 한글로 쓴 『남해문견록』이라는 저서를 남겼다. 노량을 건너 남해로 들어가는 장면부터 시작되는 『남해문견록』은 남해 섬의 풍광과 섬에서 보고 느낀 것을 세밀

| 후송 유의양선생 기념비

한 필치로 묘사하였다. 유배지 남해 지역민들의 삶의 모습과 방식에 주목하여 산물, 장례나 혼례 풍속, 음식, 가옥 구조, 방언 등을 자세하게 소개함으로써, 당시 지역사회 연구와 국어사 연구에 귀중한 자료적 가치를 지니는 것으로 평가되고 있다.

〈참고문헌〉

『고려사』, 「고려사절요」, 『조선왕조실록』, 『국조인물지』, 『연려실기술』, 『용재집(容齋集)』(이행), 『약천집(藥泉集)』(남구만), 『자암집(自菴集)』(김구), 『몽와집(夢窩集)』(김창집), 『남해문견록(南海聞見錄)』(유의양)

강봉룡 외, 『섬과 바다의 문화 읽기』, 민속원, 2012.

김광철, 「거제 폐왕성의 유래와 상징화」, 『우당 이영석 박사 정년퇴임 기념논총』, 창원대학교, 2012.

김난옥, 「고려전기의 유배형」, 『한국사연구』 121, 2003.

김은지, 「이행의 유배시에 나타난 정서양상」, 『국어문학』 50, 2011.

김의환, 「조선중기 유배형과 유배생활」, 『역사와 실학』 44, 2011.

설성경, 「구운몽 남해 창작설에 대하여」, 『국학연구논총』 6, 2010.

신규수, 「조선시대 유배형벌의 성격」, 『한국문화연구』 23, 이화여대, 2012.

이승복, 「유의양(柳義養)의 유배체험과 그 제시 방식」, 『고전문학과 교육』 37, 2018.

이황진, 「약천 남구만의 유배시 연구」, 『한민족어문학』 75, 2017.

장선영, 「조선시기 유형과 절도 정배의 추이」, 『지방사와 지방문화』 4-2, 2001.

조지형, 「자암(自菴) 김구(金絿)의 유배 생활과 '우중유락(憂中有樂)'의 면모」, 『한국시가문화연구』 30, 2010.
최두식 · 엄경흠, 「이행의 거제 유배기, '해도록(海島錄)' 소재 시 연구」, 『석당논총』 31, 2002.
한정호, 「유배문학의 산실, 남해도(南海島) - 김구, 김만중, 류의양을 중심으로」, 『인문논총』 31, 2013.

마도 갈방아소리 재현(문화재청)

섬과 옛이야기 _ 한양하

1. 사천 비토섬 이야기
2. 사천 〈마도 갈방아소리〉
3. 남해 〈창선 상여소리〉
4. 통영 수우도 설운 장군 이야기
5. 통영 사량도 최영 장군 사당 이야기
6. 마산 돝섬 이야기

Ⅷ. 섬과 옛이야기

다도해의 아름다운 풍광은 우리나라에서 자랑할만한 문화관광적 자산이다. 가장 큰 섬인 제주도뿐만 아니라 남해안 곳곳의 아기자기한 섬들은 세계 어느 비경 못지않은 아름다움을 지니고 있다. 이 섬들은 신의 손길로 빚어져 바람과 물과 햇볕이 숨을 불어 넣어 기묘한 아름다움을 빚어내었다. 그 속에 신성함과 비속함, 위엄과 통속, 삶과 죽음이 어우러져 이야기와 노래를 남겼다. 섬의 유래담에는 신성함과 비장미가 깃들기도 하고, 왜군을 물리치고 백성의 목숨을 귀하게 여긴 장군들의 위엄이 담겨 있기도 하다. 비루한 목숨을 이어가야 하는 사람들의 배신과 애환, 절절한 사랑이 깃들기도 했다. 이렇게 섬에 얽힌 이야기와 노래들은 섬사람들의 세계관을 형성하였으며, 섬사람들의 문학이 되었다. 경남 지역에 전하는 섬 이야기와 노래들 몇 편을 통해 섬사람들의 삶에 깃든 구비 전승 문학의 실체를 살펴보겠다.

1. 사천 비토섬 이야기

비토섬은 사천에서 삼천포로 쪽에 있는 서포의 끝자락에 위치한 섬이다. 비토섬은 사천 8경 중 하나로 갯벌이 보존되어 있어 자연 생태 체험관광지로 유명하다. 1992년에 서포를 연결하는 연륙교가 놓이면서 더욱 접근성이 높아졌다. 비토교를 지나면 월등도, 목섬, 토끼섬, 거북섬을 만날 수 있다. 비토(飛兎)는 이름에서 알 수 있듯이 토끼가 날아오른 섬, ≪별주부전≫의 이야기와 연관되어 있다.

| 사천시 비토섬 개펄(사천시청)

≪별주부전≫의 문학사적 발전과정을 보면 "구토지설 → 수궁가 → 토끼전, 별주부전 → 토의 간"으로 이어지는데, 우리가 흔히 알고 있는 토끼와 거북이 이야기의 근원이 되는 설화가 바로 비토섬의 전설이다. 전(傳)으로 기록되기 전 〈구토지설〉이 처음 등장한 것은 김부식(金富軾, 1075~1151)의 『삼국사기』「김유신조」에 실린 내용으로 알 수 있다. 백제를 공격하기 위해 고구려로 청병을 하러 간 김춘추가 죽을 위기에 몰렸을 때 고구려의 신하 선도해가 들려준 이야기가 바로 〈구토지설〉이다. 김춘수는 이 이야기를 듣고 토끼의 간계를 이용하여 고구려에서 무사히 살아나올 수 있었다.

선도해가 들려준 〈구토지설〉은 다음과 같다. 옛날 동해 용왕의 딸이 심장병을 앓았는데 토끼의 간을 약으로 써야 한다고 했다. 이때 거북이 나서 육지로 가서 구해오겠다고 하였고, 뭍으로 나가 토끼를 갖은 구설로 꾀어 등에 업고 용궁으로 갔다. 가던 중 거북이는 토끼에게 사실대로 토끼의 간을 구한다고 말했는데, 토끼는 자신의 간을 씻어서 잠시 바위에 두고 왔다고 했다. 토끼는 언덕에 오르자마자 거북이를 멍청하다고 놀리고 풀숲으로 도망쳤다는 이야기다.

〈구토지설〉은 우리나라에만 있는 이야기가 아니라 세계에 보편적으로 전하는 이야기이며, 인도의 불전 설화에도 같은 유형의 이야기들이 있다. 『쟈타카(本生談)』의 〈악본생〉, 『판챠탄트라』(다섯 편의 이야기라는 의미를 가진 인도의 설화집)의 〈원숭이와 악어〉, 『생경』의 〈불설별미후경〉에도 간을 꺼내 달라고 하였다가 오히려 속임을 당하게 되는 화소들이 등장한다. 부처님의 전생이 원숭이었을 때의 이야기로 주인공이 모두 원숭이인데, 원숭이의 간을 먹고 싶어하는 악어 부인, 자라 부인이 있었으나 나무 위에 두고 왔다며 꾀를 내어 살아난 이야기이다.

우리나라의 설화에서는 꾀 많은 원숭이가 토끼로, 악어 부인이나 자라 부인이 아니라 용왕 혹은 용왕의 딸이 병이 들었다는 것으로 변모하였다. 또 토끼와 거북이, 용궁과 용왕이라는 설정이 추가, 변개(變改)되었는데 이는 우리나라의 정서에 맞는 주인공과 배경으로

| 퇴별가(민족문화대백과사전)

바뀐 것으로 볼 수 있다. 이후 판소리계 소설로 〈토끼전〉 혹은 〈별주부전〉, 판소리로 알려진 〈수궁가〉, 〈토별가〉 등이 있으며, 창본이나 소설본 모두 〈토끼전〉으로 보면 120여 종의 이본이 존재한다.

비토섬에 전해오는 이야기도 이들 가운데 하나가 뿌리를 내렸다고 볼 수 있는데, 특이한 점은 비극적 결말이라는 점이다. 토끼가 자신의 간을 바위에 널어두고 왔다며 다시 뭍으로 돌아왔을 때부터 상황은 바뀐다. 월등도 앞바다에 당도한 토끼는 육지인 줄 알고 뛰어내렸는데, 그곳은 육지가 아니라 달빛에 반사된 월등도의 그림자였다. 토끼의 간을 얻지 못한 거북도 용왕님을 볼 면목이 없어 노심초사하다가 자살을 한다. 토끼를 하염없이 기다리던 토끼의 아내는 절벽에서 떨어져 죽었다. 이후 토끼가 달을 보고 뛰어오른 곳은 월등도가 되었고, 월등도 주변에 토끼 아내가 죽어서 변한 토끼섬, 거북섬, 목섬이 있다.

이야기의 변개는 이야기를 구전하는 민중의 정서를 반영한다. 조선 후기 〈토끼전〉의 이본들이 다양한 결말로 전해지고 있는데, 그 가운데 용왕이 자신의 잘못을 뉘우치고 겸허하게 죽음을 받아들이는 결말도 있으며, 임금님과의 약조를 지키지 못한 자라가 과잉 충성으로 자결을 하게 되는 결말도 다수이다. 또 이본들 가운데 토끼의 입장에서 이루어진 변개는 뭍으로 가서 독수리의 위협과 같은 어려움에 처하지만 토끼의 언변으로 살아나는 이야기가 많다. 이는 하층민의 불안정한 삶과 연관된 변개라고 볼 수 있다. 그러나 비토섬 전설에서 토끼 또한 물에 빠져 죽고 만다. 구사일생으로 살아 돌아온 토끼가 달빛에 뭍을 착각하여 물에 빠져 죽는다는 것은 월등도의 절경을 강조는 동시에 토끼의 언변과 오만에 대한 경계를 담고 있다고 볼 수 있다.

2. 사천 〈마도 갈방아소리〉

구비문학의 전승에서 이야기보다 노래의 변화가 더 빠른 편인데, 대중가요가 유행에 민감한 것만 보아도 알 수 있다. 더 오래된 구비전승 민요는 보존하려는 의지가 없으면 아무도 기억할 수 없게 될 것이다. 그런 면에서 경남에 전해오는 지역의 노동요를 보존하는 일은 중요하다. 그 예로 사천 〈마도(馬島) 갈방아 소리〉를 들 수 있다. 마도는 사천 해안에서 남서쪽으로 약 1.5km 떨어진 곳에 있다. '갈방아'란 갈을 찧는 방아인데, '갈'은 면사 그물을 오래 사용하기 위해 그물에 막을 입히는 재료로 갈나무, 흔히 떡갈나무라고 부르는 나무이다. 마도 어부들은 전어잡이용 면사 그물에 갈을 먹이기 위해 갈을 찧으며 '갈방아 소리'를 불렀는데, 이는 노동의 힘겨움을 덜기 위한 노동요라고 할 수 있다. 마도 갈방아소리는 2004년 3월 18일 경상남도 무형문화재 28호로 지정되어 전승되고 있으며, 주민들로 구성된 마도 갈방아 보존회에 의해 유지되고 있다.

보통 어업을 할 때 면사 그물은 풋감을 찧어서 그 즙으로 갈칠을 하였는데 전어잡이 그물은 대형이므로 풋감으로 감당할 수가 없었다고 한다. 그래서 마을 사람들은 이웃 하동장에서 소나무 껍질을 사와 갈을 만들었다. 한 번 갈을 만드는데 3~4가마니의 가루가 필요한데, 여자들이 찧기에는 너무 힘이 들기 때문에 마을 장정들이 작업을 했다고 한다. 큰 절구통 하나에 메를 든 장정 4~6명이 3~4시간을 찧어 갈을 만들었다고 한다.

| 남성들의 메질하는 모습 재현(문화재청)

1960년대 이후 면사 그물과 노 젓는 배도 사라져 갈방아소리가 자취를 감추게 되었으나 마을 사람들이 농요 전승을 위해 복원에 힘써 민속문화로 보존되었다. 전어잡이 그물에 갈물을 들이면서 부르는 노동요로 〈마도 갈방아소리〉는 어부들의 삶의 애환이 잘 드러나 있으며, 당시 어촌의 생활 양상을 볼 수 있다.

한국민속대백과사전에서 〈마도 갈방아소리〉 내용을 찾아볼 수 있는데, 모두 다섯 마당으로 구성되어 있다. 첫째 마당은 갈 찧기 마당으로 소나무껍질을 절구통에 붓고 남자 2개조, 10여 명이 절구통을 둘러싸고 갈방아를 찧는다. 둘째 마당은 갈을 펴고 먹이기로 여자 2개조 여덟 명 정도가 절구통 주위에 둘러서고, 방아꾼이 찧어 놓은 갈을 퍼서 솥으로 옮긴다. 이때 어부들은 면사(綿絲) 그물을 솥에 넣어 갈을 먹이기 시작한다. 갈을 퍼서 솥에 넣으면 그물을 넣어 갈을 먹인다. 그다음 햇볕에 말리기 위해 솥에 넣었던 그물을 꺼낸다. 그물이 준비되면 배가 바다로 나가고, 전어떼가 발견되면 그물을 친다. 셋째 마당은 뱃고사 지내기, 넷째 마당은 고기잡기, 다섯째 마당은 풍요를 기뻐하는 대목이다.

허기야 디야차 갈방~애야
허기야 디야차 갈방~애야
허기야 디야차 갈방~애야

소리를 잘하는 우리 선인은
술을 갖고 상을 주고
소리를 못하는 우리 선인은
돈을 갖고 상을 주세
허기야 디야 갈방~애야
방아를 잘찧는 내동~사야
허기야 디야차 갈방~애야

술을 마시고 놀고 놀자
물때가 점점 바빠~지네
내일이면 행선~일세
앞 강에 뜬 저 배는
돈을 싣고 오는 밴가

뒷강에 뜬 저 배는
님을 싣고 오는 밴가
우리 집에 못 오는 배
오든 말든 소용~없다

야 디야차 갈방~애야

이보~시오 선인~들아
방아~찧기 힘이 드니
이 소리~하고 그만~하자

에이야 디야차 갈방~애야
에이야 디야차 갈방~애야
갈을 퍼세 갈을 퍼세
얼씨구나 갈을 퍼세

우리네 사람들 잘도 한다
일을 끝내고 놀고 놀자
업고나 놀자 이고 나 놀자
놀다보모 님 생각난다

갈 퍼 보세 갈 퍼 보세
어야차 디야차 갈 퍼 보세
갈을 퍼세 갈을 퍼세

얼시구나 갈을 펴세

이 갈 속에 전애 들고
그물 속에 돈이 들고
우리 집에 쌀이 든다
마실에는 웃음 든다

갈 펴 보세 갈 펴 보세
어기야 디야차 갈 펴 보세

사랑처녀 인물 좋아
남해 총각 손질하네
개발하는 저 가시내
방구 탱탱 끼지 마라
조개 딱딱 벌어진다.

위 노래는 방아로 갈을 찧고 갈을 펴서 그물에 먹이는 과정에 대한 노래이다. 갈을 찧고 펴낼 때 선원들이 잘도 한다며 서로 격려하며, 전어잡이의 풍요가 돈이 되고 쌀이 되기를 바라고 있다. 갈을 찧고 펴내는 노동이 춤과 노래와 어우러져 지루한 시간을 수월하게 보낼 수 있도록 한다. 즉 일과 놀이를 함께 하고 있다. 또한 빠지지 않는 것은 사랑이다. 고된 일 속에 술과 춤으로 놀이를, 그 속에서 질퍽한 남녀의 사랑을 노래한다. 노동의 고단함을 놀이로, 사랑으로 치환

하고 있다.

어업 노동요는 고기잡이 전(前)단계, 고기잡이 단계, 고기잡은 후의 단계로 나누어 볼 수 있는데, 〈마도 갈방아소리〉는 고기잡이 전단계의 노래이다. 점차 사라져가는 소리를 복원하면서 고기잡는 모든 과정을 아우르는 노래로 만들어졌다고 볼 수 있다. 섬마을에서 대표자원은 섬사람들의 삶과 밀접한 연관을 가지게 된다. 섬사람들의 생산 의례는 삶의 한계를 극복하기 위한 것이다. 고된 전어잡이를 위한 준비를 하는 과정에서 고기잡이까지의 과정을 노래한 것이 사천 〈마도 갈방아소리〉의 특징이라고 할 수 있다.

| 마도 갈방아소리 재현(문화재청)

3. 남해 〈창선 상여소리〉

남해군은 우리나라에서 네 번째 큰 섬으로 1973년 노량해협을 잇는 남해대교가 개통되면서 고립된 섬이 아니라 절경을 지닌 대표적 관광명소가 되었다. 남해의 장례 문화는 2002년 장례 시범군으로 지정이 되어 납골묘를 도입하여 화장을 유도하였으며, 집안 단위로 평장문화를 보편화시켰다. 전통적 장례문화가 사라진 지 오래되었지만 남해의 〈창선 상여소리〉는 창선면 단항마을 김치구 이장에 의해 발굴, 2005년 재현되었는데 서울대 손태도 교수의 고증과 남해역사연구소 정의연 소장의 연출 지도로 2005년 경남민속예술제에서 장려상을 수상하였다. 그해 손태도 교수와 정의연 소장은 『남해 상여와 상여소리』 자료집을 발간하여 기록으로 남겼다.

〈남해 창선 상여소리〉의 독특한 장례 문화를 들자면 첫째, 상포계의 공동체 의식, 둘째, 헛상두 어르기 셋째, 사위 태우기, 넷째 영혼 회귀의 하직 사설이다. 이 모든 장례 의식은 삶과 죽음의 경계를 지우고 장례를 축제 의례로 만드는 과정이라고 볼 수 있다. 상포계, 상부계 등을 만들어 일손을 도와가며 마을 공동의 행사로 장례를 치렀다. 출상 전 빈상여를 어르고 마을을 돌면서 예행 연습을 한다. 상여에는 악공들이나 춤추는 광대들이 새겨진 꼭두가 장식품으로 올려져 있다. 운구시 앞소리꾼이 앞소리를 할 때 꽹과리를 치며 악을 울렸다. 앞소리꾼이 산자와 망자 사이의 매개가 되어 문답으로 하직 사설을 하는데, 이는 영혼 회귀 사상 담겨 있다. 그리고 하직에서 마지막이나 다리를 건널 때 호상일 경우 '사위 태우기'를 하는데, 사위가 순서대로 타서 상여에 매인 새끼줄에 돈을 꽂으면 상여꾼이 상여채에 버티고 선 채 앞소리를 주면서 장난을 한다. 이는 슬픔의 의례를 흥겨운 축제의 장으로 만드는 장치이기도 하다.

의례의 과정에서 남해 〈창선 상여소리〉가 갖는 축제적 면모와 함께 죽음에 대한 인식이 수평적 세계관이라는 점도 주목받고 있다. 김정호·문범두(2013)의 연구에 의하면 수평적 세계관은 바다가 삶의 세계 저편의 곳이 아니며, 삶의 세계 위의 곳도 아닌 곳으로 노래한다는 것이다. 북망산천이 바로 문 앞이며, 대문 밖이 저승이라고 하는 데서 건국신화나 무조신화에서 볼 수 있는 천상계와 지상계의 수직적 세계관이 아니라 수평적 세계관이 상여소리에 담겨 있다고 보았다. 또 남해 〈창선 상여소리〉는 바다를 삶의 터전으로 삼았던 해양문화적 기질로, 바닷물이 들어오고 나가는 반복적 운동이 원형의 시간을 갖게 하고 매년 돌아오는 같은 시간에 만날 수 있다고 노래하는 점에서 영혼 회귀의 세계관을 담고 있다고 보았다.

뒷산은 점점 멀어지고 어하넘차
앞산은 점점 가차와 온다 어하넘차
천리강산 들어가니 어하넘차 어하넘차
폭포도 장이 좋다 어하넘차 어하넘차

[정용화, (2004년 8월 15일 녹취), 손태도 · 정의연, 『남해 상여와 상여소리』, 2005, 42쪽]

북망산천 들다마소 대문밖이 북망이요
어넘 어넘 어가리 넘차 어넘
저승길이 멀다고 마소 대문밖이 저승이네

어넘 어넘 어가라 넘차 어넘

[김봉진(2004년 8월 15일 녹취), 손태도 · 정의연, 『남해 상여와 상여소리』, 2005, 44쪽]

어서가세 어서가세 아조갈길을 어서가세

이제가면 언제오나 내년이때 다시온가

[장삼종(2005년 6월 13일 녹취), 손태도 · 정의연, 『남해 상여와 상여소리』, 2005, 49쪽]

남해 〈창선 상여소리〉의 노래에 대한 연구로 류경자(2009)는 고인의 시신을 장지까지 운구하는 과정에 불리는 〈상여소리〉와 성분(成墳)을 하면서 부르는 〈괭이소리〉로 나누어 성분하는 소리는 오로지 창선에서만 전승하는데 '어허랑상 갱이야(괭이야)'라고 하는 〈괭이소리〉만이 단일 형태로 존재한다고 하였다. 이것은 봉분을 짓는 주도구가 괭이이기 때문에 붙여진 명칭이라고 한다. 2005년 남해군 창선면 단항마을에서 상여놀이를 재현하여 보존한 것은 단지 상여소리의 가락과 사설만 살려낸 것이 아니라 바닷가 사람들이 삶과 죽음에 대해 가진 인식을 보존하고 계승하도록 한 것이다. 죽음의 세계가 멀리 있는 것이 아니라 바로 현실의 삶에서 앞과 뒤에 있는 수평적 세계로 보고 있으며, 슬픔과 애환, 두려움이라는 죽음에 대한 인식을 축제를 통해 웃음과 놀이로 승화하고 있다.

4. 통영 수우도 설운 장군 이야기

안데르센의 '인어공주' 이야기를 모르는 사람은 없을 것이다. 반인반어(半人半漁)의 매혹적인 공주가 사랑을 위해 목숨을 버리고 물거품이 되는 슬픈 이야기. 슬픈 운명적 사랑에 대한 아련함이 아쉬웠던 디즈니는 해피엔딩의 결말을 담은 애니메이션으로 디즈니판 '인어공주'를 선보였고 전세계 어린이들뿐만 아니라 어른들에게도 사랑스러운 여성 캐릭터로 각인시켰다. 그러나 우리나라에도 인어공주 이야기가 있었다는 걸 아는 사람은 별로 없을 것이다. 여수 거문도의 인어 신지께는 해신으로 태풍을 알려 섬사람들의 목숨을 지켜주었으며, 통영 수우도의 남성 인어도 바다를 움직여 왜적을 물리쳤다.

남성 인어 전설을 간직한 섬, 통영 수우도(樹牛島)에는 해마다 음력 10월에 마을 사람들이 설운 장군의 사당에 모여 당산제를 지낸다. 설운 장군 전설은 욕지도, 국도, 곤리도, 수우도 등의 도서 지역에 전승되고 있는 당신(堂神)설화이다. 수우도의 지령사에는 설운 장군의 신당이 있으며 다른 지역에 비해 당신 설화로 면모를 갖추어 전승되고 있다. 경남대학교 가라문화연구소에서 김영일 교수가 진행한 통영군 양점전(54, 통영군 수우리) 씨의 구술 내용을 보면 다음과 같다.

오랜 옛날 노부부가 살았는데 무자라 산신께 득남을 기원하여 잉태케 됐다. 그러나 10개월이 지나도 순산치 못해 노심초사인데, 어느날 해인사 고승이 방문하여 말하기를 자정 전에 출산하면 충신이 될 것이고 자정 후에 출산케 되면 역적이 될 것이니 죽이라고 당부했다. 그런데 아이가 그만 자정 후에 나 스님도 안타깝다 혀를 차며 가버렸다. 아이는 첫돌이 지나지 않아서 장군같이 비범하기 짝이 없었다. 한 살이 안 되어서 바다에 헤엄을 치는데 온몸에 비늘이 돋고 늑골에 구멍이 생겨 물밑에서도 하루종일 살았고 멀리 세존도까지 왔다갔다 했다. 그런데 이때 왜구들이 노략질이 심해 스무 살이 된 설운 장군이 부채로 풍랑을 일으키고, 배를 끌어당겨 파선시키며 왜구를 도륙냈다. 왜구들이 욕지도 쪽으로 도망가자 욕지도 천황산에서 국도 산꼭대기와 남해 세존도 꼭대기까지 올라 왜구를 작살냈다. 그리고 왜구들이 식량을 뺏아 가난한 어민들에게 나눠주었으나 조정에서 잘못 알고 반인반어의 괴물이 백성을 괴롭힌다고 관군을 수없이 보내 체포케 했다. 그러자 설운 장군은 국도에 몸을 숨기고 관군을 골탕먹일뿐더러 토벌군의 판관부인을 납치하여 국도에 감춘 채 아내로 삼아 아이를 잉태케 했다. 부인은 탈출을 꾀해 잠을 자면 며칠씩 자는 장군을 속여 관군에게 기통한 다음에 생포케 했다. 관군이 장군의 목을 치나 끊어진 목이 자꾸 붙고 죽지 않아서 판관 부인이 메밀가루를 끊어진 목에 뿌리자 그제사 죽었다. 장군이 죽자 왜구들의 노략질이 또 다시 심해져서 섬사람들은 장군의 죽음을 억울케 생각하고 그 혼이라도 살아 왜구를 물리치고 풍어가 들게 해 달라 빌어 매년 음력 10월마다 제사를 지낸다. 십년 전만 해도 장군이 영험해서 신당 뒤에 큰 고기를 잡아 바치면 다음날 뼈만 앙상하게 남았다.

반인반어의 존재는 서양의 요정담에 등장할 뿐만 아니라 동양에서도 오랜 전통을 지닌 이야기다. 상상적 존재인 인어는 유몽인의 『어우야담(於于野談)』, 이옥의 『백운필(白雲筆)』, 정약전의 『자산어보』, 한치윤의 『해동역사(海東繹史)』와 군문해의 『대동운부군옥(大東韻府群玉)』, 조희룡의 『화구암난묵(畫鷗盦讕墨)』 등에서도 나왔다. 유몽인의 『어우야담』에 나오는 인어의 모습을 보면 사람과 유사하다. "…… 모두 네 살 난 아이만 했고, 얼굴이 아름답고 고왔으며 콧대가 우뚝 솟아 있었다. 귓바퀴가 뚜렷했으며 수염은 누렇고 검은 머리털이 이마를 덮었다. 흑백의 눈은 빛났으나 눈동자는 노랬다. 몸뚱이의 어떤 부분은 옅은 적색이고, 어떤 부분은 온통 백색이었으며, 등에 희미하게 검은 무늬가 있었다. 남녀의 음경과 음호 또한 사람과 똑같았으며, 손가락과 발가락이 있고, 그 가운데에는 주름 무늬가 있었다."고 했다. 인간의 상상력이 만든 인어는 인간의 모습을 닮을 수밖에 없었을 것이다.

설운 설화를 화소에 따라 나누어보면 첫째 출생, 둘째 출중한 능력, 셋째 시련, 넷째 신으로 좌정으로 나눌 수 있다. 출생 화소는 영웅 서사의 구조에 맞게 비범한 출생이다. 출생한 시각에 따라 운명이 달라짐을 보여준다. 몸에 비늘이 돋고 늑골에 구멍이 나며 아가미가 생긴다. 신체적 변형으로 바다에서 존재할 수 있는 능력과 바다를 자유자재로 움직일 수 있는 능력을 지니고 있다. 이런 능력으로 왜구를 물리친다. 그러나 이런 능력은 국가적 위협, 왕권에 대한 도전이 됨으로 토벌대상이 되는 시련을 거친다. 마지막 억울한 죽음으로 인해 마을의 당신(堂神)으로 좌정하게 되는데, 당신으로 좌정의 의미는 설운 장군이 진정 백성을 위하는 마음을 가진 영웅임을 입증하는 것이다. 설운 장군 전설은 불운한 영웅에 대한 이야기로 아기 장수 전설과 맥이 닿아 있다. 세상을 바꿀 수 있는 인물에 대한 기대는 민담에 등장하는 영웅에 대한 백성들의 간절한 마음이며, 새로운 세상을 바라는 기대는 문학적 상상으로 구비전승이 되었다고 볼 수 있다.

당신(堂神)의 해역신적 기능은 주로 서해와 남해에서 발견되는데, 연평도의 임경업장군, 부안 수성당의 개양할미, 해남의 땅끝의 갈산마을 당할머니, 남해의 최영장군 등이 대표적이다. 해역신은 풍어나 항해 등의 기능으로 특화된 능력이 있으며, 그 위력도 매우 강력하다. 남해 바다에서 풍어를 기원하는 수우도 사람들은 설운 장군을 마을신으로 모시면서 바다를 지배하는 신에게 감사를 드리고, 안전과 풍요를 빌며 신앙으로 존재해왔기에 오늘까지도 제의가 이어져오고 있는 것이다.

5. 통영 사량도 최영 장군 사당 이야기

최영 장군은 '황금을 보기를 돌같이 하라'는 아버지의 유훈을 새겨 청렴하게 살았던 인물로 아이들 고무줄 뛰기 놀이에도 등장할만큼 온국민에게 잘 알려진 장군이다. 최영 장군을 모시는 사당은 전국적으로 세 군데인데, 통영의 사량도, 제주의 추자도, 남해도 미조면이다. 물론 육지에도 최영 장군을 모시는 사당이 개성, 철원, 홍성, 고양, 부산, 충주, 양주 등에 있다. 경기도 고양에 있는 장군의 묘는 풀이 나지 않는다고 하여 적분(赤墳)이라고 불린다. 황금을 보기를 돌같이 하라는 청렴함과 묘에 풀이 나지 않는다는 강직함은 최영 장군의 상징이 되었으며, 이런 상징은 바로 장군의 삶에서 비롯되었다. 통영 사량도에 세워진 최영 장군의 사당은 왜구를 토벌하여 백성들의 삶을 지켜낸 장군을 기리기 위해 세워졌다.

| 최영 장군묘(문화재청)

최영 장군(고려, 1316~1388)이 살았던 때는 고려가 원나라 침략을 받은 후로 원나라 공주를 왕비로 맞아들인 후 내정간섭을 받았던 혼란 정국이었다. 최영 장군은 왜구 토벌, 조일신의 난 평정, 홍건적 토벌 등의 공을 세워 무장으로 신임을 얻었다. 최영 장군의 올곧은 성품은 유력한 실력자로 부상한 신돈에게 미움을 받아 좌천되어 6년간 유배생활을 했다. 신돈의 실각 후 공민왕의 부름을 받고 관직에 복직하여 왜구를 토벌하고 제주도의 반란을 토벌했다. 이후 우왕

이 즉위하여 왜구가 침범하였을 때 육십의 고령에도 불구하고 출전하여 왜구를 대파했다. 1388년(우왕 14)에 수문하시중의 직에 올랐을 때 명나라가 요동을 자기 땅으로 만들려고 하자 군사를 이끌고 요동 정벌에 나섰으나 이성계의 회군으로 최영은 유배에 올랐다. 이성계는 자기 권력에 부담이 되는 최영을 요동 정벌의 실패로 참수하였다.

최영 장군은 임금에게는 충신이었고, 외부 세력들의 침탈에 맞서 백성들의 삶을 지켜낸 장군이다. 하지만 조선이라는 새로운 시대의 새로운 권력이 부상하자 비운의 죽음을 맞이하게 된 것이다. 이런 비운의 죽음은 백성들의 마음속에 자리잡아 무속 신앙의 대상이 되었으며, 장군신으로 좌정하게 된다. 매년 음력 5월 단오에 부산 자성대(子城臺)에 있는 사당(祠堂)에서 '최영 장군제'가 열리며, 충청남도 홍성, 제주도 추자면, 통영 사량도에 대표적 사당에서도 제를 지내고 있다.

실존 인물신의 신격화 원인 중에서 신격화에 있어 절대적으로 영향을 주고 있는 것은 억울한 누명을 쓴 장군이라는 점이다. 최영 장군, 임경업 장군, 남이 장군이 그러하다. 박유미(2016)는 최영 장군의 전승을 향유 집단이 동일시하는 이유를 실존 인물이 그 지역과 연관성이 있었기 때문에 지역 사회에 미친 업적과 공을 입은 주민들이 은혜에 보답하기 위해 사당을 만든 경우이며, 향유 집단이 최영 장군을 죽음에 이르게 한 지배 집단에 대한 원망과 궁핍한 삶에 대한 한(恨)을 최영 장군의 한(恨)과 동일시하여 전승되어었다고 보았다.

| 통영 사량도 최영장군 사당(통영 시청)

경상남도 통영시 사량면 금평리에 세워진 최영 장군의 사당은 경상남도 문화재 자료 32호로 고려 말엽 왜구가 침입했을 때 이곳에 진을 지고 진두지휘하여 왜구를 물리친 공을 추모하기 위해 세워졌다. 이곳에 장군 위패를 모시고 매년 2회, 음력 1월 14일, 12월 14일 사당제를 모시고 있다. 사당 옆에는 250년 수령의 팽나무가 마치 사당을 지키는 파수꾼처럼 위용을 자랑하고 있어 장군 기개가 나무로 표현된 듯하다. 상량문에 따르면 이 사당은 1952년쯤에 지어진 건물로서 문화재로 지정된 이후인 1984년에 보수작업을 거쳤다고 한다. 최영 장군사당 안에는 최영 장군의 초상화와 '고려 공신 최영장군 영위(高麗功臣崔塋將軍靈位)'라 적혀 있는 위패가 있다. 영정의 오른쪽에는 말 옆에서 언월도를 들고 서 있는 마부상의 그림이 있다. 왼쪽에는 연꽃 위에서 합장하고 있는 다섯 선녀를 그린 그림이 걸려 있다. 풍파에 시달린 통영 사량도 백성들을 위해 신당과 신목은 풍어와 풍요를 기대하는 버팀목이 되었을 것이다.

'돝섬'은 돼지섬이다. 섬의 외양으로 보자면 작은 돌고래 모양의 예쁜 섬이라 굳이 돼지섬이라 불리는지 쉽게 이해되지 않는다. 창원시 마산합포구 월용동 625번지, 마산항으로부터 1.5km 떨어진 곳에 있는 작은 섬 돝섬은 1800년대 초 창원부 지도에도 '저도(猪島)'로 표기되어 있다. 그러니 아주 오래전부터 돼지섬이었던 것이다. 이 섬의 이름이 돼지섬인 이유는 바로 최치원 설화와 관련이 있기 때문이다. 마산의 월영대는 최치원이 벼슬을 버리고 유람을 하는 동안 머물던 곳으로 '합포별서'라고 하였으며, 돝섬은 최치원의 출생 설화가 담겨 있다. 그러나 최치원 설화는 마산뿐만 아니라 전국구적 특성을 지니고 있다. 출생담만 하더라도 마산뿐만 아니라 전북 옥구, 전북 순창, 경북 경주, 충북 보은, 평북 철산, 강원도 금화 등 다양하다.

| 광여도-창원부(규장각 한국학연구원)

이런 다양한 구

비전승을 보이는 것은 최치원의 삶이 고증되어 전하는 문헌이 거의 없기 때문이며, 백성들이 바라는 영웅적 면모를 가지고 있기 때문이다. 최치원의 구전설화에서는 출생, 성장, 활동, 죽음에 이르기까지 모두 신화적 상상력이 개입되어 있다. 출생담에서는 금돼지의 자손으로, 성장담에서는 버려졌으나 신이한 도움을 받아 능력을 발휘하게 되고, 활동기에 이르러 문재(文才)로 이름을 날려 용왕의 초대를 받으며 가뭄을 해결하고 중국 사신을 물리치고, 죽은 뒤 가야산의 산신이 되었다. 즉 영웅 신화의 구조와 같다고 볼 수 있다. 건국신화의 주인공에게서 보았던 기이한 출생, 시련, 조력자의 도움, 혼인 혹은 국가 건설로 이어지는 신화와 다를 바가 없다. 그러나 『삼국사기』에서 전하는 최치원의 행적은 12세에 당나라에 들어가 과거에 급제하여 벼슬에 오르고, 중원에서 문명을 떨치고 28세에 귀국했지만 자신의 뜻을 펴지 못한 채 초야에 은거한 비운의 천재일 뿐이다.

『마산시사』(2011)에 전하는 설화의 내용은 다음과 같다.

가락국(서기 42~532년), 옛날 김해 가락왕의 총애를 받던 미희가 있었는데, 어느 날 밤 홀연히 사라졌다. 왕은 사방을 수색하였는데 우연히 바다에서 고기 잡던 어부가 골포(마산) 앞바다의 조그만 섬에서 둘도 없는 절색 미녀를 봤다는 보고를 접했다. 왕은 특사를 파견하여 미희에게 환궁하기를 재촉하였으나 미희는 돼지로 변하여 큰 울음을 울고 두척산(무학산) 상봉의 바위로 사라졌다. 당시 금돼지가 백성을 잡아가는 일일이 벌어지던 차

왕은 두척산을 포위하여 금돼지를 잡았다. 금돼지가 죽을 때 미희의 모습으로 변하더니 골포 앞바다 돝섬으로 뻗어 사라졌다. 그 후 섬에서 밤마다 돼지 우는 소리와 함께 괴이한 광채가 일어났다. 최치원이 골포의 산수를 즐기려고 월영대에 들러 향학을 설치하고 풍류를 즐기고 있을 때 괴이한 소리가 나서 섬을 향해 활을 쏘았더니 광채가 별안간 두 갈래 갈라져 사라졌다. 이튿날 고운이 섬에 건너가 화살이 꽂힌 곳에 제를 올린 뒤로 이런 현상이 없어졌고, 제를 올린 곳에서 기우제를 지내면 영험이 있다하여 후세에도 이 풍습이 이어졌다.

| 마산 돝섬 황금돼지상(창원시청)

이 전설은 백성들을 못살게 괴롭히던 금돼지를 쏘아 죽인 최치원의 영웅성과 기우제를 행할 수 있는 신성성을 보여주고 있다. 기우제는 최치원의 성장담과 관련이 있다. 신라에서 중국으로 가는 도중 섬에 머무를 때 주민들이 최치원에게 비를 내려달라고 한다. 이를 가능하게 한 것은 백성들이 최치원의 문장이 하늘도 움직일 수 있다고 믿었기 때문이며, 용자를 시켜 비를 내릴 수 있는 신이한 능력이 있다고 보았기 때문이다.

돼지를 쏘아 죽은 이야기는 최치원의 탄생담과 연결되어 있는데, 구비문학 대계에 모두 11편의 최치원 탄생담이 전하하고 있다. 그중 가장 일반적인 이야기 단락은 다음과 같다.

① 어느 고을에 원님이 부임해 오면 부인이 사라진다.
② 자원한 원님은 부인의 치맛자락에 명주실을 매달아 놓는다.
③ 원님은 부인을 납치한 금돼지를 퇴치한다.
④ 그 뒤 부인은 잉태하여 아들을 낳았다.
⑤ 원님은 그 아이를 내다 버리니 노파가 주워서 길렀다.
⑥ 이 아이가 경주 최씨의 시조요, 금돼지의 자손인 최치원이다.

이 전설은 최씨 시조 설화라고 볼 수도 있다. 또 다른 이본에는 최치원의 아버지 최충이 지금의 군산인 문창 수령으로 있을 때 내초도란 섬으로 사냥을 갔다가 누런 돼지에게 붙들려 토굴에 몇 달을 살았다. 후에 누런 돼지가 태기가 있어 열달 후 아기를 낳았는데, 아들이었고 점차 자라 다섯 살이 되었다. 어미 돼지가 이웃 섬으로 사냥을 간 사이 최충이 아들 치원을 데리고 나무토막으로 뗏목을 만들어 탈출하였다. 그때 어미 돼지에게 발각이 되어 최치원은 미리 실어 놓은 나무토막을 바다에 던지니, 욕심 많은 돼지는 나무가 버려지는 것이 아까워 나무를 섬에 갖다 놓고 다시 뗏목으로 헤엄쳐 왔으나 결국 돼지는 바다에서 기진맥진하여 죽고 말았다. 구사일생으로 부자는 육지에 올랐고, 최치원은 당나라 유학도 가게 되었다는 내용이다.

결국 최치원의 탄생담에서 공통점을 찾자면 금돼지의 자

손이었다는 것이다. 이는 이류교혼담을 통해 자손의 신성함을 드러내는 장치로 볼 수 있다. 천손의 자손으로 하늘에서 직강하여 신성을 보이는 건국 신화와 달리 동물 신랑, 동물 아내를 얻어 자손을 보게 되는 것 또한 자손의 신이한 능력을 정당화하는 방편이다. 최치원은 금돼지의 자손으로 백성들을 못살게 괴롭히는 돼지를 죽일 수 있는 유일한 권한을 가졌다고 볼 수 있다.

지금까지 여섯 개의 섬에 깃든 이야기와 노래를 살펴보았다. 구비전승되어 온 이야기와 노래에는 삶의 안정과 평화를 바랐던 백성들의 마음이 담겨 있다. 왜구의 침략을 물리친 최영 장군과 설운 장군이 섬사람들을 지켜주었고, 사람들을 괴롭히는 금돼지를 물리친 문재로 최치원을 숭상했으며, 고기잡이 노동의 힘겨움을 달래기 위해 노래를 불렀다. 어디에서나 볼 수 있는 토끼와 거북이를 등장시켜 정치를 풍자하고, 죽음의 세계를 축제의 장으로 만들었다. 섬이 아름다운 이유는 풍광만이 아니라 이야기가 있고, 노래가 있어서 그러한 것이다.

〈참고문헌〉

김부식, 『삼국사기』, 을유문화사, 1996.
조희웅, 『고전소설 이본목록』, 집문당, 1999.
이은식 외, 「마도갈방아소리:경남문화재 제28호」, 사천문화원 · 경상대학교 인문학연구소, 사천, 열매출판사, 2006.

손태도 · 정의연, 『남해 상여와 상여소리』, 남해창선상여놀이보존회, 2005.
황윤정, 「〈토끼전〉의 형성 과정에 드러난 서사적 변화와 의미 연구」, 『고전문학과 교육』37, 한국고전문학교육학회, 2018.
정충권, 「〈토끼전〉 결말의 변이양상과 고소설의 존재 방식」, 『새국어교육』71, 한국국어교육학회, 2001.
한국민속대백과사전, 〈사천 마도 갈방아소리,
https://folkency.nfm.go.kr/kr/topic/detail/4113
홍순일, 「섬사람들의 노동요를 통해 본 경제활동의 양상과 도서문화의 특징」, 『어문연구』80, 어문연구학회, 2014.
김정호 · 문범두, 「남해군의 장례문화와 상여소리 연구」, 『배달말』Vol. 52, 배달말학회, 2013.
류경자, 「남해군의 장례의식요(葬禮儀式謠) 연구」, 『한국민요학』, 한국민요학회. 2009.
김영일, 「설운장군설화의 원형과 변이양상 –경남 남해안 도서지역을 중심으로–」, 『가라문화』Vol. 13, 경남대학교 가라문화연구소, 1996.
송기태, 「한국 전통 항해신앙에 대한 시론적 접근–선신(船神), 당신(堂神), 해신(海神)의 관계를 주목하여–」, 『남도민속연구』31, 남도민속학회, 2015.

해동지도 경상도 남해안지역(규장각 한국학연구원)

부록

부록1 : 기록에 보이는 경남의 섬

[표1]『경상도속찬지리지』 해도조에 실린 섬

군현명	섬이름	거리		둘레	비고
		육로	수로		
기장(2)	무지포 죽(竹)	4리	30보	1리	
	가을포 죽(竹)		4리	1리	
동래(1)	절영(絕影)	남 30리	1리	18리	전답 민가 없음
영해(1)	축산(丑山)	18리	동 200보	2,230척	동서 391척, 남북 389척. 전죽림(箭竹林) 2결 60부. 무민가
진주(1)	흥선(興善)	남 38리	11리	61리	논 67결 86부 7속, 민가 17호
김해(2)	죽(竹)		남 5리	2,373보	전답 민가 없음
	덕(德)			1,565보	전답 민가 없음
창원(1)	저(猪)	서 23리	2리	9리	전 56부 2속, 민가 없음.
남해(1)	남해(南海)	북 노량진 40리	1리 150보	320리	전답 1,323결 87부 6속. 민호 738호
사천(4)	제수(除水)	32리 85보	17리	3리 276보	전답 13결 9부 4속. 민가 없음
	구량(仇良)	31리	10리	1리 200보	전답 9결 71부 8속. 민가 없음
	초(草)	31리	10리	315보	
	저(楮)	31리	9리	1리	전답 1결 69부 8속. 민가 없음
고성(53)	내초(内草)	남 5리	10리	5리	
	갈(葛)	5리	4리	8리	
	송(松)	5리	5리	43리	
	비산(非山)	8리	3리	3리	
	가배(加背)	14리	1리	1리 30보	
	두(荳)	29리	2리	2리	
	적화(赤火)	35리	5리	3리.	전 1결 2부 2속
	내저지(内楮只)	35리	8리	2리 20보	
	자란(自卵)	33리	2리	12리	전 2결 56부 6속, 답 10부 8속, 왜저전 40부 1속, 민가 3

군현명	섬이름	거리		둘레	비고
		육로	수로		
고성(53)	소저지(小楮只)	35리	9리		
	외송(外松)	50리	2리	2리	
	안(鞍)				
	하박(下撲)	50리	35리	50리	
	상박(上撲)	50리	30리	24리	전 63부 3속, 답 31부 5속
	날음단(捺音丹)	39리	1리	1리	
	외비산(外非山)	40리	1리	2리	
	장고(長鼓)	40리	3리	2리	
	부지(夫知)	40리	5리	1리	
	마(馬)	40리	4리	1리 30보	
	미지(尾只)	72리	11리	5리	
	오비(吾非)	73리	9리	3리	
	대곤(大昆)	72리	2리	7리	
	소곤하(小昆何)	72리	2리	1리	
	발이(鉢伊)	72리	5리	1리	
	국정(國正)	72리	4리	1리 50보	
	어리(扵里)	83리	2리	10리	
	외초(外草)	83리	2리	3리	
	만지(萬知)	83리	7리	8리 15보	
	연대(煙臺)	83리	7리	12리	
	오사(吾士)	83리	8리	10리	
	추라(楸羅)	72리	30리	10리	
	신비(申非)	72리	102리	3리	
	대노태(大老太)	72리	1?8리	5리	
	노태(老太)	72리	1?8리		
	둔밀(芚密)	72리	168리	8리	
	욕지(欲知)	72리	198리	65리	
	갈이(葛伊)	72리	198리	6리	

군현명	섬이름	거리		둘레	비고
		육로	수로		
고성(53)	내초이(內草伊)	72리	198리	7리	
	외초이(外草伊)	72리	198리	5리	
	마흘(磨訖)	72리	198리	2리	
	연화(蓮花)	72리	198리	53리	
	적로(赤老)	72리	198리	9리	
	임(林)	72리	198리	4리	
	송(松)	동 31리	21리	4리	
	병비(竝非)	31리	19리	2리	
	수(水)	20리	20리	1리	
	입(笠)	20리	20리	3리	
	종해(終海)	51리	4리	21리	전 3결 6부 1속, 답 54부 4속, 민가 3
	시락(時落)	31리	1리	11리	
	어응적(於應赤)	20리	20리	15리	
	장좌(長佐)	42리	8리	200보	
	공수(公須)	40리	1리	1리	
	죽(竹)	32리	1리	3리	전 14부 8속
거제(24)	매매(每每)	현남		14리 ㅁ	
	소소모(小所毛)			2리	
	대소모(大所毛)	53리	5리	1리	
	지사(只士)		10리	8리	
	인회(引回)	30리 50보	1리	3리 30보	
	내조개(內助个)	30리 50보	1리	1리 200보	
	외조개(外助个)	30리 50보	1리	3리	
	동이물(東伊物)	36리	1리 20보	1리	
	각(角)	36리	26리	60보	
	저(猪)	43리 60보	21리	3리	
	마아(亇兒)	43리 60보	6리	1리	
	황옹(黃瓮)	북 31리	11리	2리	

군현명	섬이름	거리		둘레	비고
		육로	수로		
거제(24)	칠천(漆川)	31리	220보		목장
	질랑(叱郎)	30리	3리	1리	전 12부
	며(㫆)	30리	3리	1리	
	마적(亇赤)	30리	6보	310보	
	대유자(大柚子)	9리	116보	2리	
	소유자(小柚子)	9리	300보	260보	
	사등(沙等)	20리	1리 20보	250보	
	소지외(小知外)	26리	15보	200보	
	대지외(大知外)	26리	210보	205보	
	주물(主勿)	36리	31리	2리 250보	
	고개(古介)	서 43리 60보	16보	160보	전 75부
	유월(柳月)	43리 60보	310보	43보	
칠원(1)	저(猪)				현내 구산(龜山)
진해(4)	소범의(小凡矣)	남 1리	13리	13리	전답 민가 없음
	대범의(大凡矣)	1리	14리	10리	전 1결 68부 7속. 무민가
	궁(弓)	1리	16리	4리	전답 민가 없음
	대주(大酒)	동 14리	16리	12리	전 8부 1속. 무민가
웅천(10)	송(松)	남 3리	11리	4리	전 2부
	연(椽)	3리	15리	5리 11보	전 17부
	수(水)	2리	2리	2리 15보	전 32부
	이슬(里瑟)	4리	5리	2리	전 7부
	벌(伐)	4리	2리	2리	전 16부
	우음지(亏音之)	4리	3리	3리	전 9부
	사의(蓑衣)	서 15리	31리	8리	
	감물(甘勿)	15리	20리	15리	양 52구
	소죽(小竹)	16리	1리	ㅁ35보	
	대죽(大竹)	16리	2리	2리	

[표2] 조선후기 지리서 속의 경남의 섬

군현	섬 이름	거리	둘레	지리서		
				여지도서	경상도읍지	대동지지
양산	대저(大渚)	남 40리	밭 100무	●	●	●
	사두(蛇頭)	칠점산 남	밭 500여 경	●	●	●
	소요(저)(所要(渚))	대저도 동	밭 수백여 경	●	●	●
	출두(出頭)	남 45리	충훈부 둔전답	●	●	
	유포(杻浦)	남 47리	전답 있음	●	●	
	덕두(德頭)	사두도 남	용동궁 둔전답	●	●	
	소계(6)			6	6	3
김해	덕(德)	남 12리	낙동강 중	●	●	●
	죽(竹)	남 10리	낙동강 중	●	●	●
	취(鷲)	남 30리	20리	●	●	●
	명지(鳴旨)	수로 20리	17리	●	●	●
	전산(前山)	남 5리		●	●	●
	도요저(都要渚)	동 30리	200여 호	●	●	
	덕지(德只)	남 30리		●	●	
	곤지(坤地)	서남 15리		●	●	●
	낙사(落沙)	북 40리 강 중				●
	소계(9)			8	8	7
웅천	백산(白山)	동 수로 20리	두 섬 사이 1리	●	●	●
	흑산(黑山)	동 수로 20리	두 섬 사이 1리	●	●	●
	가덕(加德)	수로 30리	75리, 목장	●	●	●
	감물(甘勿)	수로 20리		●	●	●
	사의(蓑衣)	서 수로 20리		●	●	●
	대죽(大竹)	서 수로 20리		●	●	●
	소죽(小竹)	서 수로 20리		●	●	●
	이슬(里〈理〉瑟)	서 수로 20리		●	●	●
	벌(伐)	서		●		●
	우음지(亐音之〈陰地〉)	서		●		●

군현	섬 이름	거리	둘레	지리서		
				여지도서	경상도 읍지	대동지지
웅천	송(松)	남 수로 10리		●	●	●
	연(椽)	남 수로 10리		●	●	●
	수(水)	동 20리		●	●	●
	초리(草里〈理〉)	수로 13리	거제 경계	●	●	●
	만산(滿山)	동 20리		●	●	●
	부곡(釜谷)	동 10리		●		
	천수대(天秀臺)	남 수로 30리			●	
	부(釜)	서 수로 30리			●	●
	와(臥)	서 수로 30리				
	대하(大蝦)	현남 해중				●
	소하(小蝦)	〃				●
	전모(展帽)	〃				●
	음지(陰地)	현서 해중				●
	병(竝)	현서 해중				●
	웅(熊)	〃				●
	대고장(大庫藏)	〃				●
	소고장(小庫藏)	〃				●
	망어(蟒魚)	〃				●
	화(花)	〃				●
	마(馬)	〃				●
	호(虎)	〃				●
	대목(大木)	〃				●
	소목(小木)	〃				●
	표(瓢)	〃				●
	서(鼠)	〃				●
	소계(35)			16	15	32
창원	저(猪)	월영대 남	5리, 內有民家	●	●	●
	소계(1)			1	1	1

군현	섬 이름	거리	둘레	지리서		
				여지도서	경상도읍지	대동지지
칠원	저(猪)	구산현 남	15리	●	●	●
	소계(1)			1	0	1
진해	대범의(大凡矣)	남 수로 15리		●	●	●
	소범의(小凡矣)	남 수로 15리		●	●	●
	궁(弓)	남 수로 16리		●	●	●
	대주(大酒)	동 수로 16리	20리	●	●	●
	소주(小酒)	동 수로 16리		●	●	●
	연미(鳶尾)	동				●
	소계(6)			5	5	6
함안	요(蓼)	서 30리			●	
	소계(1)			0	1	0
거제	사(沙)	북 20리		●		●
	산달(山達)	서 30리	32리, 목장	●	●	●
	칠천(漆〈七〉川)	동북 50리	51리, 목장	●	●	●
	주원(朱原)	남 40리	40리	●	●	●
	외비진(外非辰)	남 50리	25리	●		●
	내비진(內非辰)	남 40리	15리	●		●
	매매(每每)	남 60리	44리	●	●	●
	오아(吾兒)	남 40리	14리	●		●
	대죽(大竹)	남 40리	20리	●		●
	소죽(小竹)					●
	대유자(大柚子)	동북 20리		●		●
	소유자(小柚子)	동북 20리		●		●
	대좌이(大左伊)	서 30리		●		●
	소좌이(小左伊)	서 30리		●		
	한산(閑山)	서 40리 남 50리	50리 80리	●	●	●
	저(猪)	북 75리			●	●

군현	섬 이름	거리	둘레	지리서		
				여지도서	경상도읍지	대동지지
거제	이물(利勿)	북 50리			●	●
	가조(加助)	서 30리			●	●
	지삼(只森)	동 40리			●	●
	가(柯)	동 40리			●	●
	백여(白礖)	북 70리			●	
	용초(龍草)	서				●
	대광이(大光耳)	북				●
	소광이(小光耳)	북				●
	노론덕(老論德)	북				●
	내모미(內毛味)	남				●
	외모미(外毛味)	남				●
	난(卵)	동남				●
	각(角)	동북				●
	연(椽)	동북				●
	적(赤)	서				●
	소계(31)			14	11	29
고성	죽(竹)	남문 밖		●	●	●
	종해(終海)	견내량 서남	21리	●		●
	송(松)	서 40리		●	●	●
	자란(自卵)	서 30리	민전 있음	●	●	●
	하박(河撲)		50리	●	●	●
	상박(上撲)		24리	●	●	●
	연대(煙臺)	남		●	●	●
	오아(吾兒)	남		●		●
	적화(赤火)	남		●		●
	가조(加助)	동남	민전	●	●	●
	추(라)(楸(羅))	동남	40리	●	●	●
	대노태(大老太)	동남		●	●	●

군현	섬 이름	거리	둘레	지리서		
				여지도서	경상도 읍지	대동 지지
고성	소노태(小老太)	동남		●		●
	욕지(欲知)	남 수로 130리	65리, 옛 성터	●	●	●
	연화(蓮華)	동남	53리	●	●	●
	적질(赤叱)	동남		●		●
	시락(時落)	동	41리	●		●
	어응적(於應赤)	동		●		●
	둔미(芚彌〈味〉)	가도 밖		●		●
	독박(禿朴)	남		●		●
	포도(葡萄)	동 40리	連陸有民田	●	●	●
	사량(蛇梁)	남 수로 70리		●	●	●
	지(紙)	동남			●	●
	공수〈주〉(公須〈州〉)				●	●
	조(鳥)					●
	오소(吾所)					●
	장좌(長佐)					●
	하백(河伯)					●
	비파(琵琶)	동				●
	유자(柚子)					●
	곤이(鵾耳)	서남				●
	두미(頭尾)	서남				●
	안(鞍)	서남				●
	가(柯)	서남				●
	대구(大口)					●
	화(華)					●
	정(鼎)					●
	소계(37)			22	15	37
진주	흥선(興善)	남 70리	90리, 목장	●	●	●
	적량(赤梁)	남 90리	120리		●	

군현	섬 이름	거리	둘레	지리서		
				여지도서	경상도읍지	대동지지
진주	죽도(竹)	서남 45리				●
	소계(3)			1	2	2
사천	늑(勒, 仇良)			●	●	●
	심수(沈水〈新樹〉)			●	●	●
	초(草)					●
	저(楮)			●	●	●
	조(鳥)			●	●	
	징(徵)			●	●	
	우(羽)			●	●	
	소계(7)			6	6	4
곤양	안(鞍)				●	
	비(토)(飛兎)				●	●
	작(鵲)				●	
	전죽(箭竹)				●	
	소계(4)			0	4	1
남해	소(蘇)	동 6리	동백	●	●	●
	갈(葛)	동 100리	통영		●	●
	호(虎)	동 70리	통영		●	●
	조(鳥)	동남 60리			●	●
	노(魯)	동남 35리			●	●
	비(榧)	동 20리				●
	우모(牛毛)	북				●
	마(麻)	서남				●
	죽(竹)	서남				●
	장(長)	동				●
	녹(鹿)	동				●
	석(石)	남				●

군현	섬 이름	거리	둘레	지리서		
				여지도서	경상도읍지	대동지지
남해	사(沙)	남				●
	조(槽)	남				●
	정(鼎)	남				●
	소계(15)			1	5	15
하동	목(牧〈鶩〉)	서 10리		●	●	●
	갈(葛)		소근포(所斤浦)	●	●	●
	사(蛇)					●
	사(沙)					●
	소사(小沙)					●
	중(中)					●
	노(櫓)					●
	나팔항(喇叭項)					●
	소계(8)			3	2	8
총계	164			82	81	146

[표3] 조선후기 고지도 속의 경남의 섬

군현	섬 이름	거 리		둘레	해동지도	여지도	영남지도	동국지도	1872년 군현지도	청구도	대동여지도
		육로	수로								
양산	대저(大渚)	50리		35리	●		●	●	●	●	
	사두(蛇頭)				●				●		●
	소요(저)(所要(渚))				●	●			●		●
	덕두(德頭)	48리		8리	●	●	●		●		
	유(柳)	44리		16리	●		●		●		
	용동궁(龍洞宮)	60리		6리	●		●				
	도(桃)								●		
	맥(麥)								●		
	소계(8)				6	2	4	1	7	1	2

군현	섬 이름	거 리		둘레	해동지도	여지도	영남지도	동국지도	1872년 군현지도	청구도	대동여지도
		육로	수로								
김해	초선(招仙)						●		●		
	덕(德)				●	●	●	●	●	●	●
	녹(祿)							●		●	
	죽(竹)				●	●			●		●
	취(鷲)							●		●	●
	명지(鳴旨)	10리	20리		●	●	●	●	●	●	●
	곤〈신〉지(坤〈神〉地)						●				●
	낙사(落沙)									●	●
	망산(望山)										●
	전산(前山)								●		
	소계(10)				3	3	4	4	5	5	7
웅천	백산(白山)				●			●	●	●	●
	흑산(黑山)				●			●	●	●	●
	녹(祿)										●
	전모(展〈戰, 箭〉帽)	20리	3리	9리	●		●		●	●	●
	하도(鰕島)	6리	13리	3리			●			●	
	소하(小蝦)	6리	11리	2리	●		●				
	신(兟〈新〉)				●				●		
	*가덕(加德)		33리	40리	●	●	●	●	●	●	●
	병산(竝山)	6리	31리	9리			●		●		
	구(鷗)				●	●					
	전(箭)							●		●	
	죽(竹)				●			●	●	●	●
	우음지(亐音之〈陰地〉)	8리	9리	9리	●	●	●			●	
	사의〈리〉(蓑衣〈理〉)	8리	22리	7리	●	●	●	●	●	●	
	웅(熊)	8리	15리	10리	●	●	●	●		●	●

군현	섬 이름	거리		둘레	해동지도	여지도	영남지도	동국지도	1872년 군현지도	청구도	대동여지도
		육로	수로								
웅천	웅(熊)							●			
	지대(支待)				●						
	대고장(大庫藏)	8리	8리	3리	●	●	●				
	소고장(小庫藏)	8리	6리	2리	●	●	●				
	망〈맹〉어(莽〈蟒〉〈虻〉魚)	8리	20리	9리			●	●	●	●	
	감물(甘勿)							●		●	
	대죽(大竹)	17리	5리	3리	●	●	●	●		●	●
	소죽(小竹)	17리	3리	2리	●	●	●	●		●	●
	이슬(里瑟)	8리	13리	8리	●	●	●	●	●		
	이(理)				●					●	
	슬(瑟)									●	
	대〈벌〉(代〈伐〉)							●		●	
	송(松)	6리	6리	5리	●	●	●	●	●	●	●
	연(椽)	6리	11리	11리	●		●	●	●	●	
	수(水)	8리	8리	11리		●	●		●	●	●
	초리〈립〉(草理〈笠〉)	8리	17리	9리	●	●	●			●	
	부(釜)	36리	4리	15리	●	●	●	●	●	●	
	부(釜)							●		●	
	소형(小形)							●		●	
	소죽(小竹)							●		●	
	벌질(伐叱)	8리	10리	5리			●	●		●	
	방산(方山)							●		●	
	궁산(弓山)									●	
	화(花〈華〉)	15리	8리	3리	●	●	●				
	마미(馬尾)							●		●	
	마(馬)				●	●	●				●
	호(虎)						●	●		●	

군현	섬 이름	거리		둘레	해동지도	여지도	영남지도	동국지도	1872년 군현지도	청구도	대동여지도
		육로	수로								
웅천	대목(大木)	36리	12리	4리			●	●		●	●
	소목(小木)						●	●		●	●
	목(木)				●	●					
	목(木)				●						
	표(瓢)				●		●	●		●	
	서(鼠)				●			●		●	
	만산(滿山)								●		
	입(立)								●		
	해암(海暗)								●		
	소계(51)				28	17	26	28	17	32	14
창원	저(猪)	30리		10리	●	●	●	●		●	●
	소계(1)				1	1	1	1	0	1	1
칠원	저(猪)	80리	3리	40리	●		●		●	●	●
	증(甑)								●		
	장고(長古)								●		
	이(離)								●		
	소계(4)				1	0	1	0	4	1	1
진해	대범의(大凡矣)				●			●		●	●
	소범의(小凡矣)				●						●
	궁(弓)				●				●		
	(대)주((大)酒)		6리	5리	●	●	●	●		●	●
	소주(小酒)							●	●	●	●
	호(虎)		3리	5리	●	●	●				
	양(羊)		4리	3리	●	●	●		●		
	죽(竹)								●		
	저(楮)								●		
	대수우(大水牛)								●		

군현	섬 이름	거 리		둘레	해동지도	여지도	영남지도	동국지도	1872년 군현지도	청구도	대동여지도
		육로	수로								
진해	수우(水牛)								●		
	송(松)								●		
	연미(燕尾)								●		
	개좌(盖坐)								●		
	전(錢)								●		
	소계(15)				6	3	3	3	11	3	4
거제	사(沙)	31리		8리	●	●	●	●		●	●
	*가조(加助)				●	●	●	●	●	●	●
	고개(高介)				●						
	칠천(漆川)				●	●	●	●		●	●
	*대광(이)(大光〈廣〉(耳))	47리		16리	●	●	●	●		●	●
	소광(이)(小光〈廣〉(耳))	56리		12리	●	●	●	●		●	●
	(대)유자((大)柚子)	27리		9리	●	●	●	●		●	●
	소(유자)(小(柚子))	29리		10리	●	●	●	●		●	●
	계(鷄)				●						
	범법(凡法)				●	●			●		
	노론덕〈황덕〉(老論德)	87리		13리	●	●	●	●	●	●	●
	*저(猪, 楮)	79리		11리	●	●	●	●	●	●	●
	연(椽)									●	
	망어(網魚)				●	●					
	소병(小竝)				●	●			●		
	중병(中竝)				●	●			●		
	대병(大竝)				●	●			●		
	각(角)				●	●		●		●	●
	이물(利勿)	80리		9리	●	●	●	●	●	●	●

군현	섬 이름	거 리		둘레	해동 지도	여지도	영남 지도	동국 지도	1872년 군현 지도	청구도	대동 여지도
		육로	수로								
	지삼(只森)	40리		6리	●	●		●	●	●	●
	내조라(內助羅)				●	●			●		
	외조라(外助羅)				●	●			●		
	윤돌〈윤교리〉(尹乭〈校理〉)				●	●			●		
	가을(加乙)				●	●					
	다대(多大)				●	●					
	석문(石門)				●	●					
	병대(並大)				●	●					
	*매매〈미〉(每每〈味〉)		53리	10리			●	●	●	●	●
	내매매(內每每)				●	●					
	외매매(外每每)				●	●					
거제	난(卵)		56리	10리	●	●	●	●		●	●
	내모미(內毛未〈味〉)							●		●	●
	외모미(外毛未〈味〉)							●		●	●
	가오리(加五里)				●	●					
	어리(魚利)				●	●					
	*주원(朱原), 추원(秋〈楓,林〉元)		26리	30리	●	●	●	●	●	●	●
	용초(龍草)		33리	12리	●	●	●	●	●	●	●
	*외비진(外非辰)		48리	12리	●	●	●	●		●	●
	내비진(內非辰)		40리	11리	●	●	●	●		●	●
	(대)죽(竹)		39리	10리	●	●	●	●	●	●	●
	(소)죽(竹)				●	●		●			●
	오아(烏兒)										●

군현	섬 이름	거 리		둘레	해동지도	여지도	영남지도	동국지도	1872년 군현지도	청구도	대동여지도
		육로	수로								
거제	송〈공〉수여(松〈公〉須礇)				●	●		●	●		
	장비산(長非山)				●	●		●			
	내저(內猪)				●	●		●			
	외저(外猪)				●	●		●			
	소야(小冶)				●	●		●			
	국(國)				●	●		●			
	좌사이(佐仕履)				●	●		●			
	좌이(佐耳〈里〉)		20리	14리	●	●	●	●		●	●
	대좌(이)(大佐伊)							●		●	●
	소좌(이)(小佐伊)							●			●
	산달(山達)		13리	12리	●	●	●	●	●	●	●
	송(松)				●	●		●		●	●
	내송(內松)				●	●					
	외송(外松)				●	●					
	구(龜)				●	●			●		
	호(虎)				●						
	복(福)				●	●					
	비산(非産〈比山〉)				●	●			●		
	*한산(閑山)		22리	105리	●	●	●	●	●	●	●
	내혈(內穴)				●	●					
	외혈(外穴)				●	●					
	적(赤)				●	●		●	●		
	녹(鹿〈麗〉)				●	●					
	침(砧)				●	●					
	*해갑(蟹甲)								●		
	*고동(古同)								●		

군현	섬 이름	거리		둘레	해동지도	여지도	영남지도	동국지도	1872년 군현지도	청구도	대동여지도
		육로	수로								
거제	*호두(胡頭)								●		
	유대(柳臺)								●		
	사여(蛇礖)								●		
	방해(防海)								●		
	소계(72)				59	56	20	36	28	27	29
고성	가조(加助)							●		●	
	포도(葡萄)							●		●	●
	지(紙)						●	●	●	●	
	시락(時落)							●		●	●
	하백(河伯)							●		●	●
	비산(飛山)						●	●	●	●	●
	읍(邑)						●	●			
	유자(柚子)				●	●	●	●			●
	곡자(曲子)									●	
	송(松)							●		●	●
	자란(自卵)						●	●		●	●
	안자(鞍子)				●	●	●	●	●	●	
	가(柯, 枷)				●	●	●	●		●	
	대구(大口)							●		●	
	정(鼎)							●		●	
	화(華)							●		●	
	죽(竹)						●		●		●
	*장좌(長佐)							●	●	●	●
	종해(終海)							●		●	●
	소(小)				●		●				
	어응적(於應赤)						●		●		

군현	섬 이름	거리		둘레	해동지도	여지도	영남지도	동국지도	1872년 군현지도	청구도	대동여지도
		육로	수로								
고성	둔미(芚彌〈屯味〉)							●		●	
	독박(禿朴)							●		●	
	연대(煙臺〈烟台〉)							●	●	●	
	오아(烏〈吾〉兒)							●		●	
	오소(吾所)								●		●
	적화(赤火)							●		●	●
	*사량(蛇梁)				●	●	●	●	●	●	●
	공수(公須)							●		●	●
	*조(鳥)							●	●	●	●
	비슬〈파〉(比〈琵〉瑟〈琶,巴〉)						●				●
	*곤이(鵾耳〈昆里〉)							●	●	●	●
	두미(頭尾)				●	●	●	●	●	●	
	소좌(小佐)									●	
	하박(下撲)							●		●	●
	상박(上撲)							●		●	●
	*추〈라〉(楸〈羅〉)				●	●	●	●	●	●	●
	적질(赤叱)										●
	노태〈노대〉(老太〈櫓大〉)							●	●	●	●
	소태(少太)							●		●	●
	욕지(欲知)				●	●	●	●	●	●	●
	연화(蓮華)				●		●	●	●	●	●
	*공주(拱珠)								●		
	애(艾)								●		
	우(牛)								●		
	저(楮)								●		

군현	섬 이름	거리		둘레	해동지도	여지도	영남지도	동국지도	1872년 군현지도	청구도	대동여지도
		육로	수로								
고성	익사서(益巳嶼)								●		
	오비(烏飛)								●		
	*월명(月明)								●		
	해(蟹)								●		
	교(轎)								●		
	마어(麻魚)								●		
	화(花)								●		
	남무여(南無礖)								●		
	화서(花嶼)								●		
	죽(竹)								●		
	화우(禾牛)								●		
	대롱(大弄)								●		
	소롱(小弄)								●		
	소계(59)				9	7	16	34	33	34	25
진주	창선(昌善)				●	●	●	●	●	●	●
	죽(竹)										●
	소계(2)				1	1	1	1	1	1	2
사천	늑(勒, 仇良)	45리		4리	●	●	●	●	●	●	●
	심수(深水〈新樹〉)	45리		8리	●	●	●	●	●		●
	심(深)									●	
	수(水)									●	
	초형〈소〉(草形〈所〉)				●	●					●
	저(楮)	44리		1리	●	●	●	●	●	●	●
	조(鳥)	45리		2리	●	●	●	●	●		
사천	강규〈주〉(江珪〈州〉)				●		●		●		
	항(項)								●		
	소계(9)				6	5	5	4	6	4	4

군현	섬 이름	거리		둘레	해동지도	여지도	영남지도	동국지도	1872년 군현지도	청구도	대동여지도
		육로	수로								
곤양	안자(鞍子)					●		●	●		
	비(토)(飛(兎))	30리		10리	●	●	●	●	●	●	●
	작(鵲)				●	●					
	대(大)								●		
	소계(4)				2	3	1	2	3	1	1
남해	우모(牛毛)				●	●				●	
	갈(葛)	70리		3리			●		●	●	●
	장(長)				●	●			●	●	
	노(櫓)	35리		3리	●	●	●	●	●	●	●
	녹(鹿)							●		●	
	죽(竹)				●	●			●	●	●
	소죽(小竹)								●		
	비(자)(榧(子))					●		●		●	
	소(蘇)	6리		1리	●	●			●	●	
	마(麻)				●	●			●	●	●
	소마(小麻)								●		
	석(石)				●	●				●	●
	사(沙)				●	●				●	●
	대탄(大灘)				●	●					
	정(鼎)				●	●				●	●
	조(槽)									●	●
	문암(門岩)									●	●
	세존(世尊)									●	●
	죽(竹)				●	●				●	●

군현	섬 이름	거리		둘레	해동지도	여지도	영남지도	동국지도	1872년 군현지도	청구도	대동여지도
		육로	수로								
남해	저(楮)				●	●					
	해(蟹)				●	●					
	미조(彌助)				●	●		●	●	●	
	애(艾)				●	●				●	
	호(虎)				●	●			●	●	
	조〈오〉(鳥〈烏〉)	60리		2리	●	●	●	●	●	●	●
	소조(小鳥)								●		
	사(蛇)								●		
	와(蛙)								●		
	묘(卯)								●		
	낙지(洛地)								●		
	관선(觀仙)								●		
	목(木)								●		
	소계(32)				17	18	3	5	18	20	12
하동	목(鶩〈牧〉)				●	●	●	●		●	●
	파(琶)				●	●	●				
	월동(月東)				●	●					
	사(蛇)						●			●	●
	갈(葛)				●	●	●	●		●	
	(대)사((大)沙)						●	●		●	●
	소사(小沙)						●	●		●	●
	중(中)							●		●	●
	노(櫓)						●	●		●	●
	나팔항(喇叭項)						●	●			●
	소계(10)				4	4	8	7		7	7
총계	277				143	120	93	126	133	137	109

'*' 표시는 통영 관할 섬

[표 4] 조선시대 경남의 섬에 유배된 사람들

	성명	유배 연도	유배지	유배사유	유배기간
1	허후(許詡, 1398~1453)	단종1	거제	계유정난	유배 즉시 교형
2	이석정(李石貞, ?~?)	〃	남해	계유정난	이원계의 손자
3	조석강(趙石崗, ?~?)	〃	거제	계유정난	유배 즉시 교형
4	조수량(趙遂良, ?~1453)	〃	고성	계유정난	유배 즉시 교형
5	안완경(安完慶, ?~1453)	〃	양산	계유정난	유배 즉시 교형
6	이총(李摠, ?~1504)	연산4	거제	무오사화	갑자사화 때 사형
7	정희량(鄭希良, 1469~1502)	연산6	김해	무오사화	1년, 사면 후 자결
8	이세좌(李世佐, 1445~1504)	연산10	거제	갑자사화	유배 중 자결
9	이행(李荇, 1478~1534)	〃	함안, 거제	갑자사화	2년
10	김세필(金世弼, 1473~1533)	〃	거제	갑자사화	2년
11	이장곤(李長坤, 1474~1519)	〃	거제	갑자사화	탈출
12	권질(權礩, 1483~1545)	〃	거제	언문의 옥사	2년
13	유숭조(柳崇祖, 1452~1512)	중종2	거제	박원종 비판 묵인	5개월
14	한충(韓忠, 1486~1521)	중종14	거제	기묘사화	2년, 배소에서 살해
15	김구(金絿, 1488~1534)	〃	남해	기묘사화	14년(임피 포함)
16	나세찬(羅世纘, 1498~1551)	중종31	고성	김안로 전횡 비판	2년
17	송인수(宋麟壽, 1499~1547)	중종29	사천	김안로의 미움	3년, 양재역 사건
18	정광필(鄭光弼, 1462~1538)	〃	김해	김안로로부터 탄핵	1년
19	채무일(蔡無逸, 1496~1556)	〃	남해	김안로의 미움	3년
20	정황(丁熿, 1512~1560	명종2	곤양, 거제	양재역 벽서사건	14년(종신)
21	김난상(金鸞祥, 1507~1570)	〃	남해	양재역 벽서사건	18년, 단양으로 이배
22	정언신(鄭彦信, 1527~1591)	선조22	남해	정여립과 친척	2년
23	성준구(成俊耉, 1574~1633)	광해즉위	남해	대북파 집권	14년
24	이효원(李効元, 1549~1629)	〃	거제	대북파 집권	14년
25	홍무적(洪茂績, 1577~1656)	광해7	거제	인목대비 폐비 반대	9년

	성명	유배 연도	유배지	유배사유	유배기간
26	정택뢰(鄭澤雷, 1585~1619)	〃	남해	인목대비 폐비 반대	4년, 배소에서 사망
27	이성윤(李誠胤, 1570~1620)	〃	남해	이이첨 탄핵	4년, 금산군
28	유희량(柳希亮, 1575~1628)	인조1	거제	인조반정	5년, 교형
29	심로(沈膂, 1590~1664)	인조24	남해	소현세자비 강빈 변호	2년
30	송시열(宋時烈, 1607~1689)	숙종5	거제	갑인 예송	1년
31	남구만(南九萬, 1629~1711)	〃	남해	윤휴, 허견 탄핵	2년
32	김만중(金萬重, 1637~1692)	숙종15	남해	기사환국	3년, 사망
33	김진규(金鎭圭, 1658~1716)	〃	거제	기사환국	5년
34	이의징(李義徵, ?~1695)	숙종20	거제	갑술환국	1년, 사사
35	목임일(睦林一, 1646~?)	〃	남해	갑술환국	1년
36	이이명(李頤命, 1658~1722)	경종1	남해	신임사화	1년, 사사
37	김창집(金昌集, 1648~1722)	〃	거제	신임사화	1년, 사사
38	신구(申球, 1666~1734)	경종2	거제	신임사화	2년
39	김조택(金祖澤, 1680~1730)	경종3	남해	신임사화	1년
40	김복택(金福澤, ?~1740)	〃	거제	신임사화	1년
41	권익관(權益寬, 1676~1730)	영조1	거제	신임사화의 후과	2년
42	박성원(朴聖源, 1697~1757)	영조20	남해	오지(忤旨)	2년
43	윤광찬(尹光纘, 1706~1768)	영조31	거제	위훈 기재	해남 → 거제, 3년
44	서형수(徐逈修, 1725~1779)	영조33	남해	탕평책 저해	
45	유의양(柳義養, 1718~?)	영조47	남해	?	
46	윤시동(尹蓍東, 1729~1797)	영조52	남해		
47	유언호(俞彦鎬, 1730~1796)	영조47	남해	권진응 변호	1년, 흑산도 이배
48	이병정(李秉鼎, 1742~1804)	〃	거제	〃	

부록2 : 경남의 유인도 현황(거제도, 남해도 제외)

지역	섬이름	역사 및 유래	민속 / 문화유산 / 축제 / 가볼만한 곳
창원	실리도 (實利島)	마산합포구 구산면 남동쪽 끝에서 약 500m 떨어져 있는 섬. 옛날 섬에 살던 부부가 10년동안 매일 나무를 심어 나무 열매가 섬을 뒤덮었다는 것에서 섬이름 유래. '시리섬'이라 불리기도 함. 러 · 일전쟁 당시 러시아 해군의 주둔지였으나 일본에 패배한 이후 일본의 진지로 활용됨. 해방전 대일본제국해군용지라는 표석 있었음. 현재는 해군시설의 일부가 섬 남쪽에 위치함.	– 섬이름 유래 : 지형상으로 보아 사람이 머리를 풀고 양 다리를 뻗어 애[兒]를 부르는 형상이라 붙은 이름이라고도 한다. 아득한 옛날에 이 섬에 살았던 어느 과부가 어린 아들을 데리고 그 섬에 조개를 캐려고 갔다가 물이 차는 바람에 건너오는데 정신이 팔려 외동아들을 깜빡 잊고 자기만 건너 왔다. 그러한 사연으로 두 다리를 뻗고 통곡을 하면서 아기를 부르고 있는 모습과 같다고 하여 붙은 이름. 그래서 '슬픈 섬'이라고도 한다.
창원	송도 (松島)	마산합포구 진동면에 있는 섬. 섬 전체가 소나무 숲으로 덮인 것에 유래. '솔섬'이라 불리기도 함.	–송도의 이름 전승 : 송도의 본래 이름은 소범의도이며, 범의도는 『세종실록』에 등장한다. 또 『경상도 속찬지리지』에도 소범의도가 등장한다. 소범의도의 '범의'는 버미 혹은 버매를 표기하기 위한 차자일 것으로 추정됨. 즉 소범의도는 '서쪽에 있는 중심이 되는 작은 섬'을 뜻하는 것으로 추정할 수 있음. –송도요지 : 삼국시대 토기가마 –송도마제석검출토지 : 마제석검이 1974년 송도 앞바다에서 발견되었고, 동아대박물관에 소장되어 있음. 청동기시대 해양문화를 검토할 수 있는 자료임.
창원	양도 (羊島)	마산합포구 진동면에 속한 섬. 섬 모양이 양을 닮은 것에서 유래함. 고려때에 왕에게 진상할 양을 길렀다고 해서 붙였다고도 함.	–양도의 본래 이름 전승 : 양도의 본래 이름은 대범의도로 '범의도'는 『세종 실록』에 등장한다. 또 『경상도 속찬 지리지』에는 대범의도가 등장한다. '대범의도'는 '서쪽에 있는 중심이 되는 큰 섬'을 뜻하는 것으로 추정할 수 있음.
창원	잠도 (蠶島)	진해구 안곡동에 속한 섬. 섬 모양이 누에가 머리를 들고 뽕을 먹는 모양을 닮은 것에서 유래함. '누에섬' 또는 '니이기섬'이라 불리기도 함. 그러나 누에섬은 변형된 이름으로 『경상도 속찬 지리지』에 '서사의도'로 등장하고, 그 뒤 문헌에도 '사의도'로 기록되어 왔음. 일제강점기 일본군이 연합군 비행기 진로를 관찰하는 전망대와 해군의 군사훈련장으로 사용.	–잠도유물산포지 : 청동기시대 및 삼국시대 유물산포지로서, 잠도내에 위치함. –태양광발전소 있는 산 정상에는 일제강점기 전반대 담장과 부서진 화장실, 국기게양대 등의 흔적이 있음.

지역	섬이름	역사 및 유래	민속 / 문화유산 / 축제 / 가볼만한 곳
창원	우도(友島)	진해구 명동에 속한 섬. 우도는 『경상도 속찬지리지』에 '벌도'로 나오고 이후 '벌도'로 표기되었다.'우도'로 차자 표기된 것은 일본인에 의해 지도가 만들어진 때이다	–진해 우도 토기산포지 : 가야의 토기편과 조선시대 토기편이 채집됨 –창원 우도 패총 : 조선시대 패총으로 추정됨
통영	미륵도(彌勒島)	산양읍과 미수동 · 봉평동 · 도남동에 있는 섬. 본래 거제군 지역이었으나, 1603년 고성현으로 편입되었다가, 1900년 용남군으로 이속되었고, 1914년 통영군에 편입되고, 1995년 충무시와 통영군이 통합되면서 통영시 소속이 됨.	–통영 해저터널(국가등록문화재 제201호) : 통영반도와 미륵도 사이에 1933년 통영운하가 완공되고, 해저터널(461m)이 설치됨. 건설의 주역 일본인 통영 군수 야마구찌가 쓴 "龍門達陽"이란 글씨에는 일본의 침탈상이 그대로 반영되어 있음.
통영	오비도(烏飛島)	산양읍 풍화리에 있는 섬. 섬의 형상이 까마귀가 나는 모양이라 하여 오비도라 부르며, 해안선이 아름다우며 4개의 자연마을이 형성되어 있음. 본래는 거제현에 속하였으며, 1603년 고성현에 편입되었다가 1900년 진남군에 소속되고, 1995년 통영시에 소속됨.	–한려해상국립공원에 포함. –미륵도관광특구로 지정(1997)
통영	곤리도(昆里島)	산양읍 곤리리에 속함. 섬의 형상이 고니가 나는 것처럼 생겼다는 의미의 '고니섬'에서 유래함. 옛날에는 '고내섬', '곤이도(昆伊島)', '곤하도(昆何島),고니섬'이라 불리기도 함 .	–'오신장군(鰲神將軍)' 시멘트 솟대 –당산제 : 매년 3월 10일, 수령 500년으로 추정되는 팽나무 밑에서 지내는데, 팽나무를 '제 받는 나무'라 해서 제(祭)포구나무라 불림.
통영	추도(楸島)	산양읍 추도리에 있음. 섬의 형상이 자루가 긴 농기구인 가래처럼 생긴 것에서 유래됨. 가래나무 추(楸)를 써서 추도(楸島)라고 하였다는 설과 옛날 가래나무(개오동나무)가 많이 자생한데서 유래하였다는 설이 있음.	–추도 후박나무군락(천연기념물 제345) : 마을을 지켜주는 수호신, 왕후박나무는 숲과 더불어 천연기념물로 지정된 것이며, 숲은 넓은 면적은 아니지만 어부림(魚付林)의 한 표본처럼 남아 있음
통영	학림도(鶴林島)	산양읍 저림리에 있음. 임진왜란후 김· 원 두 성씨가 처음 들어와 살면서 솔을 심어 "학림"이라 부르게 되었다함. 옛이름은 "새섬". 한자지명으로는 "조도"이다.	–진수제(進水祭) : 배를 건조하여 바다에 띄우기 전에 지내는 제사. 배를 건조하여 물에 띄우기 전에 배 중심부에 선왕대(푸른대나무에 복조리를 매닮)에 선왕기(홍,청,황색)를 달고 제물을 차려 선장이 정성들여 제를 지냄. 출항때에는 하객과 선원들이 배불리 먹고 사해귀신들에게 음식을 뿌려 고하고 항내를 세바퀴 돌고 떠나는 풍습임 –바지락체험장

지역	섬이름	역사 및 유래	민속 / 문화유산 / 축제 / 가볼만한 곳
통영	송도 (松島)	산양읍 저림리에 있음. 송도는 원래 작은 새섬이란 뜻으로 소새섬(소조도 小鳥島)이라 일컬었던 것을 솔새섬, 솔섬의 한자 지명인 송도로 변천된 것으로 추정됨. 지금의 한자명을 풀이하여 옛날 소나무가 무성하게 자생했던 섬에서 유래했다는 설도 있음	
통영	저도 (楮島)	산양읍 저림리에 있음. 옛날부터 딱나무(닥나무)가 무성하게 자생하여 딱섬(닥섬)이라 불렸다고 하나 확실한 근거는 없으며, 저도는 토박이 지명인 딱섬의 한자 지명임. 또한 섬의 형상이 닭 모양과 같다고 하여 '닭섬'으로 불려지다가 '딱섬'이 되었다는 설도 있음. 저도는 닭, 연대도는 솔개, 만지도는 지네에 비유되어 서로 먹이사슬에 메여 함께 번성할 길지라는 풍수지리설이 전해짐.	–한려해상국립공의 일부
통영	만지도 (晩地島)	산양읍 저림리에 있음. 만지도는 인근의 다른 섬에 비해 비교적 늦게 사람이 입주한 섬이라는 데서 유래하여 늦은섬이라고 하여, 만지도라 했다고 하고, 또한, 섬의 형상이 지네와 같이 생겼다 하여 만지도라 부르게 되었다는 설도 있음.	–연대도와 만지도 출렁다리
통영	연대도 (烟臺島)	산양읍 연곡리에 있음. 조선시대 삼도수군통제영에서 왜적의 상황을 알리기 위해 섬정상에 봉화대를 설치하고 봉화를 올렸다고 해서 연대도라 불렀다함.	–통영 연대도 패총(사적 제335호) : 융기문토기, 즐문토기, 무문토기, 마제석부, 어망추, 석촉, 낚싯바늘, 장신구, 조개, 팔찌 등이 출토되어 선사시대 역사를 고증할 수 있으며, 특히 인골도 화석으로 출토되었으며, 석기와 토기 가운데는 일본에서 많이 출토되는 것도 있어 일본 구주지방과 문화적 교류가 있었음을 짐작할 수 있음. –연대도 지갯길 : 2.3km –에코아일랜드체험센터 : 지구 온난화에 따른 탄소저감, 석유화석제로, 생태관광, 수민소득의 사례를 담을 수 있는 지속가능 발전 모델의 모범 사례로 추진중임.

지역	섬이름	역사 및 유래	민속 / 문화유산 / 축제 / 가볼만한 곳
통영	오곡도(烏谷島)	산양읍 연곡리에 있음. 오곡(烏谷)의 지명은 조선후기에 신설된 동리명 오곡동(烏谷洞)이며, 섬에 까마귀(烏)가 많이 서식하였다는 설과 섬의 형세가 하늘을 나는 까마귀를 닮았다 하여 까마귀 오(烏)자와 오실이 강정 쉰 두 강정이라고 할 만큼 많은 비렁 계곡인 강정이 소재하고 있다하여 계곡 곡(谷)을 따서 오곡(烏谷)이라 하였다는 지명 유래설이 있음. 옛 지명으로 오소리가 많이 서식했다 해서 '오시리'라 불렀다 함.	–야생화 –300년 이상된 동백나무 군락.
통영	어의도(於義島)	용남면 어의리에 있음. 어의도의 조선초기 섬 이름은 「어리도(於里島)」였으며 그후 「어의도(於儀島)」 · 「어의도(於義島)」로 변천됨. 섬이 허리가 잘록한 개미를 닮아 '충의도(蟲義島)'라 불리기도 함.섬이 바다 위에 떠 있는 배처럼 생겼다고 하여 「어의여차」하는 노젓는 소리를 딴 섬이름이라는 지명유래가 있음.	–전설 : 섬에는 공동우물이 있는데 옛날에 큰 구기자나무가 그 뿌리로 우물을 감싸고 있었다. 이 우물물을 마신 옛날 사람들은 힘이 장사였고 장수하였다고 한다. 1904년 갑진년의 태풍으로 인하여 그 구기자 나무가 유실되었고 많은 피해를 입은 이후부터는 장사나 장수하는 사람이 나지 않는다는 전설이 있음
통영	입도(笠島)	광도면 덕포리에 있음. 섬의 생김새가 갓모양을 닮았다하여 갓섬이라 함.	
통영	저도(광도면)(楮島)	광도면 안정리에 있음.닥나무가 많이 서식했다 해서 '닥섬(딱섬)'이라 불림. 한자로 바꿔 '저도'라고 함.	– 안정공단의 야경
통영	수도(水島)	지도리에 있음. 섬의 정상부분에 큰 웅덩이가 있는데 이곳의 물은 아무리 가뭄이 심해도 마르지 않는다 하여 수도라고 불리어짐. '물섬'의 한자지명임. 행정구역은 '통영'이지만 생활은 대부분 '거제권'	–섬 앞바다 해상콘도에서 보는 밤바다 풍경. –소나무,대나무 군락
통영	지도(紙島)	용남면 지도리에 있음. 조선초기에는 고성의 가장 동쪽 해역에 위치해 있는 섬이라 하여 「종해도(終海島)」라 칭했음. 그 후 와전되어 토박이지명으로 「종이섬」. 「종우섬」으로 불리었으며, 다시 이의 한자지명인 「지도」로 변천됨. 옛날 바다의 마고할멈이 육지에 오르기 위해 여기에 종이(창호지)를 펼친 것이 섬이 되었다는 설과, 옛날 조기가 많이 잡히던 곳이라 하여 「조기섬」이라 일컬었던 것이 와전되었다는 등의 민간 어원설 있음.	–당산제 : 매년 음력 섣달 그믐날 마을의 평온과 번영을 기원, 그 유래는 150년 정도임.

지역	섬이름	역사 및 유래	민속 / 문화유산 / 축제 / 가볼만한 곳
통영	해간도 (海艮島)	용남면 장평리에 있음. 옛 통제영의 동북쪽[艮] 해역에 위치한 것에서 유래한 지명으로 추정됨. 일명 "해간도", "딴간섬"이라 함. 이순신이 싸운 견내량 입구에 위치.	–당산제 : 150여 년 전부터 매년 음력 섣달 그믐날 저녁에 마을의 평온과 만선을 기원하며 올리고 있음. –1년에 꼭 한번 물이 많이 빠져 이웃 연기까지 사람이 건너 다닐 수 있음. 2009년 연륙교 건설
통영	읍도 (邑島)	도산면 오륜리에 있음. 임진왜란 때 고성현감이 임시로 이곳으로 피난와서 살았다 해서 지어진 것으로 추정됨. 가오치마을 북쪽의 섬마을인데, 토박이지명 "고을섬", "고올섬"의 한자지명이며, 일명 "읍섬"이라고 함.	–통영 읍도 공룡발자국 화석(경상남도 문화재자료 제203호) : 읍도 마을의 바닷가 3~4평 되는 바위 위에 있으며, 발자국 102개와 4다리로 걷는 초식공룡의 발자국 40개 외에 사람의 것으로 보이는 발자국 3개가 선명히 찍혀있음. 발자국화석은 중생대 생태학 연구의 귀중한 자료임.
통영	연도 (鳶島)	도산면 도산리에 있음. 섬의 형태가 하늘을 나는 솔개 형상을 하고 있어 솔개섬이라 불림. 토질이 좋고 소나무가 많아 '솔섬'이라 부르기도 함.	
통영	욕지도 (欲知島)	욕지면에 있음. 녹도(鹿島)로도 불림. 두미도, 상노대도, 우도, 연화도 등 9개의 유인도와 30개의 무인도가 있음. 100여 년 전에 한 노승이 시자승와 연화도의 상봉에 올랐는데, 시자승이 도(道)를 묻자 '욕지도관세존도(欲知島觀世尊島)'라 했던 것에서 섬의 이름이 유래했다고 함. 조선 초기에는 '욕질도(欲秩島 · 褥秩島)'라고, 중기에는 '욕지도(欲智島, 欲知島)'로 혼칭 됨. 이 지역에 삼도수군통제영이 설치되면서 주변 해역이 통제영에 속한 사량진(蛇梁鎭) · 당포진(唐浦鎭) · 삼천진(三千鎭) 등의 수색 및 정박처가 됨. 매년 여름이면 통제영 수군들이 사슴을 수렵하여 녹용(鹿茸)을 진상하였고, 말기에는 왕실 궁내부의 명례궁(明禮宮)에 잠시 직속되었다가 1887년(고종 24)부터 사람이 거주하기 시작함.	–통영 욕지도 모밀잣밤나무 숲(천연기념물 제343호) : 동항마을 뒷산의 상록수림. 숲은 물고기를 보호하고 유인하는 어부림으로서 중요하며, 한국의 대표적 상록수림임. –통영 욕지도 패총(경상남도 기념물 제27호) : 중석기~신석기시대까지 다양한 유물이 출토. 이곳은 신석기시대 장례형태와 남해안의 신석기문화를 밝히는데 중요한 유적임. 이곳과 가까운 곳의 상노대도 등에서 많은 조개더미가 발견됨. –10월 욕지섬 문화축제 : 개척제, 고구마캐기, 고등어잡기, 전마선노젓기대회 등 –삼여마을 해안도로 고갯마루의 일출/펠리칸바위/비렁길 출렁다리/욕지 일주도로 –덕동/도동/유동 해수욕장 –'삼여도(三礖島)'전설 : 마을에는 900년 묵은 이무기가 변한 젊은 총각이 있어 용왕의 세 딸이 서로 사모했는데, 용왕이 이것을 알고 노하여 세 딸을 바위로 변하게 했다. 힘이 장사인 총각은 용왕이 미워 산을 밀어내 바다를 막아 버렸는데, 그 산자락은 삼례도, 상여도가 되었다고 함. –영화 '극락도 살인사건'의 촬영지.

지역	섬이름	역사 및 유래	민속 / 문화유산 / 축제 / 가볼만한 곳
통영	갈도 (葛島)	욕지면 서산리에 있음. 옛날 섬에 칡덩굴이 무성했던 것에서 유래한 토박이지명임. 남해군 이동면 소속이던 것이 1973년7월1일 욕지면 서산리에 편입됨.	–치리섬 위만제 : 남해안 별신굿 무형문화재로 지정됨.
통영	연화도 (蓮花島)	욕지면 연화리에 있음. 섬 모양이 연꽃같아 '바다에 핀 연꽃'이란 의미. 연산군의 억불정책으로 한양 실리암 연화화상이 비구니 3명과 연화봉에 암자를 짓고 도인이 되었다 함. 그가 숨지자 비구니들과 섬주민들이 유언에 따라 수장하니, 도사의 몸이 한송이 연꽃으로 변해서 '연화도'라 불렸다함. 사명대사도 이곳에서 수도했는데, 그의 누이 보운, 약혼녀 보연, 대사를 사모하던 보월 등 세 비구니는 그가 떠난 후에도 머무니, 이들을 '자운선사'라 불렀다 전함. 자운선사는 임란에 대한 수군의 대비책과 거북선 건조법, 해상지리법, 천풍기상법 등을 가르쳐 주고, 임란 때는 몸소 출전해 옥포승첩과 한산대첩에서 공을 세웠다 함. 관련해 연화봉 토굴과 암자가 남아 있다. 통영 유인도 중에 가장 먼저 사람이 살기 시작함.	–전설 : 서낭당 안에 신처럼 모신 둥근 돌이 한점 있다. 매년 음력 섣달 그믐날에 마을의 제주가 밤을 지새우며 다음날 새벽 해가 떠오를 때까지 주민들의 안녕과 풍어를 기원하는 당제를 지냄. 둥근 돌은 이 지역 석질과 전혀 다른 돌이라 연화도인과 사명대사가 이곳에 있을 때 불상 대신 가져온 것으로 "아무 탈 없이 남을 너그럽게 생각하며 둥글둥글하게 살라"는 뜻이 담겨 있다고 추측한다. 토굴과 반석, 서낭당은 암벽으로 둘러쌓여 있다. 이 반석의 부길재 글씨는 연화도인이 자기에게 은둔처를 준 자연에게 감사하고, 도와준 섬사람에게 보답의 뜻으로 재물을 모으고 행복하게 살라는 뜻으로 손가락으로 썼다고 한다. 이 토굴은 산꼭대기에 있는데 신기하게 지하수가 나오고 있으며, 경관도 아주 뛰어나다. –연화도 출렁다리 : 44m –연화사 : 연화대사와 사명대사의 수도성지. 진신사리비, 연화사창건비 등이 있음 –연화도 용머리 : 통영8경
통영	우도 (牛島)	욕지면 연화리에 있음. 섬의 형상이 미륵산에서 보면 소가 노워 있는 것처럼 보인다 해서 붙여짐. 1888년 3월 산양 연곡에 살던 영양 천씨 천문석 · 문보 형제가 전마선[風船]을 타고 현재 윗막개에 들어와 정착, 장필범은 아래막개, 전주이씨 이임필은 구멍섬에 정착해 살았다 전함.	–우도생달나무와 후박나무(천연기념물 344호) : 마을을 지키는 수호신인 생달나무(400여년 추정) 세 그루와 후박나무(500여년 추정)한 그루가 엉겨 한그루 같음. 이 나무들은 마을을 지켜주고 보호해주는 서낭림으로 마을 뒷쪽에 생달나무 3그루와 후박나무 1그루가 높이 20m 정도의 작은 숲을 이루고 있음. 생달나무 중 가장 큰 나무의 나이는 400년 정도로 추정되며, 후박나무의 나이는 500년으로 추정됨. –용강정 : 옛 전설에 용이 등천했다 전해 '용굴'이라고도 불리는 분화구 형태임 –구멍섬 :한자말로 혈도(穴島)라고도 하는 이 바위섬은 마을 뒤편으로 돌아가면 보이는데, 섬 전체로 보면 소의 꼬리 부분에 해당하는 곳으로 가로 세로 4m정도로 네모반듯하게 뚫려있음

지역	섬이름	역사 및 유래	민속 / 문화유산 / 축제 / 가볼만한 곳
통영	상노대도 (上老大島)	욕지면 노대리에 있음. 해오라기가 많이 서식했던 것에서 이름 유래. 소가야시대부터 노태도라 불리어졌으며, 백로(白鷺), 왜가리 떼가 둥지를 짓고 서식하던 곳으로 해오라기 로(鷺)자와 집터 대(垈)자를 따서 노대라 했다고 전함.. 상노대도는 위편의 큰 섬으로, 옛 지명 '상노태도'에서 변천된 한자지명임	–상노대도패총(경상남도 기념물 제27호) :상노대도 남쪽해안 마을 상리에 있음. 욕지도, 연화도 패총 등과 함께 선사시대 주요 유적임. 신석기시대 패총으로서 출토유물로는 남해안의 전형적인 즐문토기를 비롯하여 각종 석기, 골각기, 패제품, 동물유존체 등이 있음.
통영	하노대도 (下老大島)	욕지면 노대리에 있음. 두 노대도 가운데 남쪽 아래편의 작은 섬이며, 100여년 전 경주최씨가 고성에서 뗏목을 타고 이곳에 와 정착함.	
통영	납도 (納島)	욕지면 노대리에 있음. 섬의 형상이 고지가 없고 태평하다 하여 일컫게 된 지명이라 함. 관내 최초로 밀감(감귤) 시배한 곳.	–300년 이상된 동백나무 방풍림과 동백숲 삼화길
통영	초도 (草島)	욕지면 동항리에 있음. 풀섬, 푸리섬이라고도 불림.	
통영	두미도 (頭尾島)	욕지면 두미리에 있음. '두미섬'·'디미섬'으로도 불렀는데, 섬 모양이 큰머리의 아래변에 작은 꼬리가 달려 있는 형상을 닮은 것에서 유래했다는 설과 "연화(蓮花)세계의 두미(頭尾)를 욕지(欲知)코자 하거든 세존에게 여쭈어보라"는 불경에서 딴 지명이라는 설이 있음. 1889년 통영의 문덕삼의 부친과 김하인 등이 처음 남구마을을 개척했다고 전하는데, 이후 남해 사람들이 주로 들어왔다 함. 마을회관 앞에 1996년 세워진 두미개척100주년 기념비 있음.	– 두미도의 풍습 : 인근 사량도 옥녀설화의 영향으로 혼인을 할 때 부부가 서로 절하는 대례를 치르지 않는다. 만약 대례를 올리면 옥녀가 질투해 부부 금실이 좋지 않다고 전해진다. 마르지 않는 샘물 : 여름에는 시원하고 겨울에는 따뜻하기로 유명한 이 섬의 샘물은 남구와 북구에 각각 하나씩 있어 어디를 가나 마실 수 있음. – 북구마을과 남구마을에 자생한 흰동백을 비롯한 동백숲. – 1937년 통일신라시대 금동여래입상이 발견된 감로봉
통영	국도 (國島)	욕지면 동항리에 있음. 옛날 개나리가 많이 자생하던 섬이라 하여 "나리섬"이라 일컬었던 것에서 유래한 "나리섬". 한자지명인 "국도", "국섬"으로 변천된 것으로 추정됨.	–대나무 : '국도산 대(竹)로 만든 화살이 일품'(『택리지』) –팔손이나무(천연기념물 제63호)의 자생지.
통영	비산도 (飛山島)	한산면 염호리에 있음. 섬이 커다란 새가 날개를 퍼덕이며 창공을 향하여 비스듬히 날아오르는 형상을 닮은 것에서 유래한 토박이지명 '비생이'의 한자 이름. 한산면 일대가 거제군에 속했던 때는 거제군 둔덕면 을포(乙浦)로 표기되어 있으며, 그 후 통영군으로 편입되면서 비산도로 개칭됨	–용왕제 : 매년 정월 –한려해상국립공원에 속함.

지역	섬이름	역사 및 유래	민속 / 문화유산 / 축제 / 가볼만한 곳
통영	좌도(左島)	한산면 창좌리에 있음. 한산도에 인접해 보좌하는 형세를 이룬 것에서 유래함.	-한려해상국립공원에 속함 -용왕제 : 음력 섣달 그믐 및 정월 초이튿날, 마을의 안녕과 풍어를 기원하는 풍습
통영	추봉도(秋蜂島)	한산면 추봉도에 있음. 1914년에 추원동(秋元洞)과 봉암동(峰巖洞)을 병합하면서 두 지명의 머리글자를 따서 '추봉리(秋峰里)'라 개칭함.	- 통영 추봉도와 용호도 포로수용소(경상남도 기념물 제302호) : 1952년 5월 미군에 의해 마을사람들이 강제로 쫓겨나고, 포로 1만명을 수용함. 봉암수석 : 몽돌과 색채석
통영	죽도(竹島)	한산면 매죽리에 있음. 옛부터 대나무가 많아 죽도라 불림. 이순신 장군이 화살과 죽창을 만들기 위해 대나무밭을 조성했다 해서 '대섬'이라 불리기도. 지금은 거의 남아 있지 않음.	- 중요무형문화재 제82-4호로 지정된 '남해안 별신굿' 전승지. - 마을회관 앞 '포구나무' 앞에서 당산제 지냄. 2007년 추봉연륙교 개통
통영	한산도(閑山島)	한산면에 있음. 섬에 큰 산이 있어 한뫼(큰뫼)라 부르던 것이 한산으로 변했다고 전한다. 또는 통영 앞바다에 한가하게 떠 있는 섬에서 유래했다는 설도 있음. 한산대첩이 펼쳐졌으며, 최초의 조선 삼도수군통제영인 한산진이 설치되었으며, 이순신 장군이 1597년 한양으로 압송되기 전까지 3년 8개월간 머뭄.	-제승당(사적 제113호) : 이순신장군이 통제사로 있으며 1592년 건립하였고, 1593~1597년까지 삼도수군의 본영으로 이순신 장군이 지휘하며 무기를 만들고 군량을 비축했던 곳임. 현재 제승당 내벽면에는 한산대첩도, 우국충정도, 사천해전도, 노량해전도, 진중생활도 등의 당시의 모습을 재현하고 있다. 원래 업무를 보던 '운주당'터에 영조 때 중건하여 '제승당'이란 이름을 붙였다. 경내에는 제승당을 비롯하여 충무공의 영정을 모신 '충무사'와 '한산정', '수루' 등이 있으며, 산봉우리에는 한산대첩비와 거북등대가 있다.
통영	용초(호)도 (龍草(虎)島)	한산면 용초도. 1914년에 용초동(龍草洞)과 호두동(虎頭洞)을 병합하면서 두 지명의 머리글자를 따서 용호리라 함. 섬의 형세가 웅장하여 용과 호랑이가 서로 싸우는 듯한 용호상박형(龍虎相搏形), 또는 용이 하늘로 솟아오르고 호랑이가 노려보는 듯한 용양호시형(龍揚虎視形), 그리고 용이 서리고 호랑이가 걸터앉는 듯한 용반호거형(龍盤虎踞形) 등의 풍수지리설에서 유래했다는 속설이 있음.	-통영 추봉도와 용호도 포로수용소(경상남도 기념물 제302호) : 1952년 5월부터 1954년까지 3년간 미군 1개 대대와 국군1개 대대가 용초마을에 주둔하면서 2000여명의 북한 포로를 수용했음 - '국화꽃 향기'의 영화촬영지 :한산초 용호분교.

지역	섬이름	역사 및 유래	민속 / 문화유산 / 축제 / 가볼만한 곳
통영	비진도 (比珍島)	한산면 비진리에 있음. '비진(比珍)'은 산수가 수려하고 풍광이 맑아 해산물 또한 풍부하여 가위 '보배(珍)에 비(比)할 만한 섬'이란 뜻에서 유래했다. 조선시대에는 일명 '비진도(非珍島 · 非辰島)'로 한자표기했다. 통영말로 물에서 튀어 나온 곳이라는 말에서 유래했다고도하고 섬의 형상이 수려한 데다 해산물까지 무진장으로 나 보배로운 동네라고 일컬어졌다는 말이 전하기도 한다.	–통영 비진도 팔손이나무 자생지(천연기념물 제63호) : 팔손이나무에는, 옛날 인도에 '바스바'라는 공주가 있었는데, 열일곱 생일날 어머니가 예쁜 쌍가락지를 선물로 주었다. 한 시녀가 공주방을 청소하다가 호기심으로 엄지손가락에 각각 반지를 한 개씩 껴 보았다. 그러나 한번 끼워진 반지가 빠지지 않자 겁이 난 시녀는 그 반지 위에 다른 것을 끼워 감추었다. 반지를 잃고 슬퍼하는 공주를 위해 왕이 궁궐의 모든 사람을 조사하자, 시녀는 왕 앞에서 두 엄지를 제외한 여덟 개의 손가락을 내밀었다. 그때 하늘에서 천둥과 번개가 치고 벼락이 떨어지는 순간 그 시녀는 팔손이나무로 변했다는 전설이 전해진다. 통영 비진도의 팔손이나무 자생지는 가장 북쪽에 있으며, 학술연구상 가치가 높고 희귀종으로 인정되어 천연기념물로 지정 · 보호되고 있다. –비진도해수욕장/비진도산호길(4.8km)
통영	소매물도 (小每勿島)	한산면 매죽리에 있음. 옛날 인근 대항, 당금부락에서 매물(메밀)을 많이 생산하였다 하여 일컬어진 지명(1934년 간행 통영군지에는 '매미도'로 되어 있음)인데, 매물도 옆에 있는 작은 섬이라하여 '소매물도'라 함. 등대섬의 등대는 일제강점기에 세워짐	–소매물도 등대섬(명승 제18호) : 등대섬은 깎아지른 해안절벽을 따라 수평 · 수직절리들이 경관을 이루며, 해식애(절벽), 해식동굴 등이 곳곳에 발달하여 절경을 이루고 있어 '통영 8경' 중 하나이다. 해양성 기후의 영향으로 초지가 발달하고 관목류의 식생이 섬 전체를 덮어 아름다운 초지경관을 형성하며, 해안 절벽 위의 백색 등대와 조화를 이루는 등 자연경관적 · 지질학적 가치가 뛰어나 명승으로 지정됨. –남매의 애잔한 사랑이야기, 남매바위 –글씽이강정(글씨바위) : 진시황 때 불로초를 구하러 온 서불이 해금강을 거쳐 이곳까지 왔다가 불로초를 구하지 못하고 돌아가다 동굴 천장에 '徐市過此[불이 이곳에 다녀간다]'라는 글을 남긴 곳.

지역	섬이름	역사 및 유래	민속 / 문화유산 / 축제 / 가볼만한 곳
통영	매물도(每勿島)	한산면 매죽리에 있음. 크고 작은 두 '매물섬'. 조선초기의 한자지명은 '매매도', 후기에는 '매미도'와 '매물도'로 표기했다. 이러한 '매', '미', '물'등은 물을 의미하던 옛말이었던 것으로 미루어 육지로부터 아주 먼 바다에 위치해 있는 섬이란 뜻을 지녔던 지명으로 추정됨. 군마(軍馬)의 형상을 한 섬. 전장에서 전공을 세우고 돌아온 개선장군이 마치 안장을 풀고 휴식을 취하고 있는 모습을 하고 있는 '마미도(馬尾島)'라 불렸음.	–통영 매물도 후박나무(경상남도 기념물 제214호) : 매물도 후박나무의 나이는 300년 정도로 추정되며, 나무 옆에 있는 바위와 함께 마을을 지켜주고 보호해 주는 당산목으로 섬겨져 왔다. 마을의 젊은이들은 군에 입대할 때나 멀리 다른 고장으로 갈 때는 이 나무 밑에 와서 무사하기를 기원하였다고 함. –매물도의 전통 어촌형 민가/매물도 해품길(5.6km)/매물도 아트트래킹(5.2m) : 공공미술작품 탐방
통영	가왕도(加王島)	한산면 매죽리에 있음. 섬의 형상이 물고기의 하나인 가오리 같다 하여 가오리섬, 가오도라 하였으나 변하여 가옥도가 되었다가 다시 변하여 가왕도가 되었다.	–한려해상국립공원에 속함
통영	장사도(長蛇島)	한산면 매죽리에 있음. 섬의 형상이 뱀처럼 길게 생긴 것에서 유래한 토박이지명 '진뱅이섬'의 한자지명. 길게 생긴 짐승이 바다 위를 날아가는 형상이라 하여 일명 '진비생이'라고도 한다.	–장사도해상공원 : 2011년 12월에 조성됨. 자생꽃 200여종과 1000여 중의 다야한 식물이 있는 해상공원, 20여개의 코스별 주제정원과 야외공연장, 야외갤러리 등 있음. 해상공원 곳곳의 전망대에서 바라보는 절경임.
통영	수우도(樹牛島)	사량면 돈지리에 있음. 숲이 우거진 섬의 지형이 소처럼 생긴 것에서 유래했다는 설이 전해지며, 토박이지명으로는 '시우섬'이라 한다. 동백나무가 많아 '동백섬'이라 불리기도 한다.	–특이한 모습의 바위 : 해골바위, 고래바위, 매바위, 신선대 등 –수우도 섬마을의 수호신 설운장군의 사당인 '지영사'(至靈祠) : 마을 주민들은 매년 음력 10월 보름 동제를 지냈으나 현재는 3년에 한 번씩 제를 지냄.
통영	사량도 상도(蛇梁島上)	사량면 금평리에 있음. 사량'은 원래 두 섬 사이를 흐르는 해협을 일컬었던 옛 이름명에서 유래했다. 섬의 형상이 뱀처럼 기다랗게 생긴 것에서 유래했다는 설이 있다. 두 사량도 가운데 서북쪽 위편에 위치해 있는 섬에서 유래한 토박이지명인 "웃사량섬"의 한자지명. 조선 초기 원래의 지명은 '상박도'였다. 비극적인 옥녀 설화에서 유래해 '사랑'이 '사량'이 되었다고도 함.	–통영 최영장군 사당(경상남도 문화재자료 제32호) : 고려말 왜구의 침입으로부터 통영을 지킨 최영 장군을 추모하기 위해 세운 사당. 사당 안에는 '고려공신최영장군영위(高麗功臣崔瑩將軍靈位)'라고 적혀 있는 위패가 있고 왼편에 선녀에게 호위된 최영 장군의 영정이, 오른편으로는 말을 타고 있는 장군의 마부상(馬夫像)이 있다. 이곳에서는 해마다 음력 정월 섣달에 주민들이 제사를 올린다. –사량도옥녀봉축제 : 전국등반축제,기원제, 체험행사, 걷기대회 등

지역	섬이름	역사 및 유래	민속 / 문화유산 / 축제 / 가볼만한 곳
통영	사량도 하도 (蛇梁島 下)	사량면 읍덕리에 있음. 조선 초기 원래의 지명은 '하박도'였다. 조선시대 이웃한 구량량만호진(仇凉梁萬戶鎭)의 수군과 병선의 초계정박지로 이용. 이후 진영을 아예 옮겨 사량만호진(蛇梁萬戶鎭)을 설치하고 성종 21년(1490)에 사량진성(蛇梁鎭城)을 축성해 진영의 위용을 갖춤. 임진왜란 당시 호남과 영남을 잇는 수군의 주요 거점으로 이용되던 중요한 섬.	–칠현산 : 7현봉이라 불리기도 하는 칠현산의 능선길. 특히 칠현산에서 바라보는 옥녀봉 풍경.
사천	늑도 (勒島)	늑도동에 속하는 섬. 『고려사』에는 구라도(九羅島)라 불렸으며, 섬의 지형이 말(馬)의 굴레처럼 생겼다하여 굴레섬이라 하였는데, 한자이름으로 바뀌면서 늑도로 되었다고 전함. 그리고 옛날 지리산에서 살다가 인심 좋고 경치 좋은 곳을 찾아 이곳에 내려와 정착한 지리산마귀할멈에 얽힌 전설이 전해짐. 고려시대부터 왜구의 침입을 막기 위한 전략적 요충지로 구라량(仇羅梁)의 영으로 수군만호가 있었음.	–사천늑도유적(사적 제450호) : 1979년 유적이 확인되었는데, 발굴조사 결과 패총과 무덤유구, 주거지 등과 함께 각종 토기류(중국계 경질토기, 일본계 야요이토기, 점토대 토기 등), 반량전, 오수전, 한(漢)나라 거울 등 13,000여점의 유물이 출토되었다. 섬 전체가 청동기시대에서 삼한시대로 이어지는 단계의 삼각형 점토대 토기를 특징으로 하는 우리나라 최대 규모의 유적이다. 한 · 중 · 일 간의 고대 동아시아지역 문화교류 증거를 보여주는 학술적으로 귀중한 유적이다 –지리산에 장사 과부 할매 전설이 있는 '드문돌 바위'
사천	신수도 (新樹島)	신수동에 속함. 섬을 중심으로 산봉우리와 도서 등의 수가 52개라 하여 쉰두섬 또는 신두섬이라 하였고, 또는 섬 전체의 형상이 귀신의 머리형상과 같아 신두(神頭)섬, 주변의 수심이 깊어 심수도(深水島)로 불리게 되었다는 등 여러 가지 설이 있음. 조선시대의 문헌에는 신수도 · 심수도 등으로 기록되어 있음.	–굿패들이 동제를 지내며 악귀를 쫓아낸다는 의미로 행해진 민속인 형놀이 '적구놀이'가 2019년 제40회 경상남도민속예술축제 우수상(2등)을 수상 –야영장과 소나무 오솔길과 둘레길. –대구마을 둑 너머 몽돌해수욕장. –피부병에 효험이 좋다는 '해수탕' –대한민국 10대 명품섬에 선정.
사천	신도 (蜃島)	늑도동에 속함. 섬이 조개처럼 생겼다고 해서 붙여진 이름임.	–탁트인 전망대와 둘레길/노을이 아름다운 섬

지역	섬이름	역사 및 유래	민속 / 문화유산 / 축제 / 가볼만한 곳
사천	마도(馬島)	사천시 마도동에 딸린 섬. 섬의 모양이 말과 같은데서 유래함. 동남쪽의 '늑도', 맞은편의 '초양도'가 있어 '굴레와 물이 있으니 옆에 말이 있어야 한다'해서 '마도'라 불렸다 하기도 함. 『세종실록지리지』에 전국에서 가장 먼저 전어잡이를 시작한 곳이라는 내용이 실려있음.	–사천마도갈방아소리(경상남도 무형문화재 제28호) : 어업 노동요로 섬사람들의 주된 생계수단인 전어잡이와 함께 오래전부터 전승되어 왔다. 소리의 가락이나 노랫말에 자신들의 삶의 애환이 잘 드러나 있으며 전승상태가 양호하여 전통문화로서의 가치가 있다. –마도유적 : 1975년 동아대 박물관에 의해 수습됨. 토광묘로 추정되는 유적에서 한국식동검, 동모, 유리구슬 등이 출토됨. 유적의 연대는 기원전 1세기 전후로 추정됨.
사천	저도(楮島)	사천시 동서동에 딸린 섬. 닥나무가 많아 저도라고 하였다는 설도 있고, 섬의 형상이 닭을 닮아 "닭섬"이라고 하던 것이 닥섬으로 바뀌었다가, 다시 한자로 표기하면서 저도가 되었다는 설도 있음.	–섬을 한바퀴 돌아볼 수 있는 산책로 조성 –한려해상국립공원의 일부
사천	초양도(草恙島)	늑도동에 속함. 늑도대교와 창선대교로 연결되어 있음.	–사천바다 케이블카의 하부정류장. –상괭이 조형물
사천	비토도(飛兎島)	서포면 비토리에 있는 섬. 섬전체가 토끼모양과 비슷하고, 토기와 자라가 주인공인 별주부전 설화의 탄생지이라 하여, 날 비(飛)자와 토끼 토(兎)자를 쓴다.	–1992년 개통된 비토국민여가캠핑장과 갯벌. –'별주부전'이라는 전설이 있는 서려있는 섬 –사천시 8경의 하나
사천	진도(辰島)	서포면 비토리에 속하는 섬. 섬이 아름답다하여 '미섬'이라 불리기도 함.	–'비토도'와'별학도'인근에 위치함
사천	별학도(別鶴島)	서포면 비토리에 속하는 섬. 학이 날아가는 형상이라 하여 별학도라 하였음.	–비토해양낚시공원과 해안둘레길 조성.
사천	월등도(月登島)	서포면 비토도에 딸린 섬. 토끼가 달빛에 비친 그림자를 보고 뛰어오른 곳이라 하여 월등도라 한다. 토끼가 용궁으로 잡혀간 후 돌아와 처음 당도한 곳이란 뜻에서 '돌당섬'이라 불리기도 함.	–비토도에서 하루 두 번 바닷길이 열리면 차량으로도 들어갈 수 있음. –월등도와 토끼섬을 돌아볼 수 있는 둘레길.
거제	고개도(高介島)	사등면 오량리에 속함. 거제도의 첫 관문이며, 신거제대교를 건너면서 제일 먼저 볼 수 있는 곳임. 이순신장군의 제2차당항포해전에 등장하는 흉도(胸島)를 고개도로 비정하기도 함. 고개도가 흉도라면 조선왕조실록에 '수군이 흉도에 머물고 있다'는 기록이 있으므로 고개도는 조선수군 군선의 정박지역할을 했던 것으로 추정할 수 있음.	

지역	섬이름	역사 및 유래	민속 / 문화유산 / 축제 / 가볼만한 곳
거제	가조도(加助島)	사등면 창호리에 속함. 거제도를 돕고 보좌한다는 뜻이며, 가좌도(加佐島)라고도 이름한다. 옛날에는 가지매섬으로 불리기도 했음. 구련포마을은 임진왜란 당시 우리 수군이 머물며 군령을 받았다해서 유래한 이름이라 함. 고려시대 옥녀봉에 붉은 거제도 말을 방목하던 목장과 이를 관장하던 감목관(監牧官)이 있었다고 함.	–수협효시공원 : 1908년 7월 8일 가조도에서 어업인과 수산가공업자들의 공동이익을 위해 전국 최초로 주민들이 자발적으로 설립한 '거제한산가조어기조합'과 '거제한산모곽전조합'을 기념하기 위해 2008년에 조성된 공원 –가조연륙교개통(2009)
거제	황덕도(黃德島)	하청면 대곡리에 속함. 칠천도와 이어지는 황덕교가 2015년 개통됨. 노루가 언덕에 많이 뛰어논다해서 '노루언덕'이라 불리다가 '노런덕', '노른덕','노른디기'로 불렀다고 전함. 섬에 나무가 없을 때 누런 황토 땅이었기에 '누런섬'이라 했다고 전하기도 함. 한때는 100살 이상의 노인들이 많아 '장수섬' 또는 '노인덕도(老人德島)'라 불렀다고도 함.	–토종돌고래인 '상괭이'가 가끔 출몰. –하얀등대.
거제	칠천도(七川島)	하청면에 속함. 예로부터 옻나무가 많고 바다가 맑고 고요하다 하여 칠천도(漆川島)라 불려오다가, 섬에 7개의 강이 있다 하여 칠천도(七川島)가 되었다고 함. 임진왜란 때 원균(元均)의 지휘 하에 조선수군이 유일하게 패전한 칠천량해전(漆川梁海戰)이 벌어졌던 곳임.	–칠천량해전공원 : 임진왜란 때 패전한 곳으로, 다크 투어리즘 측면에서 조성된 역사공원임. –칠천연륙교 준공(2000.1)
거제	이수도(利水島)	장목면 시방리에 속함. 섬의 모양이 두루미를 닮아 본래 학섬이라 불렸다고 함. 후에 대구의 산란해역으로 알려지고 멸치잡이 어부들이 들어와 살면서 부자마을이 되자 바닷물이 이롭다는 뜻의 이수도(利水島)로 바뀌었다고 전함. 예부터 물이 좋고 이롭다해서 '이물섬(利勿섬)'이라 불리기도 하고, 섬의 형상이 대금산을 향해 날아가는 학처럼 생겨 '학섬'으로 불리기도 함. 원래는 2개의 섬으로 나뉘어 있었으나 방파제를 추조해 하나의 섬이 됨.	–이수도패총 : 흑색부식토가 2층으로 퇴적되어 있고, 신석기시대의 토기, 고려시대 토기 편이 수습됨

지역	섬이름	역사 및 유래	민속 / 문화유산 / 축제 / 가볼만한 곳
거제	지심도 (只心島)	일운면 옥림리에 속함. 거제도 동쪽 끝 장승포항에서 약 5km 떨어진 곳에 위치함. 섬의 형태가 마음 심[心] 자를 닮았다해서 붙여진 이름. 1469년 경상도속찬지리지에 지사도(知士島)란 이름이 보인다. 1861년 대동여지도에는 지삼도(只森島)라고 기록되었다. 이후 지삼도, 지심도로 섞여 표기되다가, 1889년 지심도라 부르고 있다. 일본군의 병참기지로 사용하면서 1936년 일본 육군성이 섬주민을 강제이주시키고 요새화했다. 2017년 3월 9일 거제시로 소유권이 이전되었다.	–100년 이상된 자연동백림과 그 속에 사는 여러 새들의 노랫소리. – 일제강점기 '탐조등 보관소', '포진지', '군막사', '서치라이트 보관소', '일본식 건물' 등의 흔적 있음. – 해안선 전망대.
거제	내도 (內島)	일운면 와현리에 속함. 옛날 대마도 가까이에 있던 남자섬 외도가 구조라 마을 앞에 있는 여자섬 '내도'를 향해 떠오는 것을 보고 놀란 동네 여인이 '섬이 떠 온다'고 고함을 치자 놀란 섬이 그 자리에 멈춰서 오늘날 외도와 내도가 됐다는 전설이 있음. 거북이가 바다에 떠 있는 형상을 하고 있어 '거북섬'으로 불리기도 함.	–내도패총 : 1982년 부산여대 박물관에 의해 초등학교 운동장 일대가 패총이라는 사실이 확인됨. 이후 지표조사에서 흑요석, 석기, 토기편이 수습됨. 신석기시대와 삼한시기의 패총, 그리고 청동기시대의 지석묘와 무문토기가 확인되고 있는 복합유적임.
거제	외도 (外島)	일운면에 속함. 거제도에서 4km 떨어져 있음. 외도는 주섬인 동도와 나머지 작은 섬인 서도 그리고 더 작은 바위섬으로 구성됨.	–거제 외도 공룡발자국화석(경상남도 문화재자료 제204호) : 거제도 구조라항에서 6㎞ 떨어진 거제 외도 동쪽 끝부분의 중생대 백악기 지층에서 확인됨. 공룡이 용으로 변하여 하늘로 올라갔다는 공룡굴이 있는데, 욕심 많은 공룡은 승천하지 못하고 바위로 변했다는 전설이 전함. –외도보타니아 : 보타니아는 botani(식물)와 utopia(낙원)의 합성어로 식물의 천국이라는 뜻이며, 푸른 남해바다와 경관이 수려하기로 이름난 한려해상국립공원 안에 위치하고 있는 해상식물공원임. 1976년 관광농원 허가, 1995년 '외도해상공원'으로 개장함.

지역	섬이름	역사 및 유래	민속 / 문화유산 / 축제 / 가볼만한 곳
거제	산달도 (山達島)	거제면에 속함. 삼봉이라고 하는 3개의 봉우리가 있으며, 봉우리 사이로 철 따라 달이 떠 '삼달'이라 한 것이 '달이 산에서 솟아오른다'하여 '산달'이라 불리었다고 함. 조선시대 왜구의 침입을 막기 위해 거제에 설치한 8개 진의 하나로서 수군절도사의 수영이 설치됨(1470년). 1995년 거제시 거제면 소속이 됨.	–산달도 전등 · 후등패총 : 1972년 부산대 박물관이 발견. 능선과 바다가 곧바로 연결된 곳이며, 수습된 유물은 신석기토기 200여점, 타제석기류 10여점. –행정자치부 도서종합개발공모사업 선정(2018–2020)
거제	화도 (花島)	둔덕면에 속함. 임란 때 조선수군이 왜구를 무찌르며 섬에 불을 질러 화도(火島)라 부른 것을 일본인이 화도(花島)로 바꿨다고 전함. 일제강점기에 봄이면 진달래꽃이 만발해 '화도'라 하기도 하고, 저녁노을을 받으면 섬이 붉게 빛나 붉은 섬, 적도(赤島)라 불리기도 함. 인근 바다에서 바라보면 산 정상에 우뚝 솟은 바위가 있어 '각도(角島)'라 불리기도 함.	–한려해상국립공원에 속함 –화도봉수대 : 임진왜란때 통제영 전초기지 봉수대로 사용함. 원형은 파괴되었지만, 기단과 봉수대만 남아있음.
고성	와도 (臥島)	삼산면 두포리에 속함. 와도(누운섬)마을은 전설에 의하면 지구가 생성될 때 암소 한마리가 누워 잠을 자다가 깨어나지 못하고 섬이 되었다고하여 누운섬(臥島)으로 불리워 졌다고 함.	
고성	자란도 (紫蘭島)	하일면 송천리에 있음. 붉은 난초가 많이 자생해 '자란도'라 하기도 하고, 섬의 형세가 봉황이 알을 품고 있는 형상과 같아 '자란도(自卵島)'라 불린다고도 함. 섬에는 읍포(邑浦)와 사포(沙浦)의 두개 자연 취락이 있는데, 읍포는 옛날 고을원님이 살았다고 하여, 사포는 모래사장이 있었다하여 각각 이름지어졌다고 함. 섬 정상에는 성(城)이 있었다고 하며 이 성에서 말달리기도 하고 또 말을 사육하였다고 전함.	–사책지(射柵地) : 가룡포 사책지(駕龍浦 射柵地)는 용태리 가룡개에 있는 사책지로 임진왜란때 고성현이 자란도로 옮겼다가 갑오년(甲午年) 봄에 다시 가룡포로 옮겼는데 이곳에 그 흔적이 사책지로 남아 있음

지역	섬이름	역사 및 유래	민속 / 문화유산 / 축제 / 가볼만한 곳
남해	창선도 (昌善島)	창선면에 소속된 섬. 삼국시대에는 유질부곡이었고, 고려 현종대에는 창선현으로 진주에 속했으며, 1906년에 남해군에 이속되어 창선면 소속이 됨.	–남해 창선도 왕후박나무(천연기념물 제299호) : 후박나무는 녹나무과에 속하며 제주도와 울릉도 등 따뜻한 남쪽 섬지방에서 자라는데, 일본과 대만, 중국 남쪽에도 분포함. 나무가 웅장하며, 아름다워서 정원수, 공원수로 이용되고 방풍용으로 심어지기도 함. 창선도의 왕후박나무는 나이가 500년 정도로 추정되며 높이는 8.6m로 가지는 밑에서 11개로 갈라져 있음. –창선 고사리 삼합축제(고사리,홍합,바지락) : 5월 개최
남해	조도 (鳥島)	미조면에 소속된 섬으로 미조리해안에서 남쪽으로 1km지점에 위치함. 섬의 모양이 날고 있는 새의 모습과 같다하여 '새섬'이라 불리다가 한자화됨.	–2020년 경남 살고 싶은 섬 가꾸기 공모사업에 선정됨
남해	호도 (虎島)	섬의 모양이 호랑이 같다 해서 '범섬'이라 불리다가 한자화됨.	–2020년 경남 살고 싶은 섬 가꾸기 공모사업에 선정됨
남해	노도 (櫓島)	남해군 상주면에 소속된 섬으로 삿갓처럼 생겨 삿갓섬이라 부르다가, 임진왜란 때 이 섬에서 노를 만들었으므로 노도라 함. 서포 김만중의 유배지로서,이곳에서 『사씨남정기』, 『서포만필』 등을 집필함.	–서포김만중선생유허비 –김만중이 묻혔다는 허묘 –김만중이 직접 파서 사용했던 우물. –'노도 문학의 섬, 김만중문학관','서포 초옥', '작가창작실' –구운몽원과 사씨남정기원 : 구운몽과 사씨남정기에 등장하는 주요 인물들을 소재로 꾸민 테마공원
하동	대도 (大島)	금남면에 속하는 섬. 하동군에 있는 유일한 섬. 1820년 하동군 남면에 편입되었고, 1934년에 하동군 금남면으로 개편됨. 옛날에는 '띠섬'이라 부르다가 '큰섬'이 되었다가 한자화됨. 본섬과 7개 부속섬으로 이루어짐.	–4월 낙지와 꽃의 만남 페스티벌 : 대도섬 보물찾기, 맨손 숭어잡이 등
하동	방아섬 (防衙島)	진교면 술상리에 속함. 섬의 형태가 토끼가 방아를 찧는 모습이라하여 방아섬이라 함. 왜구의 침입을 살피는 전방 초소 구실을 하던 섬이어서 방아섬이라고 부른다는 이야기도 있음	–섬 소유자가 펜션 운영